REISEABENTEUER

DUMONT

ANDREAS NEUENKIRCHEN

HAPPY TOKIO

MEIN NEUES LEBEN IN JAPANS HÄSSLICH-SCHÖNSTER STADT

REISEABENTEUER

DUMONT

© *2018 DuMont Reiseverlag, Ostfildern*
Alle Rechte vorbehalten
Umschlaggestaltung: Herburg Weiland, München
Titelfoto: Chris Steele-Perkins/Magnum Photos
Fotos und Karten: Andreas Neuenkirchen, Gerald Konopik,
DuMont Reisekartografie
Printed in Spain
ISBN 978-3-7701-8290-9

www.dumontreise.de

Für die junge Hana. So war das, damals.

Inhalt

Besinnliche Vorbemerkungen oder: Herzlich willkommen in der hässlichsten Stadt der Welt!

Gut, Tokio ist wahrscheinlich nicht die hässlichste Stadt der Welt. Es tut mir jetzt schon leid, dass ich das geschrieben habe. Tokio ist nun mal eine Stadt, die, möchte man sie beschreiben, zu Superlativen verführt. Um nur drei zu nennen: Tokio hat die vollste Fußgängerkreuzung der Welt (in Shibuya), den vollsten Bahnhof der Welt (in Shinjuku) und die vollste Girlgroup der Welt (AKB48 mit über 130 Mitgliedern). Schon die Einwohnerzahl ist mit 14 Millionen kein Pappenstiel, und damit sind nur die im unmittelbaren Stadtbereich gezählt. Da Tokio wie jede Großstadt, die etwas auf sich hält, jedes Wald- und Wiesendorf in der Umgebung eingemeindet und zu ihrem Großraum erklärt hat, sind es insgesamt fast 38 Millionen Menschen (noch sind nicht alle davon Mitglieder von AKB48; die nehmen schließlich nur Frauen). Verständlich, dass man nicht für jeden ein kleines Barockschlösschen mit Springbrunnengarten bauen konnte.

Schon Anfang des 20. Jahrhunderts, als sich das alte Edo (»Flussmündung«) zum neuen Tokio (»östliche Hauptstadt«) wandelte, machte sich die schreibende Zunft über die Hässlichkeit der Stadt lustig. Vor allem die schreibende Zunft, die Reiseführer verfasste. Diese Hässlichkeit war größtenteils importiert, denn die Modernisierung Japans und seiner Hauptstadt war in nicht geringem Maße eine Verwestlichung. Europäische und amerikanische Architekten – solche, die weltweit hohes Ansehen genossen, und solche, die in der Heimat keiner haben wollte – durften sich so richtig austoben. Die Ergebnisse waren isoliert betrachtet gar nicht mal durchweg grauenerregend, integrierten sich aber selten in den architektonischen Kontext ihrer Umgebung. Daran hat sich bis heute nicht viel geändert. Tatsächlich könnte man sagen: Diese schrecklich schöne oder ganz schön schreckliche Stilverquickung ist zum Markenzeichen Tokios geworden.

Früher war mehr Tokio

Über die Vorzüge und Widrigkeiten Tokios kann man mit Alteingesessenen und Zugereisten trefflich streiten, doch in einem sind sich alle einig: Tokio ist nicht mehr das, was es mal war. Im Zweifelsfall war sogar früher alles besser. Da macht es kaum einen Unterschied, ob das Tokio von vor zwei Jahren oder das von vor zwei Jahrhunderten als Messlatte dient

Als ich Ende der Neunziger zum ersten Mal nach Japan kam, und damit zum ersten Mal nach Tokio, war eigentlich schon alles vorbei. Im Grunde konnte ich gleich wieder einpacken und abreisen, hier gab es nichts mehr zu sehen und nichts mehr zu tun. So stellten es jedenfalls die dar, die bereits dort waren. Vor allem die Ausländer, herübergeschwappt in den Achtzigern, als sich Leistung noch lohnte, als der Yen noch echtes Geld war und rollte wie der sprichwörtliche Rubel und als man damit alles nur Erdenkliche kaufen konnte, also vor allem Spaß und Lebensfreude. Es war die längst vergangene Zeit, in der im gesamten Westen die Angst vor der Japanisierung des Abendlandes umging. Sie kamen nicht mit Bomben und Gebeten, sondern mit freundlichen und weniger freundlichen Übernahmen. Mit Angeboten, die man nicht ausschlagen konnte. Doch bald platzte die Wirtschaftswunderblase, und inzwischen sehen die Japaner ihrerseits mit Schrecken zu, wie taiwanische und koreanische Firmen ihre einst so prächtigen Wirtschaftsflaggschiffe übernehmen, eines nach dem anderen. Die meisten ausländischen Party People sind weitergezogen, womöglich nach Seoul und Taipeh. Wer den Absprung nicht rechtzeitig geschafft hatte, blieb dort und quengelte.

Ich schenkte dem Quengeln der Zurückgebliebenen nicht viel Beachtung und nahm mir vor, niemals das Staunen zu verlernen und nicht zu einem abgehalfterten Expat zu werden (schon das Wort allein!), der von der guten alten Zeit schwadroniert und dem alles Neue als Firlefanz gilt. Und doch ertappe ich mich heute immer wieder dabei, wie ich mit krummem Rücken am Tresen sitze und großäugigen jungen Rucksacktouristen abgeklärt erzähle, was sie alles verpasst haben durch ihre schusselige späte Geburt. Ich versichere ihnen im Brustton der Überzeugung, dass es heute einfach nicht mehr so aufregend in Tokio ist, wie es damals war, als ich erstmals ins Land kam. Damals konnte man noch rauchen, wo man ging und stand. In Roppongi konnte man keine zwei Schritte tun, ohne von einem hoch motivierten Puffpromoter handgreiflich bedrängt zu werden. Und jedes Kleinkind mit genügend Klimpergeld in der Hosentasche konnte sich die nächste Halbliterdose Bier aus dem nächsten Automaten ziehen.

Gebäude des Hinomaru-Taxiunternehmens. Irgendjemand wird's so genehmigt haben.

Dabei ist mir selbst unbegreiflich, weshalb ich gerade das Verblassen dieser Umstände beklage. Schon lange rauche ich nicht mehr; meinetwegen könnten die Rauchverbote in Japan sogar noch verschärft werden. Der irritierenden modernen Verherrlichung der todtraurigen Sexindustrie konnte ich nie etwas abgewinnen; ich bin begeistertster Befürworter der Gentrifizierung Roppongis und der Verdrängung der Schmuddelbetriebe. Und selbst als die Bierdose und ihre Beschaffung in meinem eigenen Leben eine zentralere Rolle spielte als heute, hatte ich gefunden, dass ihre freie, unkontrollierte Verfügbarkeit in jedem Verkaufsautomaten am Straßenrand nicht unbedingt zur Wahrung jugendlicher Unversehrtheit beiträgt. Ich möchte das unkontrollierte Tokio von früher nicht zurückhaben (der mündige, erwachsene Bürger findet ohnehin nach wie vor genügend Orte für den Kontrollverlust). Und doch ist da ein kleines bisschen Wehmut, wenn ich an die schmuddelige alte Zeit zurückdenke.

Wendet man sich noch älteren, vielleicht gar bereits verstorbenen Herren zu, zum Beispiel verdienstvollen Japanvermittlern wie Donald Keene und Edward Seidensticker, so wird man in deren Schriften einen gewissen Ekel feststellen, wenn es um die Goldenen Achtziger geht. Für sie hat die Verblödung Japans und seiner Hauptstadt mit der explodierenden Wirtschaft und ihrem oberflächlichen, kulturlosen Hedonismus Einzug gehalten. Sie sehnen sich zurück in die Fünfziger und Sechziger, als im Dunstkreis sehr unterschiedlicher Schriftsteller wie Yukio Mishima und Kenzaburō Ōe eine glamouröse intellektuelle Kultur entstand, die nicht nur international konkurrenzfähig war, sondern regelrecht Vorbildcharakter hatte. Der Autor Kafū Nagai derweil, den Seidensticker in seiner zweibändigen Geschichte Tokios immer wieder zitiert, sah schon am Anfang des 20. Jahrhunderts das Tokio, das er verehrte, rapide dahinschwinden (wobei er sich selbst nur allzu gern den Verlockungen der modernen Großstadt hinschenkte).

Und so kann man den Verlust des echten, wahren Tokios im Stile eines Monty-Python-Sketches immer weiter fort- beziehungsweise zurückspinnen:

»Als sich am Flusse Sumida die Affen mit Stöcken kratzten – *das* war das wahre Tokio!«

»Affen mit Stöcken? Westliche Dekadenz! Die Amöbe in Edos Urschlamm – die wusste es noch zu leben!«

»Amöben?! Als die Amöben kamen, war doch der ganze Spaß längst vorbei!«

Die Geschichte lehrt uns: Die beste Zeit, in Tokio zu leben, ist genau jetzt. Denn davon werden wir in zehn bis zwanzig Jahren den Spätgeborenen vorschwärmen. Die werden gütig lächeln und uns den Spaß lassen, bevor sie ihrerseits ein paar Jahre später den jungen Leuten weismachen, dass Tokio leider nie wieder so sein wird wie in den 2030ern und 2040ern. Und sie werden recht haben.

***

Trotz aller Beschwerden der ziemlich Gestrigen ist Tokio nach wie vor eine äußerst lebenswerte Stadt. Glaubt man Zeitschriftenerhebungen, ist es sogar die lebenswerteste Stadt der Welt. Zumindest wurde sie dazu in drei Jahren in Folge (2015 bis 2017) von *Monocle* erklärt, einem Magazin für Besserverdienende, die übers Besserverdienen das Lesen nicht verlernt haben (soll es ja geben). Kriterien für die Hitparade waren unter anderem, ob man noch nach 22 Uhr etwas Vernünftiges zu essen bekommt, wie schnell der Krankenwagen da sein kann und wie viele unabhängige Buchläden es pro Nase gibt. Allesamt vernünftige Maßstäbe.

Ich packe noch einen drauf: In Tokio ist das Leben nicht nur lebenswert, Tokio macht regelrecht glücklich. Ich weiß das, denn ich habe die Happy Road gesehen. Und wenn du lange genug in die Happy Road blickst, dann blickt auch die Happy Road in dich hinein.

Wir Kinder vom Bahnhof Happy Road

Happy Road Oyamadai – so steht es über der kurzen Einkaufsstraße nahe dem Bahnhof des Tokioter Vororts, in dem ich mit meiner kleinen Familie 2015 für zwei Monate lebte, als wir vorbehaltlich unseren definitiven Umzug in die japanische Hauptstadt andachten. Wir waren dort tatsächlich ziemlich glücklich. Es gab einen Kaffeeladen, in dem der Kaffee ungefähr das Achtfache dessen kostete, was wir gemeinhin für Kaffee ausgeben. Und wir sind da keineswegs knauserig; im Alter begreift man schließlich, dass es nicht darauf ankommt, viel Kaffee in sich hineinzuschütten. Es kommt darauf an, guten Kaffee in sich hineinzuschütten (für alkoholische Getränke gilt dasselbe). Aber so guten vielleicht auch wieder nicht. Trotzdem gingen wir gern an dem Laden vorbei und rochen daran. Möglicherweise gingen wir gerade zu der Bäckerei, in der wir unser erstes banges Frühstück an unserem temporären Heimatort einnahmen, am Morgen nach unserer Landung. Japan ist kein ausgesprochenes Frühstücksland (davon wird noch ausführlicher die Rede sein müssen, ich möchte Schattenseiten nicht gänzlich verschweigen), doch das war nicht der Grund fürs Bangesein. Der war eher, dass Japan auch nicht als ausgesprochenes Kinderland berühmt ist. Man kann zwar im Land von Manga, Anime (Zeichentrick) und Karaoke bis ins hohe Alter kindlich bleiben, doch tatsächlich Minderjährige werden von der Gesellschaft für allzu kindliches Verhalten in der Öffentlichkeit gern gemaßregelt, insbesondere die Minderjährigen, deren Alter eher in Monaten als Jahren gemessen wird. Meine Frau Junko bläute mir vor unserer Reise ein, welche Einschränkungen unsere damals achtmonatige Tochter Hana uns bescheren würde: Wir müssten öffentliche Verkehrsmittel und Lokale sofort verlassen, wenn sie einen Mucks von sich gab, und selbstverständlich müssten wir den Kinderwagen beim Betreten von Zügen und Gebäuden sofort so klein wie möglich zusammenfalten (wir hatten uns für die Reise extra einen

Das Tor zur Happy Road

ultrafaltbaren Zweitwagen zugelegt, weil Junko die Faltbarkeit unseres Hauptkinderwagens nicht dem japanischen Standard zu entsprechen schien). Falls sich dennoch jemand darüber beschwerte, dass wir ein Kind in die Welt gesetzt hatten, müssten wir uns für unser Fehlverhalten entschuldigen. So zumindest stellte Junko sich das vor. Ich hatte keinen Grund, an ihren Worten zu zweifeln, denn ich hatte mehr als einen Zeitungsartikel über Nachbarschaften gelesen, die sich vehement gegen den Betrieb dringend benötigter Kindertagesstätten und Kindergärten wehren, weil den Ohren ihrer Bewohner die süße Melodie spielender Kinder ein Graus ist.

Nun überraschte uns die Bäckerei allerdings gleich auf zweierlei Weise positiv. Zum einen mit den angebotenen Speisen, die als Frühstück durchaus in Ordnung gingen. Im Wesentlichen handelte es sich um Fleischwaren im Teigmantel. Findet man in Japan recht häufig, ist eine gute Alternative zu den trostlosen »Morning Sets« der Kettencafés. Hat man allerdings auch schnell über, weil diese Alternative alternativlos ist. Glücklicherweise stellt das am ersten Morgen eines Aufenthalts noch kein Problem dar. Zum anderen überraschte uns der Umgang mit uns als Familie. Als wir uns setzten und mit dem Kinderwagen prompt am Nebentisch ruckelten, sprach uns sofort die Sitznachbarin an: Der offizielle Stellplatz sei hinten bei den Toiletten, bitteschön.

Eine schroffe Zurechtweisung, dachte ich, wenngleich in freundlichem Wisperton vorgetragen. Schroffer wird's halt in Japan nicht, zumindest nicht aus weiblichem Munde. Das hatte mich früher öfter irritiert; viele belauschte Gespräche, die ich tonal zunächst für freundlichen Smalltalk gehalten hatte, stellten sich bei genauerem Hinhören als üble Streitereien heraus. Vom Ton wollte ich mich nicht mehr täuschen lassen.

Ich täuschte mich, stellte sich heraus. Die freundlich klingende Frau war tatsächlich freundlich, sie wollte nur helfen. Es ergab sich ein freundliches Gespräch über unsere jeweiligen Familien. Sie hatte zwei etwas ältere Kinder, was zwar anstrengend sei, aber Hana sei so *kawaii*, dass sie die direkt auch noch nehmen würde. Und selbstverständlich hatten wir mit dem zusammengeklappten Kinderwagen bei den Toiletten viel mehr Platz am Tisch.

Es war nicht das letzte Erlebnis mit und ohne Kind, das die Happy Road tatsächlich zu einem glücklichen Ort machte und zu einem symbolhaften Begriff für die Art, wie wir leben wollten: In einer Happy Road der Herzen, ob sie nun so hieße oder nicht.

Inzwischen wohnen wir nicht mehr in Oyamadai, doch bisweilen kehre ich zurück in die Happy Road. Hier kommt die Stadt der Superlative angenehm bescheiden daher. Ein Obstverkäufer preist sein Obst mit einem handgeschriebenen Schild an: »Klein, aber relativ lecker.« Vielleicht ist auch der Inhaber des Currygeschäftes in unserem aktuellen Wohnviertel Meguro ein Bewohner der Happy Road der Herzen, wenn er in seiner Reklame vorsichtig sinniert: »Vielleicht das beste Curry in Meguro.« Nur vielleicht und nur in Meguro. Er will auf keinen Fall zu viel versprechen. Anders als die Filiale der Ketten-Burgerbraterei Mos Burger, die an der nächsten großen Kreuzung mit ihrem Schild schreit: »Der köstlichste Hamburger-Laden!« Dort steht zugegebenermaßen nicht: »... der Welt!« Aber auch nicht: »... an dieser Kreuzung möglicherweise.« Übersteigerte Erwartungshaltungen und entsprechende Enttäuschungen sind vorprogrammiert. Dieser Laden ist bestimmt nicht in der Happy Road. Nicht in der in Oyamadai und nicht in der unserer Herzen.

Die Eisenbahnschranken auf unseren Köpfen

Nähert man sich der echten Happy Road von Oyamadai, muss man einen Bahnübergang überqueren. Zumindest dann, wenn man aus der angenehmeren Richtung kommt. Ebenso muss man über die Gleise, wenn man die Straße wieder in die angenehme Richtung verlässt. Japan ist ein Land der Eisenbahnen, es ist auf Schienen gebaut, und Tokio ist auch in dieser Hinsicht die Hauptstadt des Landes. Die Züge fahren ständig und überall (außer nach Mitternacht, da hat jede ostfriesische Deichdorfbuslinie kulantere Fahrpläne, und das wird sich dank der Lobbyarbeit der Tokioter Taxiunternehmen in diesem Zeitalter nicht mehr ändern). Bahnschranken sind also im Dauereinsatz. Nun war ich beim versuchten Überqueren des Bahnübergangs bei Oyamadai immer wieder Zeuge eines drolligen Schauspiels. Hörte ich das Signal, hielt ich selbstverständlich stets an, vor allem dann, wenn die Schranke bereits sichtbar in ihrer Abwärtsbewegung begriffen war. Ich sah allerdings, dass ich damit einer Minderheit angehörte. Viele begannen beim Ertönen des Signals zu rennen, selbst wenn sie noch weit von der Schrankenanlage entfernt waren. Und tatsächlich kam die Schranke auf ihrem Weg nicht selten in Kontakt mit den Köpfen der Menschen, die unter ihr hindurchhuschten. Die entschuldigten sich dann bei der Schranke und huschten weiter.

In meinen früheren Leben in Bremen und erst recht in München war stets einer meiner obersten Grundsätze: Ein Gentleman rennt nicht. Ich bin nie gerannt, außer bei Wettläufen und dem Training dafür (und selbst bei diesen Gelegenheiten mochte

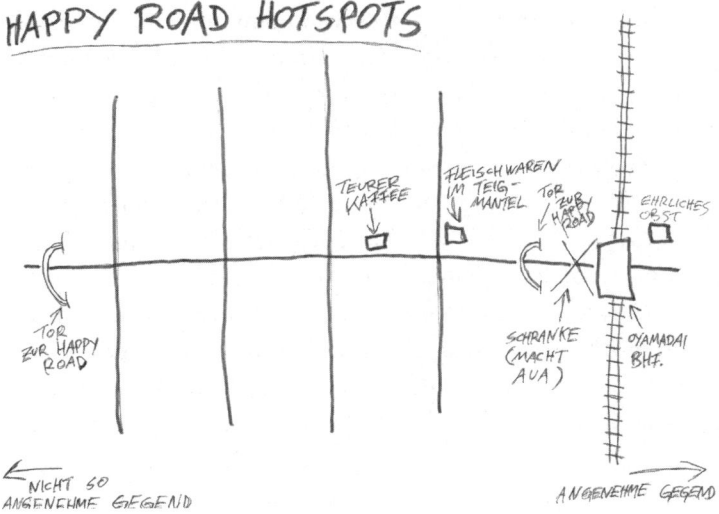

manch sarkastischer Spaßvogel flöten, dass man das, was ich dort tat, nur mit viel gutem Willen als »Rennen« bezeichnen konnte). Ich rannte auch dann nicht, wenn auf dem Weg zum Bahnhof alle an mir vorbeirannten und ich die betreffende S-Bahn ebenfalls erreichen wollte und obwohl ich wusste, dass es eng werden würde, falls die Bahn tatsächlich pünktlich oder überhaupt käme. (Sollte es in diesem Buch zu weiteren München-Sticheleien kommen, und das kann ich nicht ausschließen, dann bitte ich daraus keine allzu dramatischen Schlüsse zu ziehen. Von Sticheleien stirbt man nicht gleich. Müsste oder wollte ich je wieder in Deutschland leben, käme keine andere Stadt infrage.) Was schert es einen, ob man irgendwo zehn oder zwanzig Minuten später ankommt? Ein Buch für die Erbauung während der Warte- und Reisezeit werden der moderne Herr und die Frau von Welt sicherlich immer dabeihaben. Sollte man auf dem Weg zur Arbeit sein, kann man die Lage ganz besonders ruhig sehen, denn eines ist gewiss: Die Arbeit macht sich nicht von selbst, die wartet auf einen.

Ein Gentleman rennt nicht. Ein Gentleman schaut mit einer Mischung aus vornehmer Abscheu und gütigem Mitleid auf die, die es nicht besser wissen, wenn sie an ihm mit unkoordinierten Bewegungen vorbeikrakeelen (das Schlimme an all den zornigen Alltagsrennern ist ja, dass sie es schon rein von den Bewegungsabläufen her gar nicht gescheit können). Ein Gentleman (die Dame ist mitgemeint) macht sich in der Öffentlichkeit nicht zu einem völlig außer Kontrolle geratenem Sabber- und Fuchtelmonster mit Tourettesyndrom. Wie soll man eine ganze Zivilisation aufrechterhalten, wenn man nicht mal die eigene Würde aufrechterhalten kann? Derart den Gefühlen freien Lauf zu lassen, das kann man zu Hause machen, wenn man allein ist. Etwa dann, wenn das US-Angebot von Netflix trotz neuester Schummelsoftware mal wieder den Zugriff verweigert. Aber nicht vor Leuten, schon gar nicht welchen, die man überhaupt nicht kennt. In der Öffentlichkeit hat man gefälligst Contenance zu bewahren.

Langer Exkurs, kristalliner Sinn: Was im Europa der Gentlemen gilt, muss im Japan der Samurai nicht gelten. Hier ist es eher umgekehrt: Wer nicht immerzu rennt, gibt sich keine rechte Mühe, vermutlich mit gar nichts im Leben. So einem ist nicht zu trauen. Langsam sickerte diese Erkenntnis in mich hinein. Anfangs lachte ich über die Menschen mit den Schranken auf den Köpfen, freilich nur innerlich, wie es sich geziemt. Ich lachte sogar noch, als ich bereits selbst angefangen hatte loszurennen, sobald das Bahnsignal von Weitem zu hören war. Ich stellte das Lachen erst ein, nachdem mir zum ersten Mal die Schranke auf den Kopf knallte. Es tut übrigens ziemlich weh, die Schranken sind langsam, aber hart, für die sanfte Kopfhautmassage sind sie nicht gedacht und nicht geeignet. Ein Lerneffekt stellt sich durch den harten Schlag nicht ein. Das erste Mal blieb nicht das letzte Mal. Renne ich zusammen mit anderen Depperten, nutzen die mich als Frühwarnsystem, denn dank meiner Körpergröße bin ich verlässlich der Erste, bei dem es knallt.

Geschadet haben mir die Kopfnüsse nicht, wie Sie im Folgenden erfahren werden. In diesem Sinne geht sie jetzt ganz schnell los, unsere Tour durch das Tollste von Tokio.

Teil 1

Draußen

Von Baustellen und Lustschlössern, Killerkrähen und
Pokémon, Musik und Alkohol, Banken und Bänken,
Dörfern und Bahnhöfen, Bergen und Häfen, deutschen
Waschsalons und japanischen Müttern

Kapitel

1

Magische Momente in der Metropole

Unser heutiges Wohnviertel Meguro war nicht unsere erste Wahl. Es war auch nicht unsere zweite Wahl oder unsere dritte. Tatsächlich stand es gar nicht auf der Liste, auf gar keiner, weder Short noch Long. Obgleich Meguro nicht zu den Stadtteilen gehört, die bei jedem Ortsunkundigen farbenprächtige Assoziationsfeuerwerke auslösen, ist dieses Viertel ein recht zentraler und geschäftiger Teil des Tokioter Innenraums, und genau den wollten wir eigentlich meiden. Ja, es ist so weit: Wir sind jetzt im Vorortalter. Gern hätten wir uns ganz und gar dem Charme der Happy Road Oyamadai hingegeben oder den blitzblanken neuen Hochhäusern und praktischen Einkaufszentren von Futakotamagawa. Ich hatte es mir sogar schon angewöhnt, *nikotama* statt Futakotamagawa zu sagen, so wie es die Alteingesessenen tun, resultierend aus einer alternativen Lesart der im Ortsnamen verwendeten

Schriftzeichen und der großen Abkürzungsleidenschaft der japanischen Alltagssprache. Nie und nirgends auf der Welt habe ich die dämliche Beschwerde akzeptiert, die blitzblanken Neubaugebiete, die in jeder modernen Zivilisation aus dem Boden schießen, hätten keine Geschichte und keinen Charakter. Ja, Herrschaftszeiten, wie stinkfaul darf man denn sein? Wurde einem ein neuer Ort gebaut, steht man halt selbst in der Pflicht, ihm Charakter zu verleihen. Sich nicht einfach ins gemachte Nest setzen, sondern mit einem flotten Lied auf den Lippen vorangehen und Geschichte machen.

Das Lustschloss hinter dem steilen Tempel

Bevor meine Familie und ich allerdings selbst Geschichte machen konnten, kam ein Angebot, das abzulehnen wir zu bequem waren. Eine Bekannte hatte eine Wohnung passender Größe zu vermieten, ohne großes bürokratisches Brimborium, zum relativen Freundschaftspreis und ohne allzu viele der versteckten Fantasiegebühren, die bei japanischen Mietpreisen gern noch draufgeschlagen werden. Der einzige Nachteil: Die Wohnung war nicht in einem verschlafenen Vorort, sondern im Stadtzentrum, wo das Leben tobt.

Steckt man erst mal mitten in so einem Interkontinentalumzug, dann weiß man jeden Gedanken zu schätzen, den man sich nicht machen muss. Also redeten wir uns ein, dass Innenstadt sowieso viel besser sei als Außenbezirk. Größere Auswahl internationaler Bildungs- und Betreuungseinrichtungen für das Kind, bessere Verkehrsanbindung zum Arbeitsplatz für die Dame, und als Schriftsteller kann der feine Herr ja ohnehin überall arbeiten, beziehungsweise so tun als ob.

Aus meinen touristischen Tagen erinnerte ich nur zwei Dinge über Meguro: Es ist sehr hügelig und hat gute rustikale Restaurants. Das fand ich nach wie vor bestätigt. Zuallererst fand

ich das mit den Hügeln bestätigt. Als wir uns zum ersten Mal
vom Bahnhof Meguro aus auf den Fußweg machten, unsere
neue Bleibe zu begutachten, wurden wir des ersten Problems bereits gewahr, bevor wir das Mietshaus auch nur sehen konnten:
Der steile Pfad, den wir hinabstolperten, würde von den reife-
ren Mitgliedern unserer Familie niemals zu bewältigen sein. Besuch von Omas und Opas konnte Hana sich gleich abschminken.
(Hat man sich erst ein kleines bisschen eingelebt und ist die erste blanke Panik verflogen, lässt sich die Lage ganz sachlich son-
dieren und neu bewerten: Man kann sich dem Tal, in dem wir leben, auch auf anderen, sportlich weniger anspruchsvollen Wegen
nähern. Und zur Not gibt es Taxis und Busse, die bringen Alt und
Jung gern rauf und runter.)

Wir waren bei unseren ersten Abstiegen derart mit dem Pro-
zess des Abstiegs als solchem beschäftigt, dass uns erst später das
beeindruckende Schloss auffiel, das die Skyline unseres Viertels
bestimmt. Das Schloss von Meguro ist in den wenigsten Japan-
oder Tokio-Reiseführern aufgeführt. Erst recht wird es in keinem
auf Schlösser spezialisierten Reiseführer auftauchen (gleichwohl
gibt es sicherlich Reiseführer anderweitiger Spezialisierung, die
das Haus auflisten oder sogar ausführlich vorstellen). Dabei ist es
wirklich nur mit erheblicher Anstrengung zu übersehen, zum einen aufgrund seiner Größe, zum anderen ob seiner Architektur.
Es handelt sich um ein veritables Märchenschloss, wie es sonst nur
in Disneyland oder im bayrischen Gebirge zu finden ist. In einem
Disneyland hat dieses Schloss derweil ganz und gar nichts zu suchen. Nicht solange der Disney-Konzern keinen radikalen Re-
launch seiner Corporate Identity im Auge hat. Und stünde es in
Bayern, hätte bestimmt schon die Spider Murphy Gang ein fre-
ches kleines Liedchen drüber geschrieben (ja, die gibt's noch, liebe
Nichtmünchner).

Einmal, als meine Frau und ich wieder den Berg hinab zu unserer Wohnung kullerten, erhaschte ich einen kurzen Blick auf die

Beschriftung des Schlosses. »Das ist ein Hotel!«, rief ich fröhlich. »Vielleicht können wir dort meine Eltern unterbringen, wenn sie uns besuchen kommen. Dann müssten sie nicht immer den Berg rauf und runter.«

»Davon würde ich lieber absehen«, sagte Junko.

»Du meinst, es ist ein ...?«

»Ich bin mir ziemlich sicher.«

Das hatte ich mir schon gedacht. Aber man wird ja allen Gegenanzeigen zum Trotz hoffen dürfen. Später ging ich, mit meiner kleinen Tochter als Anstandsdame, spazieren, um mir Gewissheit zu verschaffen. Tatsächlich, an der Preistafel am Eingang waren zwei Preise in Schnörkelschrift angegeben: einer für die komplette Übernachtung, einer für ein kurzes Nickerchen. Rabatte für längere Aufenthalte oder größere Gruppen gab es offenbar nicht, denn dafür sind Love Hotels nicht gedacht.

Meine Tochter sah am Schloss hinauf und rief begeistert: »Hana Prinzessin!«

»Hana, wir gehen«, sagte ich, und wir gingen.

***

Spätere Recherche (im Internet, nicht vor Ort) ergab, dass das Hotel Meguro Emperor nicht nur irgendein Love Hotel ist, sondern eines, das unter Love-Hotel-Kennern hohes Ansehen genießt. Es wurde in den Siebzigern eröffnet und war ein Fest für alle, die die ästhetischen und kulturellen Ausschweifungen jener Zeit zu schätzen wussten. Offenbar gab es im Innern Rutschen und Gondeln. Als die Siebziger in Ungnade fielen, strauchelte auch das Hotel im Kampf um Relevanz. Es erfuhr Umbenennungen und Neukonzeptionierungen, um schließlich doch wieder zu dem bekannten Namen und alten Kernkompetenzen zurückzukehren. Nur die Gondeln seien wohl endgültig verschwunden, musste ich erfahren.

Vorne: Kirschblütensaisonpartydekoration. Hinten: Hotel Emperor

»Aber hallo? Geht's noch? Nun wettert er im Vorwort gegen die – ich zitiere – ‚todtraurige Sexindustrie‘, und dann schreibt er ganz unkritisch über den Puff in dem Wohngebiet, in dem er mit seiner kleinen Tochter lebt?!«

Nein, das muss ich klarstellen: In einem Love Hotel kann und soll man dem Liebesakt frönen, etwaige Partner werden aber nicht vom Hotel gestellt, nicht mal gegen Aufpreis, und sie stolzieren auch nicht vor dem Tor auf und ab. Man geht beziehungsweise kommt mit dem eigenen Partner. Kleine schlüpfrige Bonusinformation für Freunde der japanischen Sprache: Für das, wofür die deutsche Umgangssprache der Erotik das Verb »kommen« kennt, wird im Japanischen umgangssprachlich das Verb »gehen« verwendet. Lernt man gemeinhin nicht im Sprachkursus der Volkshochschule.

Es herrscht also ein recht munteres Kommen und Gehen in Meguro. Dem Emperor ist anzusehen, um welche Art von Etablissement es sich handelt. Bei anderen Hotels der Gegend, die die Preise ebenfalls sehr kleinteilig staffeln, ist es nicht so eindeutig. Immer mehr Hotels bieten Extremkurzaufenthalte an, ohne schon die Außenfassade in Zwinker-zwinker-Symbolik zu hüllen. Diese Hotels scheuen davor zurück, sich als Love Hotels zu definieren. Die stundenweise Vermietung sei für alle, die mal eine kurze Pause bräuchten. Eines dieser Häuser steht nicht weit vom Märchenschloss. Es war mal ein reguläres Hotel für Reisende, und abgesehen von der Preisstaffelung gibt es keinen Hinweis darauf, dass es heute irgendetwas anderes ist oder sein möchte. Zum Hotel gehört ein Livemusik-Club mit gutem Leumund. Hier überlegten Junko und ich ein klein wenig länger, ob es nicht vielleicht für meine Eltern geeignet wäre. Aber dann fanden wir doch, dass das Haus in seiner Werbung ein Tick zu viel mit seinem opulenten Angebot an Unterhaltungsvideos (ohne genauere Kategorisierung) und Blubberbädern protzte. Zwar genießt sicherlich jeder vom Kleinkind bis zum Silver Surfer gelegentlich gern ein Blubberbad und das

BERGAB IN MEGURO

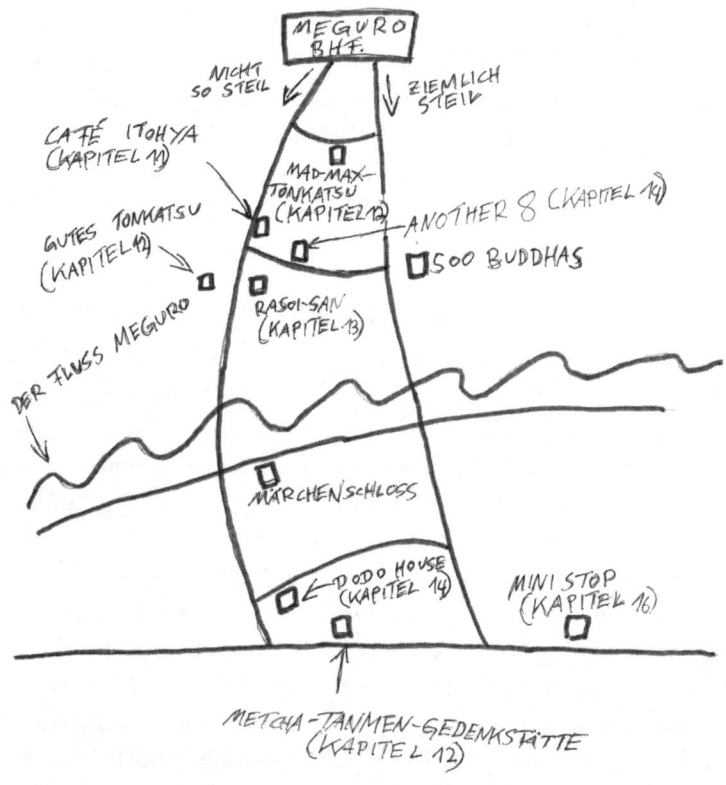

eine oder andere Unterhaltungsvideo, aber irgendwie hatte die Kombination dieser Angebote mit dem Preiskonzept einen seltsamen Beigeschmack.

***

Man konzentriert sich beim Abstieg vom Bahnhof zum Mietshaus so sehr auf das Gefälle der Landschaft, dass man nicht nur das auffällige Stundenhotel übersehen kann, sondern sogar den Daienji-Tempel. Der ist auch ganz schön und vielleicht die einzige amtliche Reiseführer-Sehenswürdigkeit Meguros. Man muss allerdings sicher auf den Beinen sein, denn er befindet sich ungefähr in der Mitte dieser allerschrägsten Straße. Bekannt ist er vor allem für die 500 kleinen Buddhastatuen, die ihm in Reih und Glied zur Seite stehen. Ich habe keinerlei buddhistische Veranlagung und meine Tempelbesichtigungsphase hinter mir, deshalb hatte es eine Weile gedauert, bis ich eines Tages nicht nur am Daienji vorbeigeschnauft bin, sondern tatsächlich auf sein Gelände heraufgeschnauft. »Wenn ich mir schon ohne Eigenbedarf das führende Love Hotel in meinem Viertel genauer ansehe, dann sollte ich auch seinem berühmtesten Tempel einen Besuch abstatten«, mag ich gedacht haben. Womöglich war ich aber nur kaputt von Sommerhitze und Gefälle und brauchte eine Verschnaufpause.

Ich war bass erstaunt. Da standen sie, die 500 Statuen, und sie waren wirklich recht beeindruckend. »Die stehen hier einfach so rum,

Die 500 Buddhas vom steilen Heimweg

und ich habe das nicht gewusst«, dachte ich. Wahrscheinlich wissen das viele nicht und fahren extra den relativ langen Weg ins buddhistische Ballungsgebiet Kamakura, wo es Ähnliches zu sehen und fotografieren gibt. Kann man hier, mitten in Tokio, noch dazu in einem der entspannteren Viertel (gemessen am Gewusel bekannterer Zentren wie Shinjuku oder Shibuya), mindestens genauso gut haben.

Weniger schön als der Tempel selbst ist seine Geschichte. Wie viele japanische Tempel und Schreine ist seine heutige Inkarnation nicht die ursprüngliche, sondern ein notwendiger Nachbau, da das Original niedergebrannt war. Feuer ist einer der Hauptgründe, warum viele historische Gebäude in Japan nicht mehr ganz so historisch sind, wie sie sein könnten. Das mag kaum verwundern in einem Land, in dem viel aus Holz gebaut wurde und in dem häufig die Erde bebt. Beim Daienji war es sogar ein historisches Feuer. Angeblich brach hier der sogenannte Meiwa-Großbrand aus, der im Jahr 1772 fast 180 Tempel und Schreine sowie über 10.000 Wohnhäuser und Geschäfte vernichtete und rund 6.000 Menschenleben forderte. Die 500 Buddhastatuen sollen an sie erinnern. Die Schuld hatte kein Erdbeben, sie wurde der Tochter eines Gemüsehändlers gegeben. Ihre Gruft befindet sich im Tempel. Juristisch einwandfrei ist die Schuldfrage nicht geklärt, und auch die Annahme, dass der Brand hier ausbrach, ist lediglich eine Theorie.

Bei Tag ist dieser Tempel eine Pracht. Bei Nacht allerdings laufen ihm die Baustellen in der näheren Umgebung den Rang ab.

Baustellenlichter statt Leuchtkalmare

Jeden Montag um 19 Uhr beginnt auf TV Tokyo die Show *Warum sind Sie nach Japan gekommen?* Ein Fernsehteam lauert am Flughafen Narita Touristen auf, stellt ihnen eben jene Frage, und bei interessant klingenden Antworten wird gefragt, ob man die Reisenden nicht mit der Kamera begleiten dürfe. In Japan lebende Ausländer sehen die Sendung nicht gänzlich unkritisch, sie wird mitunter in den großen Topf der Shows geworfen, in denen sich Japaner genüsslich von Ausländern erzählen lassen, wie toll Japan ist. Was mich betrifft, so sehe ich das zumindest bei dieser speziellen Sendung nicht gar so eng. Sie ist ein harmloser Spaß, und manchmal lernt man etwas dabei. Ich erkenne an, dass es durchaus Formate gibt, die nur dafür gemacht sind, Japanern die Großartigkeit ihres Landes, ihrer Kultur und ihrer selbst von Vertretern des Restes der Welt bestätigen zu lassen. Allerdings stelle ich genauso fest, dass in einer ungefähr gleich großen Zahl von Shows Ausländer Japanern ohne Unterlass unter die Nase reiben, wie scheiße es hier ist. Letztendlich gleicht es sich aus. (Übrigens sehen viele besonders stolze Japaner die Lobhudelei-Shows ebenfalls gar nicht gern. Sie sagen: Wir wissen auch ohne Ausländer, dass wir die Größten sind, vielen Dank!)

Was habe ich in meinen Jahren des Reisens Stoßgebete ausgesandt, ich möge dem Team einmal über den Weg laufen. Doch wir haben uns wohl immer verpasst, und irgendwann bevorzugte ich dann eh den Flughafen Haneda, der im Gegensatz zu Narita wirklich in Tokio liegt, nicht bloß auf dem Papier. Nichtsdestotrotz findet das Kamerateam immer wieder interessante Gäste. Einmal näherte es sich einer Gruppe fröhlicher, runder älterer Damen, die wirkten, als wären sie gerade auf Kaffeefahrt. Warum sie nach Japan gekommen waren? Na, um das Haus zu rocken! Es handelte sich tatsächlich um Girlschool, jene heißen Metal-Feger aus den Achtzigern, die einst von keinem geringeren als Lemmy Kilmister protegiert wurden. Was soll man sagen, die sind genau wie wir alle: auch nicht jünger geworden. Und immer noch im Dienst. Kugelrund und schottergrau. So, wie es sein soll. So rockt es sich wahrscheinlich ehrlicher als bulimisch und verbotoxt.

Leider konnte man Girlschool wohl aus rechtlichen Gründen nicht mit der Kamera folgen. Dafür einer anderen, etwas jüngeren Dame aus Ich-weiß-nicht-mehr-wo, die es sich in den Kopf gesetzt hatte, eines Nachts die Leuchtkalmare von Tomaya leuchten zu sehen. In der Bucht des Ortes im Westen Japans bieten die Tintenfische mit den Leuchtstoffen im Körper im Sommer ein einzigartiges Schauspiel, wenn sie die See neonblau erstrahlen lassen. Das machen sie keineswegs freiwillig oder aus Spaß, eher aus Not und Reflex. Sie kommen zum Laichen und verausgaben sich dabei dermaßen, dass sie nicht mehr zurückschwimmen können in ihre Heimat, das tiefe Meer. Drum treiben die Wellen sie an den Strand, und im Todeskampf werden ein letztes Mal die Leuchtstoffe aktiviert, die eigentlich der Ablenkung von Feinden gelten, nicht dem Schnappschussglück von Schaulustigen. Wunderschön anzusehen ist es dennoch.

Aber ach, es klappt nicht immer. Als die Frau aus der Fernsehsendung mit dem Kamerateam auftaucht, ist der Ozean bloß schwarz wie die Nacht um ihn herum.

Am Abend nach der Sendung musste ich noch einmal raus. Wer kann schon so genau sagen warum – bestimmt fehlte uns irgendetwas Lebensnotwendiges, das dringend zwischen 22 und 23 Uhr im nächsten *convenience store* besorgt werden musste – Kartoffelchips, Bier, Feuchttücher, Grippeschutzmasken, Pferdewettenmagazine, MicroSD-Karten-Adapter. Ich erlaubte mir bei meinem Gang zum Laden etwas, was mir normalerweise versagt bleibt: Anstatt der weiter weg gelegenen Ampel nutzte ich die hohe Fußgängerüberführung, um über das breite Straßengeflecht vor unserem Haus zu kommen. Bin ich tagsüber unterwegs, bin ich das meist mit unserer Tochter. Zu jener Zeit war sie noch in dem Alter, in dem man gemeinhin das Gefahrenwerden im Buggy dem Laufen vorzieht. Und selbst wenn sie für einen Fußmarsch plädierte, war an das Bewältigen allzu gewaltiger Treppen nicht zu denken, so man tatsächlich ein Ziel hatte und nicht bloß den Weg als solches erachtete. Also spielte sich mein Leben größtenteils ebenerdig ab. Doch nachts war ich frei, frei wie ein Vogel. Da konnte ich endlich die hohe, steile Treppe der Fußgängerüberführung hinaufächzen und endlich von oben auf meine Straße sehen.

Was ich sah, war wunderschön. Denn ich sah eine Baustelle. Nein, es müssen mehrere gewesen sein, ineinander verflochten wie irisierende Liebende. Sie setzten sich an den Straßenrändern und inmitten der Straße bis zum Horizont (beziehungsweise der letzten einsehbaren Kurve) nahtlos fort. In der Nacht wurde hier nicht gebaut, dafür umso mehr geleuchtet. Blinklichter in verschiedenen Farben umkreisten Gruben, Haufen und Gerät, drehten sich um einander und sich selbst, erzeugten Piktogramme, jagten sich gegenseitig übers Gelände, bis sie hinter dem Horizont oder der Kurve verschwanden, nur um wie von Geisterhand zurückgeholt noch einmal zur großen Jagd an den Start zu gehen. Und noch einmal und noch einmal und immer wieder.

Tagsüber sind auch an den übersichtlichsten und am wenigsten störenden Baustellen mehrere Mitarbeiter abgestellt, die nichts weiter zu tun haben, als den Passanten mit großen Gesten den meist sehr offensichtlichen Weg um die Baustelle herum zu erklären und sich für die Unannehmlichkeiten zu entschuldigen. Genau genommen verrichten sie eine Arbeit, die in anderen Ländern, wenn überhaupt, von Schildern verrichtet wird. Nachts leistet sich nicht jede Baustelle diesen menschlichen Luxus. Nachts werden die Männer aus Fleisch und Blut durch Männchen aus Glühbirnchen ersetzt. In flackernder Animation schwenken sie richtungweisende Kellen und verbeugen sich untertänigst. So wie es an den Geschäftsfassaden von Las Vegas und Paris Lichtercowboys gibt, die ihren Hut lüpfen, oder frivole Tänzerinnen, die ihre leuchtenden Beine schwingen, so gibt es in japanischen Großstädten eben aus Glühbirnen gebaute Bauerarbeiter, die sich verbeugen.

Während ich so von oben auf das funkelnde Lichtermeer der Baustellen schaute und anerkannte, wie ihr Funkeln bestens mit den roten Lampions und der grellen Neonreklame des Chinarestaurants in unserer Straße harmonierte, dachte ich: Das ist so wunderschön, da braucht man gar keine Leuchtkalmare. Toyama mag sterbende Tintenfischweibchen haben, doch Meguro hat lebendige Baustellen und beleuchtete Chinarestaurants. Die Frau aus dem Fernsehen muss nicht traurig sein, sie soll sich mit ihrer Spiegelreflexkamera schnellstens hierherbemühen und mir auf der Fußgängerüberführung andächtige Gesellschaft leisten.

***

Als Monate später einige der Baustellen von den Straßenrändern entfernt wurden, brauchte es eine Weile, bis ich begriff, was sich verändert hatte: Der Gehweg war breiter geworden. Nicht nur, weil er nicht länger von blinkenden Absperrungen eingeschränkt wurde, sondern tatsächlich breiter als vorher, als dort noch nicht gebaut worden war. Ich war verblüfft. Ich war es aus meinem alten Leben nicht gewohnt, dass bauliche Veränderungen Verbesserungen bringen. Auch schön.

Die kleinen grossen Kastenhäuser

Ein Aspekt von Tokios Schönheit war mir jahrelang überhaupt nicht aufgefallen. Da musste erst mein Vater kommen und mich beiläufig mit der Nase draufstoßen.

Die erste Japanreise meiner Eltern im Frühjahr 2017 bescherte mir gleichermaßen Vorfreude wie Bedenken. Seit fast 20 Jahren faselte ich begeistert von diesem Land und insbesondere seiner Hauptstadt, da kann man schon mal völlig überzogene Erwartungshaltungen schüren. Ich hatte sicherlich das eine oder andere Mal erwähnt, dass Tokio keine Schönheit im klassischen Sinne ist. Doch Menschen, Eltern wie Kinder, hören oft nur selektiv zu. Gut möglich, dass meine Eltern etwas mit Papierlaternen, Kirschblüten, Teehäuschen und Steingärten erwarteten. Gibt es alles in Tokio, ist nur manchmal schwierig auszumachen inmitten der Bürotürme, Kaufhäuser, Pachinko- und Massagesalons. Ich fürchtete, dass jemandem, der aus dem Alter des ununterbrochenen Bar-, Club- und Kaufhaus-Hoppings raus ist, der Charme der Stadt schwer zu vermitteln sein könnte. Zwar bin ich aus dem Alter selbst heraus. Dennoch lernte ich Tokio kennen, bevor die Sesshaftigkeit eingesetzt hatte, das allabendliche Zuhausebleiben und nichts dabei finden. Die Erinnerungen an aktivere Tage schwingt in der Wahrnehmung der Stadt immer mit, malt sie in Farben aus, die ihr vielleicht gar nicht aus jeder Warte zustehen.

Nach Feststellung des glänzenden Zustandes meiner Eltern trotz des langen Fluges von Bremen über Amsterdam zum Flughafen Narita (kein Fernsehteam weit und breit) klärte ich sie auf: »Es tut mir leid, aber wir müssen noch knapp anderthalb Stunden mit dem Zug fahren, bis wir so richtig in Tokio sind.«

»Ist doch wunderbar, dann sehen wir schon mal was von Japan«, fanden meine Eltern.

Was man auf der Strecke vom Flughafen in die Stadt zu sehen bekommt, sind zunächst international austauschbare Wälder und verdorrte Hügel, hier und da ein Reisfeld oder ein Warenlager eines internationalen Online-Versandhandelsunternehmens, später dann die ersten Wohnsiedlungen und Geschäftszentren des Tokioter Großraums. Dort sieht es schon fast so aus wie im echten Tokio, nur nicht ganz so eng bebaut. Kommt man schließlich ins echte Tokio, sieht man gar nichts mehr, denn selbstverständlich führt der Schienenstrang sogleich unter die Erde.

»Die wohnen hier ja dicht an dicht«, sagte meine Mutter beim Anblick der noch nicht so eng bebauten Landstriche.

»Also, bei uns in Meguro sieht es auch nicht viel besser aus ...«, versuchte ich sie sanft vorzuwarnen. Zwischen den Zeilen meinte ich natürlich: Bei uns sieht es viel ärger aus.

Und dann sagte mein Vater etwas ganz Erstaunliches: »Aber alles so schöne Häuser. So was siehst du bei uns nicht.«

Hatte ich vorher bloß Bedenken, machte ich mir jetzt regelrecht Sorgen. Hatten die beiden den Flug doch nicht so gut über-

standen, wie es den Anschein gehabt hatte? War irgendetwas aus
dem Lot geraten? Vielleicht die Wahrnehmung oder die Worte, sie
zu beschreiben? Das Gehirn denkt »hässlich«, aber es kommt als
»schön« aus dem Mund.

Doch mein Vater war bei klarem Verstand und sich seiner Sache
sicher. Er erklärte, wie sehr es ihm gefiele, dass japanische Wohnblö-
cke im Gegensatz zu deutschen keine schnöden, rechteckigen Klötze seien, sondern oftmals verspielt verschachtelte Klötze, gar ohne
Rücksicht auf das Dogma der Effizienz. Und es stimmt: Auch unsere
eigene Wohnung im zweiten Stock hängt seltsam in der Luft, darunter nur der Fahrradparkplatz, darüber nichts als Himmel, obwohl der
Rest des Hauses daneben noch zwölf Stockwerke in die Höhe wächst.
Unser baulicher Sonderstatus ist schön für uns: Das Kind kann ungehemmt in alle Richtungen Krach machen, seine Mutter ihre Gym-
nastik mit Karacho in den Boden stampfen, und wenn der Vater mal
wieder seine nostalgische Fields-of-the-Nephilim-Phase hat, kann er
es richtig wummern lassen. Aber der Häuslebesitzer und Wohnungs-
vermieter könnte für sich und seine Familie mehr herausholen, baute
er über unsere Behausung ein paar weitere.

Bei aller Wertschätzung des praktischen Nutzens für die Krach-
familie, als schön fürs Auge war mir die verschachtelte Architektur
nie aufgefallen. Ich fand, sie lässt die Häuser ein wenig zappelig, unruhig wirken, genau wie es viele ihrer hektischen Bewohner sind.
Schönheit allerdings liegt nun mal im Auge des Betrachters, und
manchmal braucht es einen anderen Betrachter, um die eigenen Augen für gewisse Schönheiten zu öffnen. Meine Angst, meine Eltern
könnten Tokios Schönheit nicht sehen, war völlig unbegründet.
Vielleicht sahen sie nicht die Schönheit, die ich sah. Gleichwohl sahen sie eine eigene. Und inzwischen sehe ich die ebenfalls.

Wobei: Nach genaueren Überlegungen zur Konstruktion unseres Wohnblocks geht mir auf, dass unsere Wohnung wahrscheinlich doch nicht aus Jux und Tollerei allein in der Luft hängt, sondern das Konzept sehr wohl der Effizienz und dem Erstreiten

jedes möglichen Millimeters von Wohnraum geschuldet ist. Da auf dem Erdboden Raum für den Fahrradparkplatz bleiben musste, ist das Fundament des Hauses dort wohl nicht stark genug, um eine Vielzahl von Stockwerken drüber zu stapeln. Ein einziges allerdings geht noch, und eines ist besser als keines; beziehungsweise ist besser als das Hinterlassen ungenutzter Luft, wo genauso gut eine Mietwohnung hängen könnte.

Aber ist das nicht ebenfalls irgendwie schön?

Das Paris des Fernen Ostens

Mitunter wird Tokios prächtigste Einkaufsmeile, die Ginza, als die Champs-Élysées Tokios bezeichnet. Mitunter bezeichnet man auch Tokios andere prächtigste Einkaufsmeile so, die Omotesandō. Macht nichts. Ihr müsst euch nicht streiten, liebe Straßen, in Tokio ist genug Platz für zwei Champs-Élysées. Omotesandō hat die schöneren Bäume, Ginza hat die interessanteren Geschäfte, einen Besuch sollte man beiden einmal im Leben abgestattet haben, so wie man einmal im Leben den Berg Fuji bestiegen haben sollte (gilt nur für Japaner, keine Sorge). Ob man die Einkaufsstraßen mehr als einmal beehrt, hängt vor allem davon ab, wie gern man sich Uhren (ich) oder Schuhe (Junko) ansieht, die man sich eh nicht leisten kann. In meiner Familie gibt es da einen gewissen Hang zum Masochismus.

Doch die Prachtstraßen sind gar nicht mal das, worauf mein angestrebter Tokio-Paris-Vergleich abzielen soll. Eher Straßen an sich. Nasse Straßen vor allem. Von Paris heißt es, es sei im Regen am schönsten. Von Tokio wird das eher nicht gesagt; die meisten Menschen seufzen, wenn es regnet. Es ist kein Romantikseufzen, sondern ein Mist-ich-werde-nass-Seufzen. Dabei hat Tokio ebenfalls charmante Seiten, die sich erst im Regen offenbaren. Zum einen ist da die nächtliche Reflexion der Stadt. Der Regen verdoppelt die Schönheit des Neon-Exzesses.

Doch nicht nur ihr Licht macht Tokio im Regen schön. Die Menschen sind ebenfalls nicht zu verachten. Die Schirme, die sie zu ihrem Schutz über sich gespannt haben, können zu einem wogenden Meer werden. Ein erhabener Anblick.

Überhaupt, Regenschirme. In der bereits erwähnten Sendung *Warum sind Sie nach Japan gekommen?* antwortete einmal ein Besucher auf die Frage, was ihn an Japan fasziniere: transparente Regenschirme. Meine Frau und ich warfen einander einen amüsierten, fragenden Blick zu. Wir waren beide nicht sicher, ob transparente Regenschirme wirklich ein Alleinstellungsmerkmal Japans sind. Gehe ich allerdings die internationalen Umgebungsbilder in meinem Kopf durch, so sortiert mein Gehirn den Großteil glasklar durchsichtiger Regenschirme tatsächlich nach Japan. Ich meine auch, solche Accessoires mit dem Film *Blade Runner* zu assoziieren. Das kann allerdings eine freudsche Fehlerinnerung sein; mir ist dieser Film weniger lieb und wohlbekannt als dem Rest meiner Generation. Sicher lässt sich sagen, dass er seinen Zukunftslook aus Japans Gegenwart übernommen hat, und so gehören vielleicht die transparenten Plastikschirme, die tagtäglich in großer Stückzahl in jedem *convenience store* für wenig Geld verkauft und beim nächsten Sonnenschein an der nächsten Ecke vergessen werden, zum Science-Fiction-Chic, für den wir diese Stadt so lieben. Dass diese Art von Science-Fiction inzwischen ein wenig Patina angesetzt hat, stört nicht. In einer Retrogegenwart kann auch die Zukunft nicht anders, als retro zu sein. Das Treiben transparenter und intransparenter Schirme in regennassen Straßen verfolgt man freilich am besten von gehobener Position. Ist man selbst Teil der wogenden Masse, muss man aufpassen, dass einem keiner mit seinem Schirm ein Auge auspiekst, vor allem, wenn man etwas größer ist als alle anderen.

Ich wohne also in einer blinkenden, verregneten, altmodisch-futuristischen Science-Fiction-Stadt aus Märchenschlössern, Tempeln und Schachtelhäusern. Wenn das nicht schön ist, dann weiß ich auch nicht.

Kapitel

2

Uns blüht was

Als ich heute nach Sonnenuntergang zum Tonkatsu-Laden aufbrach, um das bestellte Abendessen abzuholen, fand ich die Nachbarschaftsfrisörin schlotternd in eine Decke gehüllt vor ihrem Laden. Sie hatte sich nicht etwa ausgeschlossen, sondern saß dort mit voller Absicht. Nämlich der Absicht, Passanten Gläser mit rosafarbenem Schaumwein zu verkaufen.

Da wusste ich, es war wieder eine ganz besondere Zeit angebrochen.

Für Nichtjapaner schnell erklärt: Frühling, Sommer, Herbst und Winter

Bei aller Wohlgesonnenheit muss man zugeben, dass Japans Wahrnehmung der Welt vor allem eine Wahrnehmung der japanischen

Welt ist. Wirkt sich das politisch häufig peinlich bis katastrophal aus, so bringt es ebenso Schönes und Gutes. Man mag sich mitunter über die Akribie mokieren, mit der das japanische Fernsehen und andere Medien auch noch in den hintersten Winkel des Landes kriechen, um für ein staunendes einheimisches Publikum auch noch die unbekannteste schrullige Lokaldelikatesse aufzuspüren und auch noch die vermeintlich vergessenste Handwerkskunst ausführlich zu dokumentieren. Mit offenen Augen und Herzen betrachtet, ist das allerdings lehrreicher und wertvoller als noch eine Staffel Dschungelcamp oder *Game of Thrones*. Nicht selten wünsche ich mir, ich wüsste so viel über Deutschland, wie Japaner über Japan wissen. Gleichwohl führt dieser Fokus auf den eigenen Nabel zu einer gewissen Weltfremdheit. Man könnte sagen, dass eine Isolierung des Bewusstseins an die Stelle der einstigen geografischen Isolierung getreten ist, die im Zeitalter von Airbussen und Billigfliegern längst aufgehoben wurde. Eines der Resultate ist die Wahrnehmung gewisser Zu- und Umstände als absolut und exklusiv japanisch, obgleich es sie genauso im nahezu gesamten Rest der Welt gibt. Bestes Beispiel und ein populäres Kicherthema unter Zugereisten: die Jahreszeiten. »Mansplaining« nennt es der internationale Volksmund, wenn Männer Frauen mit großen Worten und nicht geringem Dünkel Selbstverständliches erklären. Erklären Japaner Nichtjapanern die vier Jahreszeiten, artet es mitunter in »Japansplaining« aus. *»In Japan gibt es vier verschiedene Jahreszeiten«*, bekommt man häufig mit großem Ernst erklärt. Und es kommt noch doller: *»Im Frühling ist das Klima mild, Blumen und Bäume blühen auf. Im Sommer scheint die Sonne und es ist oft sehr warm. Im Herbst wird es kühler, die Blätter fallen als buntes Laub von den Bäumen. Im Winter schließlich, da schneit es hier und dort und es ist eher kalt.«*

Die vier verschiedenen Jahreszeiten Japans sind sogar eines der Killerargumente, mit denen die Tourismusindustrie, jüngst aus dem Dornröschenschlaf erwacht (oder Winterschlaf? Frühjahrsmüdigkeit?), um Besucher aus dem ungläubig staunenden

Rest der Welt buhlt. Erzähle ich derweil Japanern, dass die Vierfal-
tigkeit der Jahreszeiten nicht nur genauso in Deutschland durch-
gespielt wird, sondern auch in den allermeisten anderen Ländern,
die ich bislang in meinem Leben besuchen durfte, ernte ich un-

Golden Gai: Guter Ort für gute Gespräche über das deutsche Wetter

gläubiges Staunen. Eine junge Schankwirtin, mit der ich einmal in einer Minikneipe in Tokios Minikneipenviertel Golden Gai einen so anstrengenden wie aufschlussreichen Smalltalk führte, sagte mir zu Beginn unseres Gesprächs: »Das Einzige, was ich über Deutschland weiß, ist, dass es dort immer schneit.«

Um der Japaner Gemüt zu schonen, sollten wir ihnen vielleicht nicht obendrein noch verraten, dass es im Rest der Welt sogar Kirschblüten gibt. Das könnte zu einer existenziellen Krise führen. Die Kirschblütenzeit ist in Japan so etwas wie die fünfte Jahreszeit.

Die ersten und die letzten Glühbirnchen

Der nicht nur kalendarische, sondern tatsächliche Frühlingsbeginn macht sich in Japan zuerst an den Bäumen bemerkbar: Noch ist die Luft kalt und die Äste schlottern nackt und karg, doch die Glühbirnen schlüpfen bereits. Dann ist es nicht mehr lang bis zur Kirschblüte. Denn die Glühbirnen werden aufgehängt, damit man die Kirschblüten auch nachts bewundern kann.

Altes japanisches Sprichwort: Wenn die ersten Glühbirnen schlüpfen, ist die Kirschblüte nicht mehr weit.

Als wir im Frühjahr 2016 unser Quartier in Meguro bezogen, platzten wir genau in die Kirschblütensaison herein. Das war einerseits schön, hatte andererseits den seltsamen Effekt, dass ich, im Widerspruch zu meinem eigentlichen, Tourismus und Wanderbewegungen stark befürwortenden Naturell, bereits nach wenigen Tagen im neuen Heim auf die ganzen Auswärtigen schimpfte, die mir auf Brücken und an Promenaden mit ihren Selfiesticks im Wege standen, wenn ich nur mal kurz Haferflocken und Strohhalme kaufen gehen wollte.

Eines Morgens, die Blütenpracht und mit ihr die Passantenmassen hatten sich schon wieder gelichtet, ging ich am Flussufer spazieren, und da sah ich sie: die Männer, die die Glühbirnen wieder aus den Bäumen entfernten. Nach Landessitte schnell und effizient, ohne besonderes Zeremoniell. Und doch hatte ihr Treiben für mich etwas Feierliches wie Trauriges, vielleicht etwas Trauerfeierliches: Mit dem Abschrauben der Birnen und dem Einrollen der Kabel war die Zeit der Kirschblüte wohl endgültig und offiziell vorüber. Zumindest bis zum nächsten Jahr.

Pokémon retten Leben

Die Menschenmassen blieben gleichwohl nicht lange weg. Kurze Zeit später kamen sie zurück, als das Spiel *Pokémon Go* auf Japan losgelassen wurde. Plötzlich waren die Straßen voller Auswärtiger, die sonst nie einen Fuß in unsere beschauliche Nachbarschaft setzen. Alle mit den Nasen auf den Displays ihrer Smartphones, auf der Jagd nach seltenen Pocket-Monstern.

Ich möchte das gar nicht kritisieren, nicht pauschal, allenfalls vor der eigenen Haustür. Für mich selbst ist das nichts. Ich will keine Pokémon und keine Pokébälle, ich kann damit nichts anfangen. Liebe lässt sich nicht erzwingen. Nostalgie ebenfalls nicht. Ich muss schon Mitte 20 gewesen sein, als die Pokémon das Licht der Welt erblickten (es berührt mich nicht genug, um es genau zu recherchieren). Pokémon waren für Kinder, und in keinem Lebensalter ist man so verbohrt wie mit Mitte 20. Da will man sich mit Kinderkram partout nicht auseinandersetzen. Ich habe das Phänomen also nur am Rande wahrgenommen, und mehr als eine Randerscheinung wurde es für mich auch nicht, als ich die Dinge wieder lockerer sah.

Gleichwohl bin ich gerührt, wenn ich junge Pärchen beim gemeinsamen Pokémon-Jagen sehe. Ebenso beim Anblick verschmitzter älterer Damen, wenn sie ihr Handy aus der Handtasche zaubern, um kurz mal eine Kreatur einzusammeln, und es dann wieder mit einem zufriedenen Lächeln wegstecken. Es freut mich, wenn mir Gruppen kleiner Jungs mit konzentriertem Blick aufs Fon entgegenkommen. Besser als Rauschgift hinter die Augäpfel spritzen, denke ich dann. Ich bin noch immer voller Bewunderung für die junge Office Lady, die heute Morgen neben mir ein Pokémon aus dem fahrenden Zug heraus abgeknallt hat und sich danach weiterschminkte, als sei nichts gewesen. Oder von der Dreiergruppe grau melierter Geschäftsmänner, die danach beim Inder an meinem Mittagstisch saß, alle Herren mit ernstem Blick auf ihre Tabletcomputer. Zwei der Tablets konnte ich einsehen. Man war auf der Jagd.

Viele Menschen stören sich an den kleinen Kreaturen und ihren Jägern, und das ist auch gut so, denn das rettet Leben. Seelsorger berichten, dass an Suizid-Hotspots wie den Klippen von Tojinbo die Selbstmordraten rapide nach unten gingen mit der Einführung des Spiels. Die Orte waren überlaufen von emsigen Spielern, das schreckte Selbstmordkandidaten ab. Glücklicherweise sagt die Erfahrung, dass ein Großteil von ihnen dann nicht einfach woanders hingeht; der richtige Ort nimmt bei Selbstmordgedanken einen hohen Stellenwert ein. Wir wollen hoffen, dass Augmented-Reality-Spiele keine Laune der Saison sind, sondern erst in den Startlöchern stehen und dass da noch viel mehr kommt, was die einen irritiert und die anderen begeistert.

***

Über Kirschblüten in voller Pracht kann sich, im Gegensatz zu Pokémon, jeder freuen, und jeder tut es auch. Erhabener als irgendwelche Kirschblüten zu beschauen ist es allerdings, die allerersten zu entdecken. Wer es offiziell mag, tut das am Yasukuni-Schrein. Dort steht der Kirschbaum, an dem von Spezialisten der amtliche Beginn der Kirschblütenzeit in Tokio abgenommen wird. Das ist freilich nicht das Einzige, wofür der Yasukuni-Schrein bekannt ist. Er ist der Lieblingsschrein national aufgewühlter Liebhaber von reinem Blut und fruchtbarem Heimatboden und ein Dorn im Auge vernünftigerer Menschen. Hier wird Japans Kriegstoter gedacht. Allerdings nicht nur des armen kleinen Schluckers aus dem Schützengraben, der es womöglich nicht besser wusste oder keine realistische Wahl hatte, sondern ganz ausdrücklich auch international verurteilter Kriegsverbrecher. Im Museum nebenan gibt es unter dem löchrigen Deckmantel von Dokumentation und Aufklärung martialische Kriegsdevotionalien zu sehen und zu kaufen. Der japanische Kaiser besucht den Schrein nicht mehr. Justin Bieber ist nicht so klug wie der japanische Kaiser. Er wurde hart angegangen, als er sich dort eines Tages hatte sehen lassen und, wie es so seine Art ist, irgendetwas Leichtfertiges getwittert hatte. Hier möchte ich ein einziges Mal in meinem Leben für Justin Bieber Partei ergreifen: Zwar sollte man auch als junges kanadisches Pophascherl wissen, wer Anne Frank ist. Um die Bedeutung des Yasukuni-Schreins in Tokio hingegen muss man nicht wissen, wenn man nicht von dort kommt oder sich nicht eingehend mit der Materie befasst hat. Wusste ich in seinem Alter auch nicht. Außerdem, und das scheint mir in diesem Zusammenhang sogar wichtiger, ist es überhaupt keine Schande,

Nicht so harmlos, wie er aussieht: Yasukuni-Schrein

als Tourist den Yasukuni-Schrein zu besuchen. Eine Schande ist
ein Besuch allenfalls für Politiker. Ich bin zweimal dort gewesen,
einmal aus Neugier, einmal der Recherche wegen. Es hat weder
mir geschadet noch dem Schrein genutzt. Nicht jede Sehenswür-
digkeit muss flauschig fürs Gemüt sein, und bei den unflauschigen
muss man ja kein Geld in finstere Kassen klimpern lassen.

Die offizielle erste Kirschblüte kann man also am kontrover-
sen Schrein sehen. Die inoffizielle erste kann jeder dort sehen, wo
er möchte. 2017 sahen wir, meine Gemahlin und ich, sie in Nakameguro. Ein gänzlich unkontroverser Ort, solange man sich keine
klassenkämpferische Ablehnung zusammenstrickt. Das möchte
ich gern tun: Meguro ist eine Zwei- bis Dreiklassengesellschaft.
Wir leben in Shimomeguro, dem unteren Meguro, einem ange-
messen rauen, bodenständigen Ort. Wir fühlen uns sehr proleta-
risch. Zumindest gemessen an den Lackaffen von Nakameguro,
dem mittleren Meguro, mit ihren Designerboutiquen, in denen

sie Designerkaffee trinken, während ihre Einkäufe in Designer-
tragetaschen verpackt werden. Der Legende nach gibt es außerdem ein Kamimeguro, das obere Meguro, wo die Menschen noch
feiner sind. Dort sind wir allerdings nie gewesen. Hinter vorgehaltener Hand hatte uns lediglich der Friseur einmal davon erzählt,
der alle Damen des japanischen Teils der Familie frisiert. Der wird
es schon wissen.

In Shimomeguro haben wir sehr wohl schöne Kirschblüten,
aber die schöneren, so wird behauptet, blühen in Nakameguro.
Deshalb waren wir eines schönen Sonntags dort unterwegs. Die
Saison hatte längst nicht begonnen, doch wir wollten eine Kirsch-
blütenbesichtigungstour auskundschaften, weil Besuch anstand.
Da mochten wir nicht unvorbereitet sein, wenn es erst mal blüht.
Wir gingen am Flussufer entlang, an dem sich die Zierkirschen
ballen und um Aufmerksamkeit buhlen. Noch war die Vegetation
kahl mit gelegentlichem, vorsichtigem Grün. Plötzlich aber
jauchzte Junko und bedeutete mir, sie hatte eine Kirschblüte ent-
deckt. Sie hing nicht von einem Ast herab, sondern lugte aus einem Baumstamm hervor, tief, in Bodennähe, man musste schon
sehr genau hinsehen. Selbstverständlich dokumentierte Junko
den erfreulichen Fund sofort fotografisch.

Während sie fotografierte, näherte sich eine neugierige Passantin. Sie war hocherfreut, als sie gewahr wurde, was meine Frau
dort fotografierte. Brav wartete sie, bis Junko fertig war.

Als das Bild geschossen war, verstrickte die Passantin sie in ein
angeregtes Gespräch über Kirschblüten. Da kam ein junges Paar
vorbei und wunderte sich, was denn hier los sei. Als es die Kirschblüte bemerkte, stellte es sich seinerseits an, bis es mit dem Fotografieren an der Reihe war. Und es kamen weitere Spaziergänger.
Bald hatte sich eine veritable Warteschlange vor dieser vielleicht
ersten Kirschblüte Meguros gebildet, Kameras, Handys und Tablets im Anschlag. Und meine Frau hatte den Wuchs als Erste gesehen. Ich bin so stolz.

Schirme und Masken

Häufig haben die Versammlungen unter der Blütenpracht optisch etwas von einem Chirurgenkongress. Kirschblütenzeit ist auch Pollenallergiezeit, und davon sind rund 25 Prozent der japanischen Bevölkerung betroffen. Also tragen im Frühjahr rund 50 Prozent der japanischen Bevölkerung Grippeschutzmasken, man kann nicht vorsichtig genug sein. Aus fernen Ländern Zugereiste finden die Masken oft ähnlich befremdlich wie die vermeintlichen Regenschirme, die Japanerinnen bei bestem Wetter über die Köpfe gespannt tragen. Es sind natürlich keine Regen-, sondern Sonnenschirme, und wie die Grippemasken haben sie eher nachvollziehbare gesundheitliche Gründe als ästhetische; den wenigsten geht es um die Bewahrung bleicher Schönheitsideale vom Kaiserhof vergangener Jahrhunderte. Manchen vielleicht schon. Genauso wie manche die Grippemasken ohne eigene medizinische Indikation oder Furcht vor Menschen mit medizinischer Indikation tragen. Untersuchungen haben ergeben, dass die Masken immer häufiger als ein Minikokon getragen werden, ein Rückzug aus der Gesellschaft inmitten der Gesellschaft, ein Bitte-nicht-stören-Schild im Gesicht.

Ist eine Maske ohne medizinische Indikation der erste Schritt auf dem Weg zu einem Dasein als *hikikomori*, einem modernen urbanen Einsiedler, der das Haus oder gar das Jugendzimmer nicht verlässt? Oder ist sie vielleicht ein Hilfsmittel für *hikikomori*, erste kleine Schritte aus ihrer Isolierung heraus zu tun? Wir wollen das Beste hoffen.

Auch nicht schlecht: die sechste Jahreszeit (und potenzielle weitere)

Als wir in Meguro unsere Umzugskisten auspackten, fragte mich meine Frau: »Hast du deine Gummistiefel nicht eingepackt?«

Eigentlich hatte ich gedacht, Gummistiefel braucht man ab einem Alter von ungefähr sechs Jahren nicht mehr, solange man nicht gerade beruflich oder freizeitgestalterisch etwas mit Gewässern zu tun hat. Das sagte ich ihr auch.

»In der Regenzeit solltest du welche haben«, sagte sie.

Ich weiß, was ich diesen Sommer zu tun habe. Nämlich auch bei Regen meine Tochter in den Kindergarten bringen.

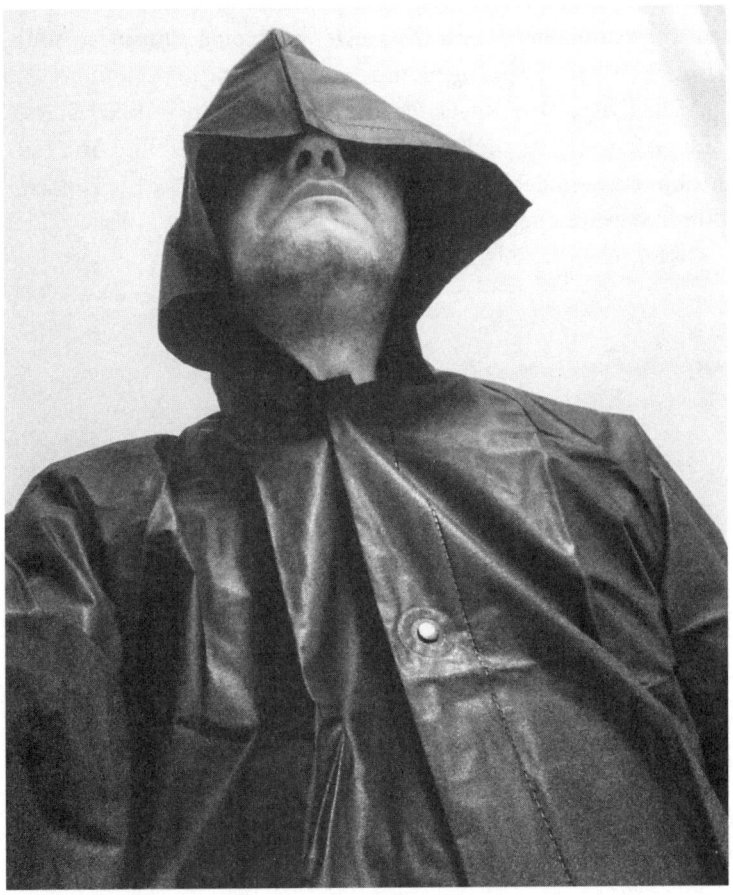

Ich entgegnete naiv, die Notwendigkeit von Gummistiefeln könne ich umgehen, indem ich einfach nicht in Pfützen träte. Stattdessen kaufte ich einen riesigen schwarzen Regenmantel, in dem ich aussehe wie der Fischer aus *Ich weiß, was du letzten Sommer getan hast*, bloß ohne Haken. Ein Riesenspaß, wenn ich damit die Kinder in Hanas Kindergarten erschrecke (Hana selbst macht der Aufzug nichts aus).

Körperlich habe ich meine erste komplette Regenzeit in Tokio gut und trocken überstanden, aber meine Schuhe kann ich natürlich wegschmeißen. Wenn die ganze Stadt eine Pfütze ist, hilft selbst der weiteste Sprung nicht.

Vielleicht ist die Regenzeit die sechste Jahreszeit. Ich hätte dann gleich auch noch die Kakerlakenzeit und die Noroviruszeit anzubieten. Wie sich die touristisch am besten vermarkten lassen, sollten allerdings lieber Experten entscheiden.

Kapitel

3

Rückkehr nach Shibuya

Neulich habe ich in Shibuya die Krise bekommen. Nicht, weil ich Shibuya nicht mag. Dass ich Shibuya nicht mag, wusste ich schon vorher, davon bekommt man keine Krise. Die Krise habe ich bekommen, weil mir bewusst wurde, dass es mal ganz anders gewesen war zwischen Shibuya und mir. Als ich 1999 zum ersten Mal nach Tokio kam, besuchte ich jeden Tag meines zehntägigen Aufenthalts jenen populären Teil der Tokioter Innenstadt. Jeden Tag. Dabei handelte es sich um eine Geschäftsreise, und ich hatte geschäftlich gar nichts in Shibuya zu tun. Doch wie ein glitzernder Magnet zog es mich immer wieder an, insbesondere in den Abendstunden. Wie berauscht lustwandelte ich durch das Flirren und Plärren der Einkaufsstraßen mit ihren Lichtern und Lautsprechern, in der einen Hand eine Zigarette, in der anderen eine Bierdose. Ich hörte lang und ausführlich Straßenmusikern zu, denn

Straßenmusiker klingen in fremden Fußgängerzonen immer viel aufregender als in heimischen. Hämisch lachte ich über die Warnschilder, die warnten: *Wenn Sie eine brennende Zigarette halten, halten Sie sie in Augenhöhe eines Kindes.* Mit dem Sarkasmus der schwindenden Jugend ergänzte ich im Geiste: *Oder in Augenhöhe eines erwachsenen Japaners.* Heute sind mir mein flegelhaftes Auftreten und mein rüpelhaftes Denken peinlich. Letzteres allerdings nur ein bisschen: Meine Körpergröße gerät mir in diesem Lande so ziemlich nie zum Vorteil, da sei mir eine gelegentliche gedankliche Flapsigkeit gegönnt. Ich habe doch sonst nichts.

Shibuya ist vor allem Shibuya Crossing und das, was sich von dort aus als spinnennetzartige Straßenschluchten in die Umgebung erstreckt. Jeder kennt Shibuya Crossing, selbst wenn er nicht weiß, dass es Shibuya Crossing ist. Wollen ausländische Fernsehsender innerhalb von Sekundenbruchteilen klarmachen, dass es um Tokio, also ums moderne Japan geht, dann zeigen sie Bilder von einer großen Fußgängerstraßenkreuzung, über die Heerscharen von Fußgängern in alle Richtungen hereinbrechen, gern auch mal im Zeitraffer und/oder aus der Vogelperspektive. Vor allem bei Nacht, wenn die umstehenden Geschäftshäuser mit ihren Videobildschirmen am imposantesten ihren Neonglanz absondern.

Das ist Shibuya Crossing.

Godzilla ist schon mal dagewesen und ich halt auch. Shibuya Crossing hat beides überlebt.

(Nicht ganz) 36 Ansichten von Shibuya Crossing

Der beliebteste Postkarten-, Poster- und T-Shirt-Motivmaler des traditionellen Japans war Katsushika Hokusai. Er hat möglicherweise niemals Shibuya Crossing überschritten, und falls doch, hatte es zu seiner Zeit kaum dieselbe Bedeutung wie heute, denn er lebte von (vermutlich) 1759 bis (ziemlich sicher) 1849. Sie wissen schon, wen ich meine: den mit der Welle. Ich will mich gar nicht mokieren, es ist ja ein schönes Bild, handwerklich, künstlerisch und historisch. Ich möchte mich nicht mal über die mokieren, die es als Poster im Jugend- oder Arbeitszimmer haben: Ich bin einer von euch. Zumindest war ich es. In meiner Junggesellenbude in München-Moosach hängte ich es an die Wand, um zu verbergen, dass dort sichtbar die Nachbarswohnung hineinnässte. Der Symbolgehalt meiner Motivwahl wird mir erst jetzt bewusst, da ich es niederschreibe. Damals ging es mir lediglich darum, den vorherigen Fleckverberger zu ersetzen, ein Gruppenbild der Protagonisten der dekonstruktivistischen Superhelden-Comicserie *Doom Patrol* (in der klassischen Grant-Morrison-Version, liebe Spezialisten, nicht in der fantasielosen neuen Version von unlängst, was freilich ohne Zeitreisepille auch gar nicht möglich wäre). Ich liebte zwar die *Doom Patrol* mehr als die Welle und hatte keinerlei Zweifel am außerordentlichen künstlerischen und literarischen Anspruch der Serie, fand das jedoch seinerzeit für Laien zu erklärungsbedürftig. Falls mal Damenbesuch käme. Denn Damen sind in solchen Dingen häufig Laien. Das macht nichts, dafür sind Herren in anderen Dingen Laien, die Damen viel bedeuten. Jedenfalls wurde das Comicposter gegen das berühmte Bild von der Welle getauscht. (Die Dame, die eines Tages tatsächlich kam, fand die Welle ebenfalls reichlich erklärungsbedürftig. Geheiratet hat sie mich später trotzdem.)

Das besagte Bild mit der großen Welle vor der Küste von Kanagawa ist Teil der Serie *36 Ansichten des Berges Fuji*. Der Berg Fuji gilt seit Jahr und Tag als das Symbol Japans schlechthin. Sollte man das nicht mal überdenken? Ich hatte einmal die (wie ich noch immer finde) schöne Idee zu einer Fotoserie, die ich *36 Ansichten von Shibuya Crossing* nennen wollte. Zu jedem Foto flink eine flotte Prosaminiatur geschrieben, und fertig ist der Hochglanzbildband. Nachdem allerdings ein paar meiner anderen literarischen Projekte, die ich selbst als kommerziell weitaus verwertbarer angesehen

Eine von vielen Ansichten von Shibuya Crossing

hatte, in der Verlagsbranche auf wenig Gegenliebe gestoßen waren, hatte ich dieses Projekt dann doch als zu speziell erachtet und auf einen Lebensabschnitt verschoben, in dem mir Geld egal ist.

Die Botschaft des Projektes wäre gewesen, dass Shibuya Crossing dem Berg Fuji den Rang als Wahrzeichen des Landes abgerungen hat. Bevor nun die konservative Japanologenfront echauffiert schnappatmet: Ist ein von Menschen geschaffenes Wahrzeichen für ein Land nicht viel erhabener und passender als eines, das einfach nur zufällig so dasteht? Länder sind mit ihren Grenzen schließlich selbst nichts anderes als menschliche Hirngespinste, sind einer inhärent grenzenlosen Welt aufgezwungene Abstraktionen. So wie das neue Shibuya, also das moderne Japan, dem alten Nippon aufgezwungen wurde. Man kann in der Tat von einer Shibuyaisierung Japans sprechen. Kaum ein Provinzbahnsteig kommt heute ohne ein Einkaufszentrum mit äußerem Videogroßbildschirm aus.

***

Zurück in meine ganz persönliche Gegenwart und deren Misere: Wieso wächst sich nun die harmlose Erkenntnis, dass ich Shibuya einmal mochte und nun nicht mehr mag, zu einer handfesten Krise aus? Man könnte meinen: Weil es mir meinen eigenen, unaufhaltsamen Alterungsprozess vor Augen führt. Ist es schon so weit, dass mir das Treiben der Jugend zu bunt wird? War es nicht erst gestern gewesen, dass ich mich unter der Discokugel des Abiballs drehte, voller praller Lebenslust und ungestümer Vorfreude auf die Welt da draußen?

Nein, das ist es nicht. Früher mochte ich auch Fanta und Haysi Fantayzee, heute eher Schnaps und Stille. Ich erachte diese Entwicklung nicht als Drama. Solche Veränderungen sind mehr auf Reifungs- als auf Alterungsprozesse zurückzuführen, und Reife ist zu begrüßen.

Der Grund für meine Panik ist nicht das plötzliche Erschrecken über die verflossene Zeit. Gleichwohl ist es ein ihm verwandter, nämlich der, dass ich eigentlich genau bin wie alle anderen: Sagt jemand Tokio, habe ich Shibuya Crossing vor Augen. Wenn einem der alte Sehnsuchtsort aber nur noch ein Ekelort ist, den man allenfalls aufsucht, wenn man in seinem unwirtlichen und unübersichtlichen Bahnhof den Zug wechseln muss oder weil man schnell mal bei Tokyu Hands einen Gürtellochstanzer kaufen möchte, wohnt man dann überhaupt in der richtigen Stadt? Hat man nicht einen Riesenfehler gemacht? Muss man auf einem Spielplatz alt werden, obwohl man längst aus dem Spielplatzalter heraus ist? Der vernunftbegabte Mensch wird nun anführen, dass ich längst Zehntausende andere Dinge gefunden habe, die mir an Tokio gefallen. Die Parks, die Cafés, die Restaurants, um nur drei von Zehntausenden zu nennen. In der Krise ist der Mensch aber nicht vernunftbegabt. Was hält mich bloß noch hier in Tokio, fragte ich mich mit über dem Kopf zusammengeschlagenen Händen, wenn nicht Shibuya? Spontan fielen mir nur Frau und Kind ein. Feine Gründe für alle möglichen Lebensentscheidungen. Mit denen könnte ich jedoch genauso gut in Singapur oder Hildesheim leben. Die kämen bestimmt mit, wenn ich sie höflich fragte.

Ich musste meinen Frieden mit Shibuya machen. Musste zurückkehren an den Ort so vieler Geschehen und unsere Beziehung wieder kitten.

Die HMV-Melancholie

Abgesehen von Lichterglanz und Straßenmusik waren die CD-Läden in der Vergangenheit mein Hauptgrund, Shibuya zu besuchen. Man sollte es kaum für möglich halten, aber die gibt es immer noch. Japaner kaufen CDs. Deutsche übrigens auch, 70 Prozent der bezahlten Musik wird in der Bundesrepublik weiterhin auf Polycarbonat ausgeliefert (problematischer für den deutschen Musikhandel ist wohl eher der Prozentsatz derer, die für Musik lieber gar nicht bezahlen). In Japan sind die häufig totgesagten Datenträger noch beliebter: Sie beziffern sich auf 85 Prozent des Musikmarktes – mit steigender Tendenz, denn der Downloadmarkt ist mittlerweile rückläufig. Ein krasser Gegensatz etwa zu den USA oder Schweden, in denen Compact Discs nur mehr 40 beziehungsweise 20 Prozent der Verkäufe betragen. Japans Alleinstellung hat zwei Gründe: Sammelleidenschaft und AKB48, die erfolgreichste und umfangreichste aller Girlgroups, deren Tonträgerverkäufe allein ungefähr acht Prozent des Gesamtmarktes ausmachen. Doch nicht nur die verkaufen ihre Scheiben gut. Egal, ob das dritte Best-of-Album einer vor zwei Monaten gegründeten Boyband oder die hundertste Neuveröffentlichung von *Sgt. Pepper's Lonely Hearts Club Band*: Alles wird schön verpackt, in Übergröße, mit Glitzerschmuck, Bilderbuch und Bonus-DVD, nicht selten bekommt man beim Kauf an der Kasse noch ein Poster in die Tüte und beim Verlassen des Warenhauses einen

Button in die Hand gedrückt. Es gibt fast mehr anzuschauen als an-
zuhören. Das Prinzip solcher Sonderausgaben ist zwar in Deutschland nicht unbekannt. Dort wirken sie jedoch häufig so liebevoll ge-
staltet, als hätte sie sich ein berufsmüder Vermarkter zwei Minuten
vor dem Wochenende schnell ausgedacht. In Japan wirken sie so, als
hätte eine Gruppe Enthusiasten genau das Produkt entworfen, das
sie selbst kaufen würden. Es funktioniert, ich spüre es am eigenen
Leib (in erster Linie durch den leichter zu tragenden Geldbeutel).
Als wir noch in Deutschland lebten und uns von unserer japanischen Verwandt- und Bekanntschaft Carepakete schnüren ließen,
ließ meine Frau sich mit Vorliebe Lebensmittel einpacken. Ich mir
CDs.

Behauptete ich eben gerade, die CD-Läden von Shibuya gäbe
es noch, so stimmt das nicht ganz. Mein liebster Laden ist nicht
mehr. Die große HMV-Filiale schloss im Sommer 2010, als ich gerade für drei Monate im Land weilte. Fast hätte ich es nicht mitbe-
kommen; vielleicht schon ein erstes Anzeichen der Entfremdung,
die langsam und möglicherweise mit dunklem Vergnügen ihren
Keil zwischen Shibuya und mich stemmte. Ich schaffte es gerade
noch, am allerletzten Tag vorbeizuschauen. Abgesehen von ein
paar dezenten Hinweisschildern war nichts davon zu merken, dass
genau hier genau jetzt eine Ära zu Ende ging. Da war keine Endzeitstimmung, niemand lag jemand anderem weinend in den Armen. Zumindest nicht, als ich dort war, am helllichten Tag. Vielleicht kochten in der Nacht die Emotionen höher. Plattenläden
haben in japanischen Ballungs- und Flaniergebieten recht lange
auf. Früher flanierte ich selbst selten vor neun Uhr abends in derartige Geschäfte, doch aus dem Alter war ich raus. Auch so ein Anzeichen.

Inzwischen wurde ein Teil der Räumlichkeiten übrigens von
der Modekaufhauskette Forever 21 übernommen. Dabei lehrt diese Geschichte doch gerade eines: Nichts ist *forever*, und 21 ist es
schon gar nicht.

Ich wollte der sterbenden HMV-Filiale unbedingt ein letztes Mal meinen Respekt erweisen, auch finanziell. Weil mir nichts Gescheiteres einfiel, kaufte ich zur letzten Ehre eine Best-of-Sammlung der Alt-Punk-Band The Blue Hearts. Sie gilt in Japan als ungefähr so cool wie Die Toten Hosen in Deutschland. Wie das nun wieder gemeint ist, darf jeder für sich selbst bewerten, ich halte mich da mal fein raus. Ich bin mir sicher, dass jeder auf seine eigene Art und Weise recht haben wird. Ich kannte von den Blue Hearts zuvor nur das Lied *Linda Linda Linda*, und das wiederum nur aus dem gleichnamigen Film. Die Band selbst kommt darin gar nicht vor, sondern eine fiktive Band aus liebenswerten Teenie-Schluffies, die den Song auf einem Schulfest zum Besten geben möchten. Was auch immer man von The Blue Hearts halten mag, der Film ist herzallerliebst und sei wärmstens empfohlen. Doch zurück nach Shibuya.

Dort gab es schon kurz nach der Schockschließung von HMV eine Sensationsmeldung: HMV macht wieder auf, und zwar nur ein paar Ecken weiter auf der anderen Straßenseite. Nicht sensationell genug? Dann versuchen wir es noch einmal: HMV macht wieder auf, und zwar nur ein paar Ecken weiter auf der anderen Straßenseite – und zwar als reiner Vinylplattenladen!

Ich bin einmal dort gewesen und fand es sehr interessant. Aber es ist nicht mehr dasselbe. Nicht für mich. Was mich freute, war, dass es offenbar kein Laden ausschließlich für alte Zausel ist, die auf der Suche nach seltenen Live-Doppelalben von Jethro Tull sind. Jede Hüpfpüppchen-Schnullipop-Band, deren Mitglieder und Fans AKB48 für die großen alten Damen des J-Pop halten müssen und die bereits CDs nur als urige Reliquien aus elterlichen Erzählungen kennen, bringt ihre Musik auf 180-Gramm-Vinyl heraus, als Picture-Discs, sogar als Singles mit zwei Liedern à 45 Umdrehungen. Finde ich schön, brauche ich aber nicht. Weder die Musik noch das Produkt. Seien wir ehrlich: Diese postdigitale Vinyl-Euphorie grassiert nun schon so lange und demografisch so

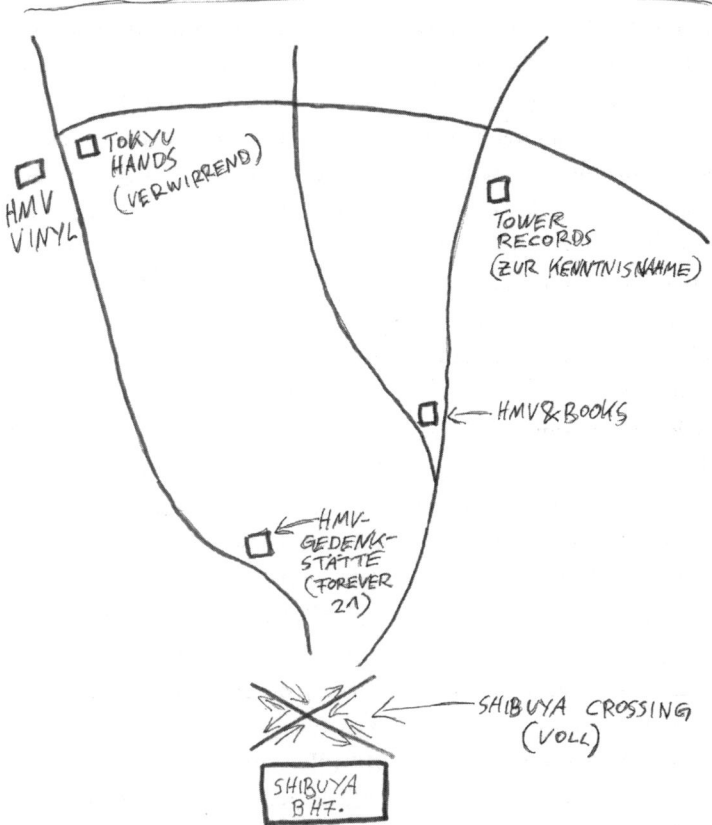

SHIBUYA: HMV-MELANCHOLY-WALK

HMV VINYL

TOKYU HANDS (VERWIRREND)

TOWER RECORDS (ZUR KENNTNISNAHME)

HMV & BOOKS

HMV-GEDENK-STÄTTE (FOREVER 21)

SHIBUYA CROSSING (VOLL)

SHIBUYA BHF.

alldurchdringend, dass man gar nicht mehr mitmachen mag. Als Distinktionsmerkmal taugt sie nicht, seit jeder Pimpf und seine Mudder auf die Schallplatte schwören. Die wahre Avantgarde hört inzwischen wieder CDs, sage ich.

Da ist es schön, dass es eine weitere HMV-Sensationsmeldung gibt: Neulich hat schon wieder eine neue Filiale in Shibuya aufgemacht, ebenfalls nicht weit vom geheiligten Grund der alten, in provokanter Nähe zu Tower Records. Der Laden heißt HMV & Books und ist entsprechend mehr nach meinem Geschmack als der Vinylshop. Vielleicht hat er auch nicht neulich erst aufgemacht, sondern schon vor Längerem und wurde neulich erst von mir bemerkt. Der Tourist bemerkt Neues oft verlässlicher als der Einheimische, denn der liest irgendwann die Trendmagazine nicht mehr, in denen Ladeneröffnungen angepriesen und Getränkegutscheine für Ausländer-Kennenlernpartys in Irish Pubs und Großraumdiscos abgedruckt werden. Nicht weil Trends ihn nicht mehr interessieren (Trends sollten einen immer interessieren, aussortieren kann man sie hinterher), sondern weil man zu nichts mehr kommt, wenn man in seiner Lieblingsstadt nicht mehr seinen Urlaub, sondern seinen Alltag verbringt. Über ein Jahr habe ich gebraucht, um nach dem Bezug unserer Wohnung mal wieder der Ginza einen Besuch abzustatten. Gegen neun Uhr morgens, mich besonders clever wähnend, weil ich den Touristenmassen zuvorkam. Die meisten Geschäfte dort machen allerdings erst um elf auf. Als Tourist hätte ich es wahrscheinlich gewusst.

Spricht man von Shibuya und CD-Kaufhäusern, kann man nicht vermeiden, auch von Tower Records zu sprechen, dem Platzhirsch, dem grimmigen Gewinner der langen Konkurrenz zwischen den beiden Vorzeigehäusern ihrer jeweiligen Ketten. Die neun Stockwerke stehen noch immer dort, wo sie seit 1995 stehen. Inzwischen ist der japanische Konzern dahinter ein eigenständiger, abgenabelt von der amerikanischen Mutterfirma. Zum Glück, die ist nämlich längst pleitegegangen. Der unverwüstliche Laden in Shibuya gilt als eines der größten CD-Geschäfte der Welt (außerdem als eines der einzigen CD-Geschäfte der Welt, mag der Zyniker anmerken). Ähnlich wie Shibuya überhaupt war der Laden mein Mekka, als ich zum ersten Mal in die Stadt kam. Ähnlich wie Shibuya als Ganzes habe ich ihn mittlerweile ein wenig über. HMV schien mir von Anfang an erwachsener. Das empfand ich

Die dunkle Seite der Macht: Tower Records Shibuya

zunächst als Makel, später als Zierde. Außerdem verkleinerte Tower Records zuletzt seine Buchabteilung zugunsten eines Cafés. Buchabteilungen und Cafés passen wunderbar zusammen, doch wenn Letzteres auf Kosten von Ersterem geht, kann ich das nicht widerstandslos hinnehmen. Die Buchabteilung von Tower Records, so muss ich hinter zusammengepressten Zähnen zugeben, ist nach wie vor eine der besten Adressen für den Kauf englischsprachiger Bücher in Tokio. Allerdings nur noch knapp in den Top 5, nicht mehr locker in den Top 3.

Dieser Tage betrete ich Tower Records in Shibuya nur noch am vierten Mai, May the Fourth, dem Welt-Star-Wars-Tag, um mir den neuen Krieg-der-Sterne-Film zu kaufen; inzwischen ist das ja ein jährliches Ereignis. Könnte ich auch hier oder da online bestellen, aber dann bekäme ich keine Poster, Anstecknadeln und limitierte Plastiktüten obendrauf. Und erst recht nicht den Gruppenschnappschuss mit den Sturmtruppen vorm Laden. Ich bin wirklich nicht schwer zufriedenzustellen. CDs kaufe ich lieber in der Tower-Records-Filiale in Shinjuku. Ein bisschen kleiner, aber weniger hysterisch.

Und abermals haben wir Shibuya kurzzeitig verlassen und müssen schleunigst zurückkehren. Der Abend, an dem ich mich wieder mit Shibuya versöhnte, spielte sich nicht in einem Schallplattenladen und nicht in einem CD-Geschäft ab. Er spielte sich größtenteils in einem *izakaya* ab, einem legeren Kneipenrestaurant. Doch die Straßen drum herum, die Straßen Shibuyas also, hatten keinen geringen Anteil am Zauber des Abends.

Kommen Bruce und Lee raus?

Durch eine Schicksalslaune haben meine Schwägerin Takako und ich gemeinsame Freunde, die wir nicht mit meiner Frau gemeinsam haben. Es sind zwei Herren unseres Alters aus dem erweiterten chinesischen Raum. Um ihre Privatsphäre zu schützen, wollen wir sie an dieser Stelle Bruce und Lee nennen. Takako und Bruce hatten vor Jahren in Tokio beim selben internationalen Nachrichtenmagazin gearbeitet. Bruce ist irgendwann in seine Heimat zurückgekehrt, besucht Japan allerdings nach wie vor regelmäßig. Zuerst gab es nur Bruce, und dann tauchte eines Tages Lee als seine Reisebegleitung auf und war fortan immer dabei. Immer, wenn Bruce und Lee in der Stadt sind, treffen wir uns alle zu mindestens einem gründlich runtergespülten Abendessen, oft mit anderen gemeinsamen Freunden oder Freundinnen. An dem Abend, an dem wir uns in Shibuya treffen wollten, war uns Lee längst ein ebenso guter Freund geworden wie Bruce, doch etwas wurmte uns an der Sache. Warum hielten sie nach all den Jahren die Natur ihrer Beziehung noch immer vor uns geheim? Vielleicht, weil sie meinten, man müsse Offensichtliches nicht aussprechen? Denn offensichtlich war es ja wohl: Beide hatten einen exzellenten Geschmack in und ein ausgeprägtes Interesse an modischen Dingen und Körperpflege (im sportlichen wie im kosmetischen Sinne), waren von herzlichem Umgang, und zumindest Bruces Rede war häufig geprägt von einem recht emotionalen Tonfall, unterstrichen von dramatischer Gestik. Andererseits: Konnten wir uns wirklich sicher sein? Auch heterosexuelle Männer können einfach nur befreundet sein. Sie können sich für schöne und gesunde Dinge interessieren und dürfen sich entsprechend kleiden. Niemand verbietet ihnen, gemeinsam zu reisen. Und man hat sogar schon mal Heteros im Affekt fuchteln gesehen. Was uns also eigentlich interessierte, war die ewige spießige kleine Frage: Sind sie oder sind sie nicht? Wir kommen nicht vom Dorf, uns ist kein Lebensstil exotisch, niemand wird aufgrund seiner Polung gehänselt oder glorifiziert. Doch im Zeitalter von Big Data geht es einfach nicht an, dass jemand Geheimnisse hat, vor allem nicht vor Freunden. Die Sache musste geklärt werden. Ein für alle Mal. In einer Nacht in Shibuya.

Nicht, dass das der ausdrückliche Plan war. Gleichwohl hing die Absicht in der Luft. Die Frage war nur: Wie anstellen? Keiner von uns war Chinaexperte. Vielleicht war es in der Kultur von Bruce und Lee selbst unter guten Freunden tabu, von diesen Dingen zu sprechen. Vielleicht würde es zu einem Massengesichtsverlust auf beiden Seiten führen, fragten wir plump: Ey, seid ihr etwa schwul, oder was?

Der ausdrückliche Plan war zunächst nur, in einem etwas größeren *izakaya* einen unbeschwerten Abend zu verbringen. Zur Förderung der Unbeschwertheit war das Ganze als ein *nomihodai* angelegt: All-you-can-drink zum Festpreis. In deutschen Medien gern als Komasaufen diskreditiert, vielleicht nicht immer ganz zu Unrecht. In Japan derweil eine gängige Praxis der gepflegten Erwachsenenunterhaltung.

Es war nicht einfach, das Lokal in den verwinkelten Straßen Shibuyas zu finden. Da wir alle – Takako, Bruce, Lee und ich – zu doof sind, mit Kartografieprogrammen moderner Smartphones umzugehen, mussten wir mehrmals dort anrufen und uns unter Zuhilfenahme unserer Beschreibungen besonderer Merkmale in unserer Umgebung mühsam lenken lassen. Als wir endlich eintrafen, saß die Fünfte in unserem Bunde bereits am Tisch und trank, um unser *nomihodai* so effektiv wie nur möglich zu nutzen. Es handelte sich um eine weitere gemeinsame Freundin, wir wollen sie Yuki nennen, weil ich schon lange niemanden mehr Yuki genannt habe. Sie ist ebenfalls eine ehemalige Arbeitskollegin von Bruce und Takako, heute Redakteurin bei einem Herrenmagazin. Nicht so ein Herrenmagazin, das lange Fotostrecken nackter Frauen mit Schmollmund druckt, sondern eines, das lange Fotostrecken neuer Produkte der Hautpflege-, Schreibgeräte- und Zeitmessungsindustrie druckt. Es würde mich weder wundern noch schockieren, wenn einige oder alle Firmen, deren Produkte abgelichtet werden, sich mit einer kleinen Geldspende erkenntlich zeigen. Die Trennung von Redaktion und Anzeige gilt es in der politischen Berichterstattung strikt einzuhalten. Bei der Vorstellung schöner, aber nicht lebensnotwendiger Luxusnovitäten ist große Erregung ehrenhafter Traditionsjournalisten unangebracht. Nichtsdestotrotz kann man mit Fug und Recht behaupten, dass unsere Yuki nicht gerade eine klassische Investigativjournalistin ist, die unter Missachtung von Lebensgefahr heiße Eisen anpackt, um dann ihre Finger in Wunden zu legen. Gleichwohl war sie es, die an diesem Morgen womöglich einen Investigativjournalisten gefrühstückt hatte und uns bei der Beantwortung der unter unseren Nägeln brennenden Frage entscheidend weiterbrachte.

Irgendwann standen aus irgendeinem Grund drei halb volle Getränke gleichzeitig vor mir, irgendjemand musste sie bestellt haben, und ich tat mein Bestes, sie oder ihn nicht zu enttäuschen. Ein Bier, ein Whisky-Highball und irgendein Sake, wenn ich mich richtig erinnere. Bier, weil ich Bier gern trinke. Whisky-Highball, weil ich unverbindlich angemerkt hatte, dass der neben Pachinko zu den ganz wenigen urjapanischen Erlebnissen gehörte, um die ich bislang einen Bogen gemacht hatte. Und Sake, weil ich das Glas mit dem Smiley auf dem Boden so lustig fand. Ich erinnere mich verlässlich immerhin daran, dass mir das Lokal recht angenehm war. Es war zu vielen Seiten zur Straße geöffnet und mit transparenten Plastikplanen und Holzlatten behelfsmäßig erweitert worden. Durch die Falten und Schlieren der Plastikplanen erfuhr das neonbeleuchtete Treiben auf Shibuyas Straßen eine Neuinterpretation, wirkte wie ein impressionistisches Anime, was mir gut gefiel. So langsam erinnerte ich mich wieder daran, warum Shibuya einmal ein Sehnsuchtsort meinerseits gewesen war. Hier lässt sich's aushalten, fand ich. Das Mobiliar des Lokals war rustikal und niedrig, die unbeschuhten Füße baumelten in eine Senke unter dem Tisch. Das angeregte Gespräch war schon seit einiger Zeit beim Thema Heiraten. Ich hielt mich dabei ein wenig bedeckt, denn ich war der Einzige in der Runde, der damit prakti-

sche Erfahrung hatte. Manchmal muss man den Amateuren ihren
Spaß am Fantasieren lassen.

Und so ergriff ganz plötzlich Yuki das Wort, die uns in Sachen
All-you-can-drink schon etwas voraus war. Fröhlich flötete sie
über den Tisch: »Sagt mal, Bruce und Lee, wollt ihr eigentlich
nicht mal heiraten?«

Ich weiß nicht mehr, ob danach wirklich eine dramatische
Schockpause entstand, in der alle Gespräche und alle Musiken im
Restaurant verstummten, oder ob ich mir das nur einbildete. Sehr
wohl weiß ich, dass ich Zeit hatte zu denken: »Sie ist clever, diese
Yuki. Sollte es zum wütenden Eklat kommen, kann sie sich immer
noch rausreden: *Ha ha … ihr Dummerchen, ich hatte doch nicht gemeint: einander heiraten! Wo gäbe es denn auch so was, das geht ja gar
nicht, ihr seid ja zwei Männer, und was für welche! Ich meinte natürlich:
Jeder von euch jeweils ein anständiges, unverdorbenes chinesisches Landmädel mit Zöpfchen und rosa Wangen! Also wirklich!*«

Ob die Pause nun länger war als üblich, wenn man ein wenig
die Gedanken ordnen muss, um eine berechtigte Frage zufrieden-
stellend zu beantworten, oder ob die Pause genau die dafür richtige Länge hatte – danach erhob jedenfalls Bruce das Wort, schon
immer der Gesprächigere der beiden, der angenehm extravertier-
te Gegenpol zum angenehm nachdenklichen, manchmal vornehm
schweigsamen Lee. Dieser Bruce also sagte ruhig und gelassen:
»Bei uns zu Hause können wir legal nicht heiraten. Aber wir haben
uns entschlossen, für immer zusammenzubleiben.«

Und danach sprachen wir wieder von etwas anderem. Es gab
keinen Tusch, kein Tischfeuerwerk, noch nicht mal einen nen-
nenswerten Aha-Effekt. Und dennoch beschlich mich im weiteren
Verlauf des Abends das Gefühl, als hätte sich etwas verändert, zum
Positiven. Als wären wir uns näher als zuvor, als hätten wir erst
jetzt den Schritt von der Bekanntschaft zur Freundschaft getan.
Und ich hatte das Gefühl, dass Shibuya an diesem Näherkommen
nicht ganz unschuldig war. Es flimmerte schließlich nicht nur

durch die Plastikplanen hindurch an unseren Tisch, es hatte mit seinem Gelächter, seinem Geschnatter, seiner Musik längst das Innere des Lokals übernommen, und damit auch unser Inneres.

Bald mussten wir Schritte zu einem anderen Ziel unternehmen, denn unser Nomihodai-Zeittarif lief ab. Wir stolperten hinaus in die helle, bunte Nacht. Aufgekratzt wie Schulkinder, die meinen, das Aufgekratztsein erfunden zu haben. Aufgekratzt wie die Lichter Shibuyas. Die Lichter nahmen uns in ihre Mitte, tanzten um uns Ringelreihen und versicherten uns: Ja, ihr seid wie wir. Ihr seid Lichter. Kleine Lichter nur, aber Lichter.

Und morgen sind wir vielleicht verblasst oder müssen ausgetauscht werden. Aber bevor das geschah, kamen wir noch an einem anderen Getränkerestaurant vorbei, in dem wir durchs Fenster etwas Bemerkenswertes sahen: Ein älterer Firmenangestellter, ein sogenannter *salary man*, saß allein an einem Tisch und trank. Er trug einen melancholischen Gesichtsausdruck und die übliche Tracht älterer *salary men*: Schwarzer Anzug und Überkämmfrisur. Die klassische Überkämmfrisur, die als Massenphänomen in Deutschland ungefähr mit Heinz Erhardt ausgestorben ist (Einzelfälle sind statistisch irrelevant), gehört neben Faxgeräten, elektronischen Wörterbüchern und QR-Codes zu den altertümlichen Dingen, an denen das sonst so fortschrittliche Japan mit rührender Treue festhält. So war die Überkämmfrisur auch nicht das, was den Anblick dieses Gastes bemerkenswert machte. Gleichwohl war es etwas auf seinem Kopf: Der melancholische Alte trug dort zwei unübersehbare große, runde Minnie-Maus-Ohren, wie sie in Disneyländern und Disneygeschäften als pfiffige Verkleidungsaccessoires angeboten werden.

Uns allen fiel es auf, Yuki sprach es aus. Ach was, sie posaunte es heraus: »Es ist nicht mal Micky Maus! Es ist Minnie Maus!« Sofort machte sie sich auf den Weg in den Laden.

»Wo willst du hin?«, rief einer von uns.

»Ich will mit ihm sprechen! Ich muss wissen warum!«

Wir konnten sie mit vereinten Kräften von ihrem Vorhaben abhalten und wieder auf den rechten Weg bringen, unseren Weg, den Weg zu Shibuyas summendem und brummendem Bienenstockbahnhof, auf dass uns unsere unterschiedlichen Bahnlinien wieder in alle Richtungen über die Stadt verteilten, bevor Punkt Mitternacht nur noch Taxis führen. Ich bin mir nicht sicher, ob wir Yuki vor sich selbst retten oder sie und vielleicht uns vor einer peinlichen Situation bewahren wollten. Meine Theorie ist eher, dass wir die Geschichte des Minnie-Maus-Mannes lieber nicht kennen wollten, selbst wenn wir im Augenblick vom Gegenteil überzeugt waren. Womöglich steckte eine lustige Anekdote hinter den lustigen Ohren und der süßen Schleife, vielleicht aber auch eine todtraurige Geschichte. Eine Shibuya-Geschichte eben. Da gibt es solche und solche. Unsere hatte ein Happy End. Das wollten wir uns nicht vermiesen.

Die Rückkehr der Minnie Maus

Seit jenem gelungenen Abend gehe ich wieder recht gern nach Shibuya. Drolligerweise allerdings nicht abends, dafür braucht man gute Gesellschaft, und die steht nicht ständig abrufbereit. Eher gehe ich in aller Herrgottsfrühe, beziehungsweise wenn gerade eben so die ersten Geschäfte aufmachen, was in Japan halt nicht allzu früh ist. Werktags morgens befinden sich nicht ganz so viele internationale Fernsehteams und Selfiestick-Selbstdarsteller auf der Kreuzung, man kann die eigene Laufrichtung weitgehend selbst bestimmen.

Eines Morgens lief ich derart selbstbestimmt dahin, wo jeder mal hinläuft: Zur Shibuya-Filiale von Tokyu Hands. Tokyu Hands ist im Allgemeinen ein Laden, auf den sich wirklich alle einigen können – die Alteingesessenen, die Zugereisten und die Touristen. In der Mischung aus Baumarkt und Hobbybedarfshandlung findet man einfach alles, von der Spanplatte bis zum Zauberkasten. Wenn man es denn findet. Es können sich nämlich ebenfalls alle darauf einigen, dass die Filiale in Shibuya, die das Unternehmen als sein Flaggschiffgeschäft (in friedlicheren Zeiten sagte man Haupthaus) anpreist, ganz schrecklich ist. Die angenehmste ist die im Einkaufszentrum Takashimaya Times Square in Shinjuku. Ich habe außerdem angenehme Erinnerungen an die in Ikebukuro, weiß allerdings nicht, ob es die noch gibt. Bin schon lange nicht mehr in Ikebukuro gewesen (man kommt ja zu nichts). Die Filiale in Shibuya jedenfalls, dieser protzige Schlachtkreuzer, verläuft nicht Etage für Etage schnurgerade von oben nach unten, wie das in Shinjuku der Fall ist, sondern im Zickzack über Halb- und Doppeletagen mit Kommastellen UND Buchstaben hinter den Stockwerksangaben. Das versteht kein Mensch, man verläuft sich auch nach Jahren noch. An jenem Tag, als ich trotz besseren Wissens hingegangen bin, war ich folgendem Denkfehler aufgesessen: Ich habe nicht viel Zeit, und Shibuya ist mir örtlich viel näher als Shinjuku. Ich habe natürlich nicht daran gedacht, dass ich die paar Minuten, die ich nach Shinjuku länger im Zug stehe, längst wieder drin habe, wenn ich das Gesuchte in der dortigen Filiale viel schneller finde als das gewünschte Dreiviertelstockwerk C in Shibuya. (Kleiner Insiderreisetipp: Das Einkaufszentrum Takashimaya Times Square erreicht man viel entspannter von der Bahnhaltestelle Yoyogi als vom überlaufenen und überdrehten Bahnhof Shinjuku, seiner offiziellen Haltestelle.)

Ich suchte eine Faschingsverkleidung (Karnevalsverkleidung geht auch, ich habe im Bereich der Begriffsstreitigkeiten kein emotionelles Investment) für meine Tochter. Seit Wochen wissen wir, dass unsere deutsche Spielgruppe bald eine entsprechende Feier veranstaltet, und einen Tag vorher raffe ich mich auf, um das Kostüm zu kaufen. Bei Tokyu Hands findet man immer was, denke ich. Da muss man sich nicht mal große Gedanken machen.

Aber ich finde nichts. Es scheint in dieser Saison nur zwei Kostüme zu geben: Donald Trump und Pikotaru, ein japanischer Komiker, der sich optisch irgendwo zwischen goldenem Pimp Style und Tigermusterpyjama bewegt. Bei Donald Trump hört der Spaß auf. Pikotaru könnte Hana gefallen. Schlüsseltextstellen seines größten internationalen Hits, international bestimmt längst in Vergessenheit geraten, brüllt sie noch immer durch Straßen und Supermärkte, jedes Mal, wenn sie an einer Ananas vorbeikommt: »Aaah! Pineapple Pen!« Ich selbst schätze Pikotaru ebenfalls. Er ist so etwas wie der japanische Helge Schneider, und *Pen Pineapple Apple Pen* ist lediglich sein *Katzeklo*. Man sollte ihn nicht daran allein messen.

Aber ach, mit den angebotenen Pikotaru-Kostümen würde keiner von uns froh werden. Zu groß für Hana, zu klein für mich.

Als ich gerade denke: »Dann male ich ihr einfach was ins Gesicht und gut ist!« und wutschnaubend das Geschäft verlassen möchte (wutschnaubend vor allem wegen der bevorstehenden langwierigen Suche nach dem Ausgang), sehe ich etwas in einem der unteren Regale: Eine große rote Schleife an großen schwarzen Ohren.

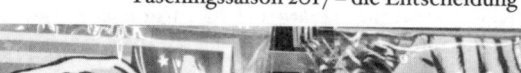

Faschingssaison 2017 – die Entscheidung

Minnie Maus! Hana liebt Minnie Maus! Hana liebt die klassischen Disneycharaktere, und sie darf das, Kinder sind in diesen Dingen unbelehrbar, man muss ihnen ihren Geschmack lassen. Mit Pinkstinks braucht man denen nicht kommen. Die wissen: Pink stinkt nicht, Pink ist supi-dupi. (In einem vorherigen Buch hatte ich einmal die eine oder andere Rabianz gegen den Spaßverderberverein Pinkstinks eingebaut. Da rief mich der Lektor, ein Mann von kühlem Verstand und gutem Geschmack, zur Mäßigung auf, denn Pinkstinks stünde ja gar nicht dafür, den Mädchen dieser Welt das Pink madig machen zu wollen, sondern trete dafür ein, dass auch Jungs Pink tragen dürfen sollten. Den Eindruck habe ich eher nicht, dafür wäre der Name äußerst unglücklich gewählt. Sollte dem allerdings doch so sein, bin ich gern der größte aller Pinkstinks-Anhänger: Selbstverständlich! Alle, alle, alle sollen Pink tragen! Manchmal. Nur ich nicht. Meine Liebe ist eine passive.)

Die Minnie-Maus-Ohren kommen in den Korb, und während ich glücklich den Ausgang suche, fällt mir der ältere Herr in der Bar wieder ein. Ob er seine Ohren auch hier gekauft hat? Vielleicht dachte er: *Heute lass ich es nach der Arbeit mal richtig krachen! Nur wie? Bei Trump hört der Spaß auf, Tigermuster steht mir nicht ... was liegt denn da unten?*

Hana ist von den Ohren begeistert. Ein Vater spürt das, selbst wenn das Kind sie ungern länger als 20 Sekunden auf dem Kopf behält. Mit diesen Ohren komme ich sogar wieder ein bisschen auf meinen ursprünglichen, eigentlich verworfenen Plan zurück. Ich hatte vor, Hana als Prinzessin Leia zu verkleiden und ihr weiszumachen, es handele sich um Micky Maus. War leider zu aufwendig.

Und so relativiere ich meine penetrante Antipathieerklärung vom Anfang des Kapitels: Ich mag Shibuya nicht, ich liebe Shibuya. Manchmal. Zur richtigen Zeit, an den richtigen Orten, gegebenenfalls in der richtigen Gesellschaft. Mit und ohne Minnie-Maus-Ohren.

Kapitel

4

Menschen und andere Viecher im Park

Nicht selten höre ich von anderen Ausländern, sie hätten sich in Tokio erst heimisch gefühlt, als sie sich hier zum ersten Mal auf ihr Fahrrad geschwungen haben. Dieses Gefühl werde ich wohl niemals teilen, denn ich habe meine Karriere als Fahrradfahrer schon vor Jahren offiziell an den Nagel gehängt, in Deutschland noch. Der deutsche Autofahrer hat mitunter Mitleid mit Fußgängern, Fahrradfahrer hingegen betrachtet er als seine natürlichen Feinde. Das beruht dann bald auf Gegenseitigkeit, man wird auf beiden Seiten verbohrt, gehässig und ungerecht. Irgendwann konnte ich Gut und Böse nicht mehr unterscheiden, den täglichen Krieg auf den Straßen ohnehin nicht mehr mit meiner pazifistischen Grundhaltung vereinbaren und tat das, was die Klügeren nun mal tun (falls ich es ausbuchstabieren muss: nachgeben). In Tokio herrschen zwar andere Verkehrsverhältnisse, doch leider keine, die mir mehr entgegenkommen. Sinnbildlich gesprochen. Buchstäblich kommt einem oft einiges entgegen.

Der tägliche Fußgängerslalom

In Tokio gibt es weniger Animosität zwischen Fahrrad- und Autofahrern, denn sie begegnen einander kaum. Ich war einmal der Fehlinformation aufgesessen, vielleicht hatte ich es mir auch ganz allein durch Beobachtung falsch zusammengereimt, dass Radfahrer in Japan nicht auf der Straße fahren dürfen, sondern nur auf dem Bürgersteig. Um nichts Falsches zu erzählen und zu schreiben, fragte ich einen Japaner, ob das stimmte. Der druckste herum, die gesetzliche Vorgabe sei sehr vage: Japaner dürfen auf dem Fußweg fahren, so sie sich auf der Straße unsicher fühlen.

Daraus folgerte ich: Aha, die fühlen sich also unsicher. Alle, überall, zu jeder Zeit. Bürgersteige sind in Japan nicht von allzu epischer Breite und Radwege gibt es nur ein paar experimentelle hier und dort. Wann die Experimente ausgewertet und welche Konsequenzen daraus gezogen werden, steht noch nicht fest. Also schlängeln sich die Zweiräder durch die Fußgänger, zum Soundtrack freundlich klingelnder Vorwarnung.

Bevor ich dieses Buch für geschrieben erklärte, wollte ich es wirklich ganz genau wissen. Mit zunehmendem Nachdenken schien mir die Antwort des befragten Japaners zunehmend fragwürdig. So studierte ich den tatsächlichen Gesetzestext – und siehe da: Radfahrer dürfen in Japan gesetzlich auf gar keinen Fall auf dem Fußweg fahren! Sie werden verkehrsrechtlich ausdrücklich zu den Autos gezählt und gehören auf die Straße.

Allerdings handelt es sich um eines dieser Gesetze, die nur theoretisch existieren und deren Missachtung keine Strafverfolgung vorsieht. Genau wie die zaghaften neuen Gesetze gegen Hasspropaganda. Das Fahrradgesetz ist offenbar so unbekannt oder wird als so gegenstandslos erachtet, dass sogar die Polizei zu seiner Missachtung aufruft. Nicht selten werden Radfahrer von Polizisten von der Straße gepfiffen, sie mögen doch bitte auf dem Bürgersteig fahren und die Fahrbahn den echten Autos überlassen.

Der japanische Fußgängerslalom ist jedenfalls nicht meine Vorstellung von geschmeidiger Fortbewegung. Vielleicht bin ich zu herkunftsgeschädigt für das städtische Fahrradfahren. Angenehmes Radfahren bedeutet für mich einsames Rollen über den Deich, kilometerlang ohne Kurve. Beim hektischen Gezippel und Gezappel um Fußgänger und Autos herum fühle ich mich wie der Protagonist in einem Hollywoodfilm über einen flippigen Fahrradkurier in New York City, der irrtümlich das falsche Paket einsteckt und deshalb gejagt wird von Auftragsmördern, der russischen Mafia, der italienischen Mafia, berittener Polizei, verschiedenen Geheimdiensten, seiner hysterischen, vermutlich »ethnischen« Exfreundin (komödiantischer Kontrapunkt) und einer ominösen Schattenregierung der Vereinigten Staaten. Wenn ich selbst der Protagonist bin, finde ich das nicht aufregend, sondern anstrengend. (Ich gehöre wohlgemerkt nicht zu den Fahrradaktivisten, deren Lebensinhalt darin besteht, den lieben langen Tag lang lauthals mehr und bessere Radwege zu fordern. Ich fordere allenfalls genügend Rücksicht anderer Verkehrsteilnehmer, um verletzungs- und stressfrei auf der Straße fahren zu können, wo ich mit einem Fahrrad hingehöre, und zwar überall auf der Welt.)

Ich bin nicht in dieses Land gekommen, um seit Generationen gewachsene und gepflegte Verkehrstraditionen eigenhändig umzukrempeln, auf dass das Volk mir danke. Ich bin allerdings auch nicht gekommen, um bei der Pflege dieser Traditionen mitzutun. Deshalb war es bei mir nicht das erste Fahrradfahrerlebnis, das mich mit meiner neuen Heimat verschweißte, sondern das erste Mal, als ich in die Laufschuhe schlüpfte und zu einem Dauerlauf durch die Nachbarschaft ansetzte. Das war schön, doch schöner als in Wohngebieten läuft man in Japan in Parks.

Nicht, dass Laufen das Einzige ist, was man dort tun kann. Man kann dort auch jemanden um die Ecke bringen oder zumindest die Leiche verstecken. Das weiß ich aus eigener Erfahrung.

Rückkehr an den Ort des Verbrechens

Bevor es an die Geheimtipps geht: Mein Lieblingspark unter den bekannten Größen ist ein recht offensichtlicher, der Yoyogi Park. Trotz seiner Beliebtheit bei Einheimischen und Auswärtigen ist er groß genug, dass sich die Menschenmassen darin angenehm verteilen, solange nicht gerade Saison für irgendetwas ist, das die Parkpopulation exponentiell anschwellen lässt. In der Kirschblütenzeit sind auch hier die Baumkronen von anmutigem Weiß und Rosa und den Boden deckt das hässliche Blau der Plastikplanen, die die Einheimischen ausbreiten, um sich darauf an Blütenpracht und alkoholischen Getränken zu berauschen. So angenehm ist mir dieser Ort, dass ich ihn zum Schlüsselschauplatz meines erstens Kriminalromans *Yoyogi Park* erkoren hatte. Obgleich ich den Ort des handlungstragenden Leichenfundes darin nicht millimetergenau angegeben habe, so habe ich mir bei vielen inspirierenden Recherchespaziergängen sehr wohl ein präzises Bild davon gemacht, wo der Unhold das arme Mädchen abgelegt hatte. Dennoch finde ich jedes Mal, wenn ich an den Ort des Verbrechens zurückkehre, bessere, geeignetere Orte. Unlängst entschloss ich mich, einen Weg zu gehen, bei dem ich bislang immer stillschweigend davon ausgegangen war, man dürfe ihn nicht gehen. An einer Stelle gabelt sich der Pfad, die Massen ziehen weiter zum Meiji-Schrein, der touristischen und historischen Hauptattraktion des Parks. Der Pfad, den keiner geht, ist versehen mit einer Schranke und einem Mann in einem Schrankenhäuschen. Explizite Verbotsschilder gibt es keine. Vielleicht dient die Schranke nur der Einschränkung des PKW-Verkehrs, denke ich mir. Ich nehme meinen Mut zusammen und quetsche mich an ihr vorbei. Im Verbotsfall wird mich der Mann im Häuschen schon darauf hinweisen. Mehr als schimpfen kann er ja nicht. Hoffe ich.

Keiner schimpft, niemand hetzt Hunde auf mich oder pustet mir eine Ladung Blei in den Rücken. Bald befinde ich mich in einer tropischen Wunderwelt, die ein viel reizvollerer Handlungsort für meinen Roman gewesen wäre als die Orte, die ich ausgewählt hatte. Der Gram hält sich gleichwohl in Grenzen, denn der Yoyogi Park ist an reizvollen Orten nicht arm, und auch meine ursprüngliche Selektion war kein totaler Fehlgriff. Außerdem ist das Gestrüpp am Wegesrand hier so undurchdringlich, dass die Leiche der jungen Ai dort vermutlich unbemerkt verrotten wäre und ihr Mörder und seine Gönner noch heute ihr Unwesen treiben würden. Wie gut, dass der Täter diesen Ort nicht kannte.

Und bald habe ich ein kleines bisschen die Befürchtung, dass mich ebenfalls keiner finden wird. Genauso wenig, wie ich den Weg zurück in einen Bereich finde, der mir bekannt wäre. Klappt

Gut gerüstet: Straßenmusiker vorm Yoyogi Park

aber irgendwann doch, und selbstverständlich ist es überhaupt nicht die Gegend, die ich erwartet hatte. Man sagt es immer so leicht dahin, der Yoyogi Park sei groß. Es ist erfrischend, sich ab und an davon zu überzeugen, dass dem in der Tat so ist.

Fiktive Verbrechen hin oder her, realen finsteren Typen begegnet man in Parks eher selten. Viele Anlagen machen obendrein recht früh dicht, das schreckt finstere Typen ab. Vor finsteren Vögeln allerdings sei gewarnt.

Die große, hungrige Krähe

Wie in vielen Geschichten aus dem Tierreich begann alles ganz harmlos mit einer Raupe. Es war nicht irgendeine Raupe, sondern die berühmteste Raupe der Welt, nämlich die kleine Raupe Nimmersatt. In Milliarden Kinderzimmern auf dem gesamten Erdenrund ist sie zu Hause. Ich wage zu behaupten, wäre sie international gefloppt und nur in Japan auf Gegenliebe gestoßen, vielleicht als Herzensverwandte der kuscheligen Killermotte Mothra aus dem Godzilla-Universum, ihr Erfinder Eric Carle wäre trotzdem steinreich geworden (zu Recht, zu Recht). Die Raupe ist hierzulande überall und auf allem zu sehen. Werden da Assoziationen mit Hello Kitty ausgelöst, kann man sicher sein, dass man nicht der Erste war, der in diese Richtung gedacht hat: Eine »Hello Kitty x Raupe Nimmersatt«-Kollektion ist längst auf dem Markt (meine Frau hat daraus das Federetui).

Auch in unserem Haushalt dreht sich immer wieder alles um die Raupe. »Raupe« war eines von Hanas ersten Worten. Das Buch dazu kann ich im Schlaf fehlerfrei und komplett aufsagen, teilweise auf Japanisch. Jedes Mal, wenn man denkt, die Raupe sei in unserem Haus weg vom Fenster, schafft sie ein Comeback. Entweder bringt ein Familienmitglied neues Raupe-Merchandising vorbei, oder das Kind selbst lädt sich das aktuellste Raupe-Computerspiel aufs Tablet (bitte jetzt keine Standpauke zum Thema »Kleinkindererziehung und verantwortungsbewusster Umgang mit digitalen Medien« – die sind heutzutage anders, die jungen Leute). Und schon muss ich vor dem Einschlafen wieder zum wohlbekannten Vortrag anheben: »Nachts, im Mondschein, lag auf einem Blatt ein kleines Ei ...«

Und das ist auch alles gut so. Eric Carle sei gedankt für seine vielen inhaltlich und künstlerisch originellen Kinderbücher (die Raupe ist ja nur die Einstiegsdroge). Als die Ausstellung *The Art of Eric Carle* im Frühjahr 2017 nach Tokio kam, mussten wir sie unbedingt würdigen. Uns war bewusst, dass so eine Kunstausstellung kein Kinderspielplatz ist, dennoch wollten wir das Kind nicht einfach zu Hause lassen. Wir versprachen, es würde die Raupe treffen. Wir dachten, irgendetwas Rauperelevantes, was über die Bücher und anderen Artikel in unserem Haus hinausgeht, werden wir dort schon finden.

Der größte Erkenntnisgewinn, den uns die Ausstellung bescherte, war, dass Eric Carle noch lebte und transportfähig war und wir ihn hätten treffen können, wären wir nur etwas früher eingetrudelt. Die zweite Erkenntnis war, dass Eric Carle wirklich sehr beliebt ist in Japan. Die Ausstellungsräume waren rappelvoll, jedes Bild hatte seine eigene Schlange.

Und dann war da noch die Erkenntnis: Krähen greifen tatsächlich Menschen an, selbst ohne bewusste Provokation. Meine griff mich im Kinuta Park an, in dem sich das Museum befand und in den wir uns zehn Minuten nach Betreten der Ausstellung flüchteten, als wir feststellten, dass Zweijährige ungern vor Bildern Schlange stehen, selbst wenn ihnen die Bilder gefallen würden, und dass sich Zweijährige selbst dann nicht an vorgeschriebene Ausstellungsrouten halten, wenn wirklich alle anderen das tun, als sei ein Schild mit einem Pfeil ein Gesetz und nicht bloß ein gut gemeinter Ratschlag.

Krähen haben in Japan einen zwiespältigen Ruf. Einerseits ist da eine gewisse historische, mythische Verehrung. Eine Krähe war es, die der Legende nach den ersten Kaiser nach Nara führte, wo daraufhin die erste ständige Hauptstadt des Landes entstand. Diese Krähe sieht man noch heute an Schreinen dargestellt und auf den Trikots der Fußballnationalmannschaften Nadeshiko Japan und Samurai Blue. Andererseits erhält die Tokioter Stadtregierung jährlich rund 600 Beschwerden von Bürgern, die von Krähen angegriffen wurden und denen das gar nicht gefallen hat. Die Dunkelziffer derer, die die Angriffe nicht melden, ist sicher noch höher. Ich bin einer dieser Fälle. Doch ich will nicht länger schweigen.

Die realen Krähen waren mir im Lande schon öfters aufgefallen, selbst in unserer Nachbarschaft. Wenn ich »Krähen« sage, hat der Laie wahrscheinlich ein falsches Bild vor Augen. Diese Krähen haben ungefähr die Größe von Geiern. Mitunter sitzen welche auf dem Geländer des Außenganges vor unserer Wohnung. Ein Schreck, wenn man gerade aus dem Haus kommt und nichts Böses denkt. Nicht selten scharwenzeln sie durch die Straßen und zerstören mit ihren riesigen Schnäbeln die Mülltüten in der Nachbarschaft. Tokio ist keineswegs an jedem Ort und zu jeder Zeit so voller Menschen wie Shibuya Crossing am Sonntagnachmittag. In den Seitenstraßen unseres Viertels ist es bisweilen spaghettiwesternleer. Wenn dann statt Menschen dort nur randalierende Riesenkrähen vorzufinden sind, hat das schon etwas von postapokalyptischer Endzeitstimmung. »Hitchcock« wäre wohl der naheliegendste und banalste Vergleich, der einem zu dieser Situation einfallen könnte. War mir auch eingefallen, doch ich habe den Einfall sofort verworfen, denn der Vergleich hinkt. Die Vögel in Alfred Hitchcocks *Die Vögel* sind von normaler Größe, so ich mich recht erinnere. Diese Krähen allerdings, vielleicht erwähnte ich es bereits, sind wirklich riesig. Sie erinnern mich eher an die Krähen aus dem Videospiel *Resident Evil* (im japanischen Original unter dem ausnahmsweise unschöneren Titel *Biohazard* geführt), nur größer. Die Krähen in *Resident Evil* sitzen normalerweise nur so rum und krähen vor sich hin, bis der Spieler einen entscheidenden

Fortschritt im Spielverlauf macht. Dann greifen sie an, um weitere Fortschritte zu verhindern. Es war nur eine Frage der Zeit also, bis ich dieses Ereignis in der realen Welt anstoßen würde.

Einmal sah ich eine Krähe mit einer halb vollen Plastikflasche Mayonnaise im Schnabel. Einer wirklich großen Flasche, mit der Familienvorstände so manches Schlemmermaul stopfen könnten. Eigentlich war die Flasche sogar ganz voll. Die Hälfte des Flascheninhalts, die keine Mayonnaise war, bestand aus Ameisen oder anderen Viechern ameisenähnlicher Größe, die sich über die Mayonnaise hermachten. Man kann sich vorstellen, dass das eine ziemlich glückliche Krähe war: Insekten in Mayo! Wann bekommt man das schon als Vogel?

Die Krähe, die ich im Kinuta Park kennenlernte, war offenbar weniger glücklich. Vor allem nicht über meine Präsenz. Zuerst hielt ich es für ein Versehen, als ich den Luftzug spürte und die Krallen, die meine Kopfhaut berührten. »Die Krähen haben hier wirklich keine Scheu vor Menschen«, sagte ich zu Junko. Die hatte den Vorfall nicht bemerkt, deshalb erläuterte ich im Scherz: »Eine hat mich gerade angegriffen.«

Junko sah sich um. »Die da?« Sie zeigte auf einen zornigen schwarzen Vogel, der mich von einem sehr nahe gelegenen Ast anfunkelte.

»Ich glaube schon«, sagte ich, und wie zum Beweis startete der Vogel den nächsten Angriff, vor dem ich mich gerade noch wegducken konnte.

»Ich glaube, die hat es wirklich auf dich abgesehen.«

Nach dem dritten Angriff nahmen wir die Beine in die Hand. Der Vogel folgte uns, von Ast zu Ast hüpfend. Bis er das nicht mehr tat. Doch so richtig sicher fühlte ich mich erst, als wir den Park wieder verlassen hatten.

Warum gerade ich? Ich habe es nie erfahren. Vielleicht hielt die Bestie mich wegen meiner Größe für den Herrscher des Parks und dachte sich: immer zuerst den Anführer ausschalten.

Diese Geschichte ist nun vielleicht keine, die überzeugende Werbung für den unbeschwerten Aufenthalt in Tokios Parks macht. Schreiben die japanischen Tourismusverbände mal wieder Aufsatzwettbewerbe um wertvolle Sach- und Geldpreise aus, muss ich damit höchstwahrscheinlich nicht ankommen. Gleichwohl gebe ich zu bedenken, dass mir derlei bisher nur einmal passiert ist und dass es mir bei aller kurzfristigen Angst um mein Leben oder zumindest um meine Augäpfel (oder worauf auch immer Krähen mit Vorliebe einhacken, wenn sie sich ein menschliches Opfer gekrallt haben) langfristig guten Stoff für den Plausch in der Cocktaillounge geliefert hat.

»Wissen Sie – ich wurde mal im Kinuta Park von einer Krähe angegriffen«, sage ich.

»Geil, wie in *Resident Evil*!«, sagt der Botschafter von Finnland.

»Nein, schlimmer.«

Der Leser von Welt sagt vielleicht: Pfff, ich kenne einen, dem genau dasselbe passiert ist.

Daraufhin ich wieder: Ja, einen. Aber bestimmt nicht viele.

Die Nackten und die Roten

Der Kinuta Park aus der Krähenepisode wird wahrscheinlich nur in sehr umfangreichen Reiseführern erwähnt, und selbst in denen keineswegs an Prestigestellen. Dabei muss er sich hinter den touristisch erschlossenen Parks auf keinen Fall verstecken. Vor dem Yoyogi Park nicht und vor dem Ueno Park schon gar nicht. Vielleicht gehen ihm Tempelsehenswürdigkeiten ab, dafür protzt er mit Idylle und Freizeitwert. Als mich meine Frau neulich nach meinem Lieblingspark fragte, sagte ich aus einer Laune heraus sogar: »Kinuta Park, trotz der Sache mit der Krähe.« Daraufhin sie: »Hm, ja, aber der ist so weit draußen.«

Abenteuerliches Grillen im Setagaya Park

Und das ist wohl der springende Punkt, warum andere Parks in Tokio unverdient viel bekannter sind. Der Kinuta Park soll hier auch nur eine Chiffre sein für all die unzulänglich dokumentierten Parks, die mehr Pracht und Spaß bieten als die Promi-Parks und deren einziger Fehler es ist, dass sie nicht von der Yamanote-Linie angefahren werden. Da wäre des Weiteren der Komazawa Park, dessen breite Wege nicht nur eine ausgewiesene Fahrradspur haben, sondern auch eine ausgewiesene Joggerspur. Findet man ein paar Sekunden lag spießig, dann toll (als Jogger wie als Spaziergänger). Oder der Setagaya Park mit seiner Kinder begeisternden Mini-Eisenbahn (für erwachsene Mitteleuropäer recht eng), seinem Abenteuergrillplatz und dem erfrischenden Springbrunnen, der imposanter ist als sein Artgenosse im Yoyogi Park. Hier sah ich einmal in überraschend großer Zahl fast nackte, knallrot gebratene Männer auf Bänken mitten im gnadenlosen Sonnenschein sitzen und in aller Seelenruhe Bücher lesen. Der Grad der Unbeklei-

detheit erinnerte ein wenig an die Nackerten im Englischen
Garten zu München, wobei hier die knallige Hautfarbe und die
straffen Muskeln auffälliger waren als das fehlende Textil.

»Da bist du wohl neidisch«, sagte meine Frau.

»Ja«, gab ich zu. Ich wusste schließlich, was sie meinte: Meine
paar kleinen Muskeln reichen mir, und Hautrötung strebe ich
nicht an. Aber einfach mal ein paar Stunden im Park sitzen und lesen – das ist ein Luxus, der mir nur selten vergönnt ist.

Apropos München: Der Shinjuku Gyoen (der »kaiserliche Park
von Shinjuku«) erinnert mich in mehr als einer Hinsicht an meine
verflossene Wahlheimat. Zum einen hat der ganz reizende Shinyu-
ku Gyoen einen Englischen Garten und – man höre und staune –
ein japanisches Teehaus. Aber leider keinen Chinesischen Turm.
Zum anderen erinnert mich der Ort ein kleines bisschen ans Oktoberfest. Das meine ich durchaus positiv; ich glaube es fast selbst
nicht. Ich meine auch nicht wilde Gelage zu schlechter Musik,
sondern einen Randbereich der Münchner Wiesn, und selbst den

Shinjuku Gyoen: Tokio-Feeling mit Grün

nur im organisatorischen Sinne. Ich spreche von der Oide Wiesn, dem abgegrenzten Bereich des Festes, für dessen Betreten man Eintritt zahlen muss. Geiz-ist-geil-Hälse sehen es in der Regel gar nicht ein, für etwas Eintritt zu zahlen, das man anderswo so ähnlich auch gratis haben kann, also bleiben sie fern. Dadurch kann man sich auf der Oide Wiesn weitgehend befreit von allzu unangenehmen Menschen und in geringfügig geschmackvollerem Ambiente verhältnismäßig vornehm die Kante geben. Für den Shinjuku Gyoen zahlt man ebenfalls Eintritt, und die Leute, die das nicht einsehen, treten sich halt in all den anderen Parks gegenseitig auf die Füße. Die sind gratis und nicht unbedingt viel unattraktiver. 200 Yen pro erwachsene Nase sind wirklich nicht die Welt, und der Shinjuku Gyoen hat schon etwas Besonderes. In der Kirschblütensaison gibt es nur wenige prachtvollere Orte, doch auch den Rest des Jahres verströmt der Park Tokio-Flair wie kaum ein anderer, wenn über seinen Gärten und Bäumen in stiller Würde die Wolkenkratzer und Baukräne des Regierungs-, Shopping- und Vergnügungsviertels Shinjuku in die Höhe ragen.

Unlängst ging übrigens das Miniskandälchen durch die lokalen Medien, dass ausländische Besucher offenbar häufig den Park betreten, ohne Eintritt zu zahlen. Das wird darauf zurückgeführt, dass sie es nicht besser wissen und das Personal an den Toren nach alter japanischer Sitte sowohl ein wenig konfrontationsscheu wie auch ziemlich fremdsprachengehemmt ist.

Geregelte Freiheit

Manchmal klagen Ausländer über die vielen Regeln und Verbote, mit denen Besucherinnen und Besucher japanischer Parks gegängelt würden. Insbesondere Amerikaner klagen gern. Ich weiß nicht, welche frivolen Verhältnisse in amerikanischen Parks herrschen. Vielleicht sollten wir unseren hypothetischen New Yorker

Fahrradkurier von vorhin fragen. Als ihm an einer Stelle des Films das metaphorische Wasser bis zum Hals steht, biegt er in den Central Park ab, um sich in einer der dunkelsten Ecken dort mit einem alten Freund zu treffen, der auf die schiefe Bahn geraten ist, inzwischen hauptberuflich als Drogenhändler für den Individualbedarf arbeitet und naturgemäß gute Kontakte zu anderen Unterweltarbeitern hat. Sie werden dem Fahrradkurier sicher zur Seite stehen; doch angesichts der Probleme fragen wir ihn jetzt nicht nach amerikanischen Parkangelegenheiten und stellen nur fest, dass mir in Japan niemals ein Parkgesetz untergekommen ist, das mir unangemessen erschien. Studiere ich die massiven Verbotstafeln, die manchen Grünanlagen vorangestellt sind, denke ich meist nur: Ein Mensch von gesundem Verstand würde das, was einem hier untersagt wird, eh nicht in Erwägung ziehen.

Manch einer fühlt sich vielleicht in ein enges Korsett geschnürt und ächzt: »Mein Hund darf hier keine Haufen lassen, und mich lässt man nicht mit halbautomatischen Handfeuerwaffen auf Blechbüchsen ballern – was, bitte schön, soll denn das für ein Park sein?!« Ich aber finde eines ums andere Mal bestätigt, dass der Park der Ort ist, an dem Japaner ihr Korsett im Kopf eher abwerfen als enger schnüren und das tun, was sie sonst nirgends tun oder tun dürfen. Vielflach erklingt Musik zwischen Bäumen und über Wiesen, und zwar nicht als Leistungsschau oder zur Almosenbeschaffung, sondern zur ganz privaten Übung am Instrument. Junge und alte Tai-Chi-Enthusiasten dehnen sich zur Sonne. Kinder tun Dinge, die Kinder tun, in der ihnen gegebenen Hemmungslosigkeit, und die gelassenen Eltern lassen sie.

Und was tue ich im Park, wenn ich nicht gerade selbst ein Kind zu beaufsichtigen habe? Ich laufe, gehe oder sitze. Wenn ich sitze, lese ich ein gutes Buch (schlechte habe ich mir abgewöhnt, sie werden angesichts der begrenzten Lebenserwartung und somit Lektürezeit des Menschen sofort abgebrochen) oder trinke ein Erfrischungsgetränk oder beides. Was ich nicht tue, ist arbeiten.

Nicht, dass ich faul wäre, und nicht, dass ich es nicht versucht hätte, aber ich kann einfach nicht. Ich kann überall arbeiten, im Café, in der Eisenbahn, im Indoor-Spielplatz-Bällebad. Nur im Park nicht. Ich hatte selbst romantische Vorstellungen davon. Ich wollte einer dieser Park-Kreativen sein. Wollte sitzen zwischen dem Mann mit der Oboe und der Frau mit dem Pinsel und den Großen Japanischen Roman schreiben, im deutschen Original. Oboe-Mann und Pinsel-Frau haben mich auch nicht im Geringsten gestört. Gestört haben mich die Sonne, der Wind, die Insekten. Also ließ ich es und strickte aus meiner Unfähigkeit ein Ideal: Der Park ist für die Arbeit tabu.

Und so soll es ja auch sein. Der Park dient der gepflegten Entspannung. Selbst wenn die Entspannung mal als verschwitzter, hechelnder Dauerlauf daherkommt. Wenn jemand sagt, das sei aber ein Widerspruch, sage ich: Nein, das ist Zen. Wenn dann einer sagt, er habe 20 Jahre in einem Zen-Kloster meditiert und das, was ich da gerade gesagt habe, sei grober Unfug und habe rein gar nichts mit Zen zu tun, dann lächle ich nur weise und spitzbübisch, als hätte ich etwas begriffen, was er noch nicht begriffen hat. Und vielleicht komme ich durch mit dem Bluff. Und vielleicht war es gar kein Bluff.

Fünf Uhr, Zeit für Musik

Jeden Tag um fünf Uhr nachmittags wird an vielen öffentlichen Plätzen und in allen Parks eine kleine Melodie über die in Japan allgegenwärtigen Lautsprecher gespielt, die in erster Linie dafür gedacht sind, in Katastrophenfällen Weisungen zu geben. Das Fünfuhrlied ist dazu gedacht, Müßiggängern in Erinnerung zu rufen, dass der Abend bald anbricht. Vielleicht muss ja daheim noch etwas vorbereitet werden, Abendessen zum Beispiel. Nicht wenige Parkbesucher packen pünktlich zur Melodie ihre Siebensachen und verabschieden sich für heute aus dem öffentlichen Leben. Ich mache dabei oftmals mit. Nicht, weil ich mir von einem Fünfuhrlied etwas vorschreiben ließe. Sondern weil ich mir von einem Fünfuhrlied gern unverbindlich etwas vorschlagen lasse.

Es ist übrigens ein Lied über Krähen. Es erzählt davon, dass man ins Eigenheim zurückkehren soll, wie die Krähe in ihr Nest zurückkehrt. Ich wünschte, die Krähen hielten sich öfter an dieses Lied.

Kapitel

5

Bahnhof verstehen

Eine der unsterblichen Naseweisheiten, die man von selbst ermächtigten Tokio-Erklärern gefühlt mehrfach täglich um die Ohren gehauen bekommt, ist der Hinweis, dass Tokio in Wirklichkeit gar keine Stadt sei, sondern eine Ansammlung von Dörfern. Hinter dieser Naseweisheit steckt die banale Erkenntnis, dass die einzelnen Stadtteile über ganz eigene Identitäten und Schrullen verfügen. Also genau wie in jeder anderen Stadt. Der Schwabinger und der Moosacher Münchner verstehen sich nur im Biergarten. In Berlin, so hört man, ist die Wahl des Wohnviertels ein exklusives Glaubensbekenntnis, eine Ehre oder ein Stigma, unwiderruflich wie eine Tätowierung. Herrje, es macht sogar einen Unterschied, ob man im Bremer Steintorviertel oder in Bremen-Vegesack wohnt (beides hat Vorzüge und Unpässlichkeiten).

Dass sich also der Spruch, Stadt XY sei gar keine Stadt, sondern eine Ansammlung von Dörfern, auf so ziemlich jede Stadt der Welt anwenden lässt, die aus zwei Stadtteilen oder mehr besteht, gibt Anlass zu der Vermutung, dass einer dieser beiden Punkte zutrifft:

1. Es gibt gar keine Städte, nirgendwo! Es gibt nur Ansammlungen von Dörfern! Wir sind Jahrtausende lang belogen und betrogen worden!

2. Die Erkenntnis von der Stadt als Dorfansammlung ist keine und sollte schnell vergessen werden. Bevor weitere Generationen sie gedankenlos nachplappern.

Wir halten uns an Punkt zwei und reden nicht mehr davon. Tokio ist eine Stadt, die aus Stadtteilen besteht. Diese Stadtteile beinhalten allerdings eigene Städte. Man nennt sie Bahnhöfe.

Wider die Atréfizierung der Bahnhöfe

Man muss Bahnhöfe nicht verlassen, um Tokio zu erleben. Die von Shinjuku und Ikebukuro sind genauso voll und unübersichtlich wie die Stadtviertel drum herum – genauso voll mit Menschen, genauso voll mit Geschäften, genauso voll mit Geschichten. Das ist gut so, denn oft ist es schwierig, den richtigen Ausgang zu finden. Oder überhaupt einen Ausgang. Es wird einem dennoch an nichts mangeln.

An den Außenfassaden der Bahnhöfe der halb staatlichen JR-Linien macht sich seit Jahren ein Phänomen breit, das ich als Atréfizierung bezeichnen möchte. Jeder Bahnhof soll umschlungen sein von einem Einkaufszentrum der Atré-Kette. Die werden meist aus denselben Bausteinen (unter anderem Muji-Haushaltswaren, Nitori-Möbel, Kobeya-Teigwaren, Yurindo-Bücher, Uniqlo-Zweckbekleidung) unterschiedlich schön zusammengesetzt. In Ebisu ist das einkaufsparadiesisch gelungen, die Schmalspurvariante bei uns in Meguro unterstreicht das heimliche Motto unseres Viertels: Wir können alles, außer Shopping. Doch egal, ob gut oder mäßig gelungen: Die Vereinheitlichung des Einkaufserlebnisses in den Bahnhöfen durch dieselben Kettengeschäfte an jeder Haltestelle kann nicht gutgeheißen werden. Unlängst war ich ganz aus dem Häuschen, als ich im internationalen Supermarkt am Bahnhof nahe dem Büro meiner Frau eine internationale Biersorte fand, die es im internationalen Supermarkt der gleichen Kette in unserem Bahnhof nicht gab. Gleich danach war ich ganz aus dem Häuschen darüber, dass ich über eine derartige Kleinigkeit ganz aus dem Häuschen geraten konnte. Es muss doch mehr im Leben geben.

Bahnhöfe sind getrennt in Bereiche, in die jeder hinein- und hinauskann, und solche, in die man nur mit gelöstem Ticket oder (üblicher) mit aufgeladener Bargeldkarte kommt. Wer meint, dass in diesen Bereichen nichts als der schnöde Bahnsteig auf einen wartet, der täuscht sich. Manchmal muss man im Widerstand gegen die Atréfizierung sein Ticket oder seine Geldkarte in die Hand nehmen und in den Untergrund gehen.

Einmal vegetarische Nudelsuppe und zurück

Bei aller kulinarischen Vielfalt sind rein vegetarische Restaurants in Tokio dünn gesät. Und ist ein Restaurant nicht rein vegetarisch, wird man Schwierigkeiten haben, dort überhaupt ein einziges rein vegetarisches Hauptgericht zu finden, solange man Seealgen und Erdnüsse nicht als Hauptgericht betrachtet. Eine beliebte Zuflucht der Freundinnen und Freunde des Fleischverzichts ist das Nudelrestaurant T's TanTan. Praktisch: Es befindet sich direkt in der Tokyo Station. Praktisch ist das vor allem dann, wenn man mit dem Zug kommt. Ansonsten ist es eher unpraktisch, denn das Restaurant befindet sich in so unmittelbarer Nähe zum Schienenstrang, dass man eine Zugfahrkarte braucht, um hinzukommen.

Wie jeder Tokio-Tourist auf die Nase gebunden bekommt, kann man in der Yamanote-Kreislinie mit der günstigsten Fahrkarte eine ganze Stadtrundfahrt machen, indem man einmal den ganzen Kreis durchfährt und auf dem Rückweg eine Station nach oder vor der Haltestelle, an der man eingestiegen war, wieder aussteigt. Dabei ist es eben wichtig, den Zug und den Bahnsteig nicht genau an der Haltestelle wieder zu verlassen, an der man die Reise begonnen hatte. In diesem Fall werden einem die Automatiktore den Austritt verwehren und man muss sich an einem bemannten Schalter dem Personal erklären. Dasselbe Phänomen stellt sich ein, wenn man sich eine günstige Fahrkarte lediglich kauft, um ein Geschäft hinter der Sperre aufzusuchen, und dann den Bahnhof ohne Reise wieder verlassen möchte. Um diesen Umstand wissen die Bahnunternehmen, deshalb gibt es inzwischen günstige Spezialtickets, mit denen man nirgendwo hinfahren kann, quasi Ultrakurzstrecke. Man erwirbt nur das Recht, den Bahnsteig zu betreten und ihn wieder zu verlassen. Gedacht ist das, zum Beispiel, für tränenreiche Abschiede am Zug. Kann man aber auch benutzen, um endlich mal Nudeln ohne Rinderbrühe zu schlürfen.

Oder überhaupt Nudeln. Das Nudelrestaurant am Bahnsteig ist eine japanische Institution, besonders für Firmenangestellte auf der eiligen Durchreise. Mein Schwiegervater schwärmt davon. Daraufhin verdreht meine Frau gemeinhin die Augen, denn sie meint, er schwärme nur davon, um zu demonstrieren, wie volksnah und bodenständig er geblieben sei.

Das will ich auch! Wie jedem Zugreisten (oder überhaupt Gereisten) ist mir sehr an Authentizitätsposing gelegen. Der kleine Udon- und Soba-Verschlag an den Gleisen der Yamanote-Linie in Meguro ist mit einem Ticketautomaten versehen, wie bei vielen Schnellrestaurants üblich. Dieser hat einen modernen berührungssensitiven Bildschirm. Seine Bedienungsoberfläche lässt sich auf »Englisch« umschalten. Ich tue das. Ich traue mir zu, die richtigen Nudeln auch auf Japanisch zu identifizieren, kann aber nicht verhehlen, dass das ein wenig länger dauert, und ich möchte die eiligen Angestellten hinter mir nicht aufhalten.

Leider schreit mich nun die Maschine unentwegt auf Englisch an. So laut, dass es jeder mitbekommt: »PLEASE INSERT YOUR MONEY NOW!« »PLEASE WAIT!« »PLEASE TAKE YOUR RECEIPT!«

Ich möchte sie anzischen: »Nicht so laut! Es muss doch nicht jeder wissen, dass ich nicht authentisch von hier komme!«

Nach der Ticketabgabe am Tresen kommt das Essen so schnell wie eine japanische Eisenbahn. Es ist so gut, dass man gern wiederkommt.

Am Abend erzähle ich Junko: »Ich habe heute am Bahnsteig Udon gegessen.«

Sie lacht: »Mein Vater wird so stolz auf dich sein.«

»Ja, bitte erzähl ihm unbedingt davon. Oder lass es mich ihm am besten selbst erzählen, dann ist er noch stolzer. Wie heißt das noch mal, wenn man am Zug Nudeln isst?«

»*Tachigui soba*. Im Stehen Soba essen.«

»Ich habe aber Udon gegessen.«

»Es nennt sich trotzdem *tachigui soba*.«

»Ich habe aber gesessen.«

»Es nennt sich trotzdem *tachigui soba*. Das wird jetzt immer beliebter, deshalb versuchen einige Läden auf schick zu machen. Damit auch Frauen und Familien hingehen.« Sie lacht, als sei die Vorstellung total abwegig.

»Stimmt, vor mir war eine Mutter mit zwei Kindern.«

»Manchmal sind Abtrennungen auf den Tischen, damit es Frauen nicht peinlich sein muss, gemeinsam mit fremden Herren Nudeln zu schlürfen.«

»Da war auch eine Frau ohne Begleitung! Sie schlürfte hinter einer Abtrennung!« Mich beschleicht langsam das Gefühl, dass ich gar nicht in einem richtig authentischen, also schmierigen und ungehobelten Bahnhofsimbiss war, sondern in einer hippen Chic-Variante.

Nudeln zwischen den Schienen. Jetzt auch für die ganze Familie

»Sogar bei Touristen wird *tachigui soba* immer beliebter.«
Verdammt! Die englische Maschine! Nach der echten Authentizität muss ich wohl woanders suchen. Es muss doch einen Ort
geben, an dem ich nichts verstehe und an dem niemand sitzen darf
und niemand sich verstecken kann. An so einem Ort möchte ich
die Suppe kosten. Aber nicht jetzt. Jetzt muss ich den Bahnhof
verlassen. Allerdings nicht allzu weit.

Schlemmen und shoppen unter Schienen

Es gibt nichts Neues unter der Sonne, sagt man. Und unter den Ei-
senbahnschienen, dort, wo nur wenig Sonne hinscheint, gibt es
ebenfalls nichts Neues. Das allerdings ist das Neue. Beziehungsweise es ist eher *retro* oder *vintage,* oder wie auch immer man es
nennen mag, wenn Altes wieder neu wird. Einkaufen und essen
unter Schienen ist der letzte Schrei. Soll heißen: einkaufen und essen wie früher. Unter den erhöhten Schienen nahe des Bahnhofs
Yurakucho befindet sich nicht die einzige Geschäftsarkade, die

sich freiwillig unter die Züge geworfen hat, aber wohl die bekann-
teste und vielleicht längste der Stadt. Durch ihre unmittelbare
Nähe zur edlen Ginza und ihre relative Nähe zur prächtigen Tokyo Station erschließt sich ihr Charme möglicherweise erst auf
den zweiten Blick. Reisende und Residierende sitzen hier seit den
Fünfzigern Seite an Seite auf Plastikstühlen, verspeisen Hähnchen
am Spieß und trinken Bier, dem Verwässerung nachgesagt wird.
Das eine oder andere blitzblanke Kettenlokal hat sich mittlerweile dazwischengedrängt, doch im Großen und Ganzen kann man
hier verklärt seufzen: Es gibt sie noch, die kleinen, fettigen Geschäfte.

Die gewachsene Authentizität von Yurakucho kann man sich
nicht kaufen, dennoch versuchen in den letzten Jahren etliche
Bahnhofsgegenden, ähnliches Flair unter die Schienen zu schau-
feln. Und wenn ähnlich nicht geht, dann vielleicht anders. Zu be-
obachten war das neulich ganz in meiner Nähe.

Fragt uns einer, wie wir unsere Buchläden mögen, antworten
wir natürlich, wie es sich gehört: klein und staubig und nachbar-
schaftlich, geführt von einer älteren Buchhändlerin mit Brille und
Geschmack. Jetzt gerade sind wir aber unter uns, und da dürfen
wir zugeben: Eigentlich lieben wir die Ketten. Die endlosen
Stockwerke an Auswahl und Sonnenlicht. Das ungestörte Ich-
guck-nur ohne den Atem des Inhabers im Nacken. Eine der tolls-
ten japanischen Ketten ist die von Tsutaya, eigentlich bekannt für
Bild- und Tonträgervermietung. Dieses Kerngeschäft läuft in Japan trotz Streaming- und Download-Angeboten noch relativ sta-
bil, doch dachte man sich wohl, in unsicheren Zeiten könnte ein
zweites Standbein nicht schaden. Was wäre da zukunftsweisender,
als eine neue Kette von Buchhandlungen aus dem Boden zu stampfen? Man hat dabei ganze Arbeit geleistet, die Tsutaya-Filialen
sind Tempel, in denen Bücher angebetet werden können. Man
kann sie dort außerdem lesen, genügend bequeme Sitzplätze mit
und ohne Kaffee sind vorhanden, und sogar kaufen und mit nach

Hause nehmen. Oder, meine favorisierte Methode: sie kaufen, mit nach Hause nehmen, am nächsten Tag mit ihnen wieder zurückkommen und im Laden lesen. Mein Lieblings-Tsutaya ist übrigens nicht der vermeintliche Vorzeigeladen in Daikanyama, der mit Auszeichnungen überhäuft wurde, in internationalen Buchhandel-Top-Ten-Listen auftaucht und inzwischen in jedem Reiseführer steht. Tatsächlich hatte ich ein klein wenig mehr von dieser Filiale erwartet, als ich sie zum ersten Mal betrat. Das lag allerdings nur daran, dass ich zuvor in der Filiale in Futakotamagawa gewesen war. Die ist über zwei breite Stockwerke halbkreisförmig angelegt, und von jeder Abteilung gehen andere kleinere oder größere Geschäfte ab, in denen Nichtbuchprodukte angeboten werden, die inhaltlich mit den nachbarschaftlichen Buchabteilungen harmonieren. Bei den Bierbüchern zum Beispiel (man glaubt kaum, wie viele Bierbücher es gibt) kann man gleich ausgewähltes Craft Beer für zu Hause kaufen oder es sich an einer kleinen Bar für den Sofortgenuss ausschenken lassen.

Ich bin selbst Purist genug, um der Vermischung von Buch- und Krimskramshandel kritisch gegenüberzustehen. In Deutschlands Buchkaufhäusern nervt es mich schon sehr, dort auch noch mit Diddlmaus-Tand und Kevin-James-Filmen auf DVD konfrontiert zu werden. Bei Tsutaya allerdings stimmt das Konzept; der Non-Book-Krimskrams ist eben kein Krimskrams, sondern eine sinnvolle Ergänzung. Und da er in eigenen Geschäftsräumen feilgeboten wird, hat man auch nicht den Eindruck, er ginge auf Kosten des Buchangebots. Zwei kleine Schönheitsfehler haben die Tsutayas: Das Angebot an nichtjapanischen Büchern ist etwas mau und die integrierten Cafés sind von Starbucks. Es spricht jedoch für die erhabene Schönheit der Läden, dass diese kleinen Fehler kaum den Gesamteindruck schmälern. Wer Bücher mag, schreitet einfach gern durch diese apart gefüllten Regalreihen, in denen es viele Bücher gibt, die man sogar ganz ohne Sprachkenntnisse gut versteht. Manchmal reicht es ja, sich die Bilder anzuschauen. Zum Beispiel bei Bierbüchern. Und Kaffee trinken kann man später woanders.

Warum an dieser Stelle überhaupt davon anfangen? Weil wir in Meguro inzwischen ebenfalls einen Tsutaya-Buchladen haben und weil der sich ganz retro-hip unter den Schienensträngen vorm Bahnhof Nakameguro erstreckt. Der Laden ist nicht der einzige, der dort in der jüngeren Vergangenheit neu eröffnet wurde. Ein ganzer Schwung hoffnungsvoller Geschäfte wurde 2016 hineingestopft, zum Beispiel edle Steakbratereien und Lifestyle-Bäckereien mit Laptopstöpsel am Sitzplatz. (Zugegebenermaßen arbeite ich selbst häufig in Lifestyle-Bäckereien. Allerdings wurde ich noch dahingehend erzogen, niemals ohne voll geladenen Akku das Haus zu verlassen.) Das alles hat nicht viel mit dem rumpeligen Charme gemein, den man mit solchen Orten assoziiert, aber was will man machen – es ist halt Nakameguro. Mit etwas gutem Willen mag man das Konzept als Verquickung von Neuem und Altem verstehen.

Den Tsutaya-Buchladen habe ich direkt am Eröffnungstag besucht. Man kommt ja einerseits zu nichts, hat andererseits nichts Besseres zu tun. Das Leben von Freiberuflern und Hausmännern ist seltsam und schön. Ich habe mich sogar sehr früh auf den Weg gemacht, denn mein ganzer Tagesablauf wird bestimmt durch Kindergartenöffnungszeiten. War natürlich wieder mal keine gute Idee, denn abgesehen von Supermärkten und *convenience stores* öffnen Geschäfte in Japan nach wie vor recht spät; daran hatte sich an diesem Morgen nichts geändert. (Dieser Morgen allerdings war ein besonderer, inzwischen hat das Geschäft ab nachtschlafenen 7.30 Uhr geöffnet.) Tatsächlich musste ich mir sogar noch länger als üblich die Beine in den Bauch stehen und den Hals in neugieriger Erwartung recken, weil am ersten Tag erst mal Pressebegehung mit Sekt, Blumen und warmen Worten war. »Ich war einmal einer von denen«, dachte ich mit gerecktem Hals und ein wenig Wehmut. Und dann mit großer Erleichterung: »Aber das ist jetzt zum Glück vorbei. Jetzt kann ich einfach so aus Spaß in einen Buchladen gehen.«

Der Spaß hielt sich letztendlich leider in Grenzen. Verwöhnt von Daikanyama und vor allem Futakotamagawa stellt sich unserer Tsutaya als Enttäuschung heraus. Es gibt Themenräume und die heutzutage üblichen Sitzgelegenheiten, aber große Unterschiede zu einem hundsgemeinen Allerweltsbuchladen sind nicht festzustellen. Die ersten Bücher, die mir bei meiner Begehung ins Auge fielen, waren die von Harry Potter und Dan Brown, jede Menge davon, auf großen Stapeln, in Ständern und Regalen. Vor solchen Buchläden bin ich eigentlich aus Deutschland geflüchtet. Vor Starbucks sowieso. Und so hallt auch hier wieder das Meguro-Motto nach: Wir können alles, außer Shopping.

Die schillernde neue Warenwelt unter den Schienen mag nichts vom fettigen, alten Yurakucho-Charme haben. Dennoch, und trotz der Tsutaya-Enttäuschung, möchte ich plädieren, nicht zu streng mit ihr zu sein. Schon bald ist das Neue alt. Vielleicht gelten die Shops in Nakameguro in den Reiseführern der Zukunft als »herrlich zehnerjahremäßig«. Und vielleicht wird dann andernorts vergeblich versucht, den guten alten Tsutaya-Starbucks-Geist wieder aufleben zu lassen, doch es wird nicht gelingen. Und vielleicht wird etwas ganz anderes draus, und vielleicht wird es gut sein. Aber das werden wir erst viel später beurteilen können.

Der dezentrale Mittelpunkt

Einmal war einer zu Besuch, der hatte nicht viel Zeit zwischen zwei Geschäftsterminen. Ausgerechnet zu jener knapp bemessenen Zeit war meine leider noch knapper bemessen. Deshalb konnte ich nur anbieten, ihn an einem attraktiven Ort seiner Fasson sicher abzusetzen und ihn dann sich selbst zu überlassen. Als ich den Besucher fragte, was er denn gern sehen würde, antwortete er genügsam: »Ach, ich möchte einfach nur ein bisschen durch die Innenstadt laufen.«

Manchmal sind es die einfachsten Wünsche, die am schwierigsten zu erfüllen sind. Tokio ist nicht Oldenburg (nichts gegen Oldenburg!) oder Kassel (äh ...), wo man eine zentrale Fußgängerzone mit Schuh-, Buch- und Dönerladen hat, und wenn man an der Kirche ankommt, ist man in der Innenstadt gewesen. Viel mehr als eine Ansammlung von Dörfern ist Tokio nämlich eine Ansammlung von Innenstädten. In Shinjuku bekommt man alles auf einmal, wenn auch nicht immer auf die gemütlichste Art und Weise. In Shibuya kann man dasselbe machen und haben, nur mit jüngeren Menschen und bei lauterer Musik. Edler geht's in Ginza. Nach Ebisu geht man, wenn man für Shinjuku zu verzagt, für Shibuya zu alt und für Ginza zu arm ist. Für den spezielleren Geschmack gäbe es noch Akihabara oder Harajuku. In meinem Heimatviertel Meguro haben wir zwar kein Überangebot an innerstädtischen Attraktionen, geografisch qualifizieren wir uns dennoch, und was uns an Kinos, Clubs und Kaufhäusern abgeht, machen wir mit Gastronomie und Flussuferpromenade wett. Und, ach, vergessen wir nicht das arme Ikebukuro. Es hat bestimmt schon bedeutendere Zeiten gesehen, beziehungsweise wurde zu anderen Zeiten als bedeutender angesehen. Doch gerade im ermatteten Glanz schimmert ja oft eine ganz besondere Würde. Es ist die Würde, die unter dem bröckelnden Make-up älterer Hollywood-Diven hervorschimmert. Der frühere Sündenpfuhl Roppongi ist heute ein Musterbeispiel gelungener Gentrifizierung. Und irgendwas Bemerkenswertes gibt es bestimmt auch in und an Ueno, ich müsste mal wieder hin, man kommt ja zu nichts.

Keine leichte Entscheidung also. Ich habe den Besucher schließlich in Shibuya abgesetzt, vor der berühmten Kreuzung. Ich werde mir schon etwas dabei gedacht haben.

Kapitel

6

Rutschen, Ratschen, Ringelreihen

Vielleicht eine triviale Erkenntnis, dass unsere Lebensumstände unseren Blick lenken. Dennoch bekommen wir dadurch Dinge zu sehen, die anderen vielleicht entgehen. Als ich noch ehelich ungebunden und Redakteur einer Zeitschrift für Elektronikspielerei war, sah ich sommers oft den eleganten jungen Damen hinterher, wie sie figurbetont und augenschmeichelnd bekleidet wiegenden Schrittes durch Straßen und Gärten Münchens schwebten, beschwingt von Individualmusikbeschallung. Selbstverständlich hatte ich dabei nur Augen für eines und nur einen Gedanken: »Alter Schwede, was hat die denn für einen Walkman!«

Sehe ich heute, als Kindesvater, einen japanischen Kriminalthriller im Fernsehen und gibt es dort eine nächtliche Drogen- oder Informationsübergabe auf einem Spielplatz oder hängt eine Leiche von Schaukel oder Rutsche, sitze ich wie gebannt vor der

Mattscheibe und frage mich, während ich meine Fingernägel zerkaue: »Wo ist denn bloß dieser coole Spielplatz?«

Manchmal finde ich es heraus und manchmal nicht, wegen Spielplatzrecherche bekomme ich jedenfalls vom Rest der Handlung nichts mehr mit. Doch selbst wenn ich den Tatort nicht identifizieren kann, ist das kein Grund, Trübsal zu blasen, denn Spielplätze sind in Tokio ungefähr so verbreitet wie Getränkeautomaten und *convenience stores*. Man kann eigentlich nirgendwo hingehen, ohne an mehreren vorbeizukommen. Ein Segen, möchte man das Kind bei Laune halten, bis die Schichtablösung kommt. Ein Fluch, möchte man mit dem Kind nur schnell mal wohin.

Mein Debüt als japanische Mutter

Ich habe einen Fehler gemacht in meinem Buch *Gebrauchsanweisung für Japan*. Eigentlich ist es kein richtiger Fehler, und falls doch, erschien er mir zu gering, um ihn zu korrigieren. Im Grunde handelt es sich eher um eine Halbwahrheit. Ich möchte die zweite Hälfte an dieser Stelle nachliefern. Es geht um den Begriff *kōen-debyuu*. Ich hatte ihn mit Parkdebüt übersetzt, und das ist auch nicht ganz verkehrt, denn *kōen* heißt Park und *debyuu* ist das Debüt, lautmalerisch aus dem Englischen ins Japanische geholt. Gemeint ist das erste Mal, wenn die Mutter mit dem Kinde auf den Spielplatz geht, und der ist nun mal häufig im Park.

Häufig, aber nicht immer. Gleichwohl spricht man ebenfalls vom *kōen-debyuu*, wenn kein Spielplatz im Grünen gemeint ist, sondern die betonumschlungene Spielecke in der Massenwohnsiedlung. Der Begriff *kōen* wird alltagssprachlich synonym mit Spielplatz verwendet, und so wäre das *kōen-debyuu* richtiger übersetzt das Spielplatzdebüt.

So ein Spielplatzdebüt ist eine große Sache und nicht selten mit großen Ängsten verbunden. Wird man mit den anderen Müttern grün? Haben die viel süßere Kinder oder haben sie Grund zum Neid? Ist der Nachwuchs over- oder underdressed oder gar man selbst? Benutzt man das korrekte Bio-Anti-Mücken-Spray, das jetzt ALLE benutzen?

Alles Fragen, die mich nur peripher tangieren, wenn ich mit Hana einen Spielplatz betrete, ob zum ersten oder hundertsten Male. Als Ausländer und Mann passe ich von vornherein nicht recht zu den anderen Müttern. Meine Frau findet es befremdlich, wenn ich von meinen unfreiwilligen Spielplatzdamenbekanntschaften als »die anderen Mütter« spreche, doch ich kann nicht anders. Einmal am Tag, für ein Stündchen oder mehr, fühle ich mich als japanische Mutter unter japanischen Müttern. Die anderen Mütter nehmen mich unterschiedlich herzlich auf. Einige finden mich liebenswert, weil ich Vater eines Kindes bin. Nicht im erotischen oder romantischen Sinne liebenswert, eher wie man einen großen, gerupften Teddybären liebenswert findet. Ohne das Knuddeln, versteht sich. Andere haben Angst vor mir, weil ich Ausländer bin. Zum Glück habe ich meine Eisbrecherin und offizielle Sprecherin immer bei mir. Ich schätze den Smalltalk mit den anderen Müttern, doch er stößt schnell an Grenzen. Nachdem wir uns über Namen, Alter und Lieblingsbeschäftigung unserer Kinder ausgetauscht haben und nachdem wir uns gegenseitig deren Niedlichkeit versichert haben, muss ich nach Worten ringen, sollten die Themen komplexer werden. So weit kommt es allerdings selten. Ungeniert tritt Hana in den Mittelpunkt und plappert auf wildfremde Mütter ein. Zeigt stolz ihre Schleifchen und Blessuren, erzählt Geschichten von Biene Maja und Anpanman (der Superheld mit dem Kopf aus mit Bohnenquark gefülltem Brot ist in Japan inzwischen allgegenwärtiger und offiziell beliebter als Hello Kitty) und fragt Löcher in Bäuche. Manche Mütter fremdeln anfangs, doch über kurz oder lang ist jede der Hana-Magie erlegen. Wenn die oder wir den Spielplatz verlassen, bedanken sie sich meist bei mir für das gute Gespräch.

Zwei linguistische Niederlagen muss ich eingestehen. Als meine Frau mit dem Deutschlernen begann, prophezeite ich ihr gönnerhaft und ohne Überzeugung: »Bald sprichst du besser Deutsch als ich Japanisch.« Das ist längst eingetreten. Als Hana die ersten Gluckslaute machte, sagte ich ihr im Scherz: »Bald sprichst du mehr Japanisch als ich.« Das ist ebenso eingetreten. Zumindest von dieser Niederlage profitiere ich allerdings auch. Ich lerne nicht nur mit meiner Tochter gemeinsam die Sprache, ich lerne genauso von ihr. Vor allem die Namen von Insekten und anderen Kleinsttieren. Leider habe ich noch keine verlässliche Methode gefunden, wie ich diese Kenntnis in Konversationen mit Erwachsenen nutzen kann. Die meisten anderen Mütter auf meinem Spielplatz und die meisten anderen Väter in meiner Kneipe teilen Hanas Kellerasseln-Faszination nicht und wären wohl nicht beeindruckt davon, dass ich ein Lied über sie singen kann, auf Japanisch.

Vermutlich wären sie durchaus beeindruckt. Nur leider bin ich nie betrunken genug, um in der Öffentlichkeit spontan zu singen. Schon gar nicht auf dem Spielplatz.

Wie wir einmal für unsere Rechte aufstanden und gingen

Bevor wir zur nächsten japanischen Schnurre kommen, möchte ich etwas Generelles festhalten, selbst auf die Gefahr hin, mich bei hedonistischen Mütterbrigaden und solidarischen Väterverbindungen unbeliebt zu machen: Ich glaube nicht (betone: NICHT), dass Menschen mit sehr kleinen Kindern, ob in deren Wagen oder freilaufend, das von Gott oder einer anderen höheren Macht gegebene Recht haben, überall, aber auch wirklich überall herzlich willkommen zu sein und an allem, aber auch wirklich an allem teilnehmen zu dürfen. Und das sage ich als Vater eines Kindes und Mann einer Mutter.

Ich scheine mit dieser Auffassung recht allein dazustehen, zumindest unter den Bewohnern meiner alten Heimat. Werden heute eine Mutter oder ein Vater oder beide zusammen wegen mitgeführtem Schreikind vom Kerzenlichtrestaurantbesuch oder vom Kammermusikabend ausgeschlossen, berichten der oder die über ihre Empörung sofort im Internet (oder in der Lokalzeitung, für die besonders kleine Empörung noch immer das effizienteste Schlachtfeld). Der Empörungsbericht löst eine Empörungslawine aus, und der Betreiber des Lokals oder der Verantwortliche für die Veranstaltung muss sich untertänigst und öffentlichst für seinen gesunden Menschenverstand entschuldigen, am besten mit einem großzügig dotierten Dienstleistungsgutschein für das nächste Mal, dann natürlich gern mit Kind, und es soll ruhig noch ein paar kleine Freunde mitbringen. Tut er das nicht, kann er sein Geschäft gleich aufgeben, denn die Empathiebürger haben bereits die Fackeln entzündet und die Forken gewetzt.

Mitunter mag man der Empörung in der Sache (wenn nicht im Ton) recht geben; ein geräumiges, legeres Wohngebietscafé oder eine gutbürgerliche Schankwirtschaft sollten sich nicht so anstellen. Aber muss man der Empörung in jedem Falle bedingungslos beipflichten? Hat der Mensch mit Kinderwagen immer recht? Ich glaube nicht. Reichlich absurd fand ich einmal eine Empörungsbekanntgabe in den sozialen Medien, die sich in kleinem Rahmen viralisiert hatte. Der Empörte, ein mittelbekannter Künstler, empörte sich darüber, mit Lebensgefährtin und neugeborenem Nachwuchs (dazu aufrichtigen herzlichen Glückwunsch) in einem Szenelokal vom Personal am Betreten gehindert worden zu sein. Das Restaurant war mir persönlich nicht bekannt, aber aus den Einlassungen des Empörten ging hervor, dass dort ausschließlich Gängemenüs serviert wurden. Es handelte sich also nicht um ein Kettencafé, in dem man mal eben, solange das Baby in seiner Schale ratzt, einen Café Latte und eine Nussschnecke genießt, als gäbe es kein Morgen, sondern um ein Erlebnislokal, in dem man sich bei vornehmem Gläserklirren und zärtlicher Konversation von Sonnenuntergang bis spät in die Nacht die Popos plattsitzt.

Es wäre nicht weiter wild, wenn sich da ein vereinzelter Wirrkopf künstlich aufregte. Doch ist er allein? Mitnichten. In den vielen Kommentaren zu seiner Empörung war nur noch mehr Empörung, ins selbe Horn stoßend: ach, die Herzlosigkeit, eine Meisterin aus Deutschland! Niemand kam auf die Idee, mit der angenehm leisen Stimme der Vernunft zu kommentieren: Also, ein bisschen recht haben die ja schon, die vom Restaurant.

Auch freie Bürger stoßen in der freien Welt immer wieder an Grenzen: Manche Vereine nehmen nur Herren auf, manche Lehrgänge nur Damen, der FKK-Strand möchte nur Nackte, die meisten Freibäder eher nicht, in Kindergärten dürfen nur Kinder, und in manchen Restaurants sind eben die nicht gern gesehen. Man kann sich damit ohne Empörung arrangieren. Das Ausüben des Hausrechts ist eine der schönsten Disziplinen gelebter Demokratie.

Japanern und Deutschen ist gemein, dass sie ihre jeweils eigene Landesgesellschaft für ganz besonders kinderfeindlich halten. Fragt man hingegen dort lebende Ausländer, bekommt man das Gegenteil zu hören: Japan und Deutschland gelten ihnen als überdurchschnittlich tolerant, was die Gängelei durch Quengelei angeht. Insbesondere solche lustigen Wandervögel, die bereits in mehreren ihnen anfangs fremden Ländern Lebenserfahrungen gesammelt haben, vertreten diese Auffassung. Dabei ist es durchaus kein Widerspruch, wenn doch mal ein Deutscher oder ein Japaner dezent darauf hinweist, dass nicht nur Kinder ein Recht auf Unruhe haben, sondern auch Erwachsene eines auf Ruhe. Es muss Orte geben, an denen beides (beziehungsweise eben eins von beidem) eingefordert werden darf, ohne dass man als Unmensch oder Nervensäge gilt.

In Deutschland hatten meine Frau, meine oft unberechenbare Tochter und ich nie Probleme in Cafés und Restaurants. Wahrscheinlich, weil wir uns die Lokale nach gesundem Menschenverstand aussuchten und nicht etwa keiften: »Was soll das heißen,

Tantris hat weder Spielecke noch Wickeltisch?! Armes Deutschland!« In Japan hatten wir nur ein einziges Mal ein Problem, im Ortsteil Todoroki (es soll jedoch nicht der Anschein erweckt werden, die Episode sei repräsentativ für den ganzen, ansonsten sehr angenehmen Ortsteil). Wir wohnten während meiner Elternzeit 2015 in der näheren Umgebung und eine Bekannte hatte uns dort ein Café als »originell« empfohlen. Leider hatte diese Bekannte wohl kein originelles Verständnis des Wortes »originell«. Es stellte sich als eines der üblichen Krimskramscafés heraus, die man überall auf der Welt findet: vollgestellt mit alten Registrierkassen, Grammofonen und Schneiderpuppen, behangen mit antiker Blechreklame, Fahrrädern und Gothic- beziehungsweise Omaspiegeln. Ich muss zugeben, dass ich derlei Einrichtung nicht prinzipiell ablehne, ich finde sie deutlich angenehmer als die sterile Apple-Shop-Trostlosigkeit in sich betont modern gerierenden Snackstuben. Nur originell ist sie eben nicht, ist beides nicht. Es entspricht außerdem meiner Erfahrung, dass Betreiber charmant altmodischer Krimskramscafés charakterlich oft zwar das Altmodische ihrer Einrichtung übernommen haben, nicht aber das Charmante.

In Japan und anderen zivilisierten Ländern ist es nicht Sitte, ungefragt ein Lokal zu betreten und sich einfach irgendwo hinzupflanzen. Man wartet im Eingangsbereich, bis das Personal einem erlaubt, sich irgendwo hinzupflanzen. Das taten wir, und als man sich unser annahm, fragten wir sofort, ob ein Kleinkind als Gast genehm sei.

Normalerweise wird uns in solchen Fällen überschwänglich versichert, das sei gar kein Problem (denn, wie gesagt: Wir treffen bereits unsere Einkehrvorauswahl mit gesundem Menschenverstand). Diesmal war die Antwort: »In Ordnung, solange das Kind sich benimmt.«

Jeder, der mehr als eine halbe Stunde am Tag mit Kindern zu tun hat, weiß, dass man solche Versprechungen nicht machen kann, zumindest nicht unter Eid. Kleinkinder schaffen im Nullkommanichts den Rollenwechsel vom weltfriedenstiftenden kleinen Engel zum keifenden, krallenden Psycho-Brüll-Diktator. Das ist verständlich, sie wachsen schnell an Körper und Geist, nur manchmal nicht gleichzeitig. Das verwirrt, und was verwirrt, macht Hulk wütend. Das kommt nicht erst in der allseits überschätzten Pubertät vor, sie ist lediglich der Showdown (dauert circa bis Ende 20, danach geht's).

»Selbstverständlich verspreche ich, dass unser Kind die ganze Zeit still und brav sein wird«, sagte ich also. »Aber nur aus Neugier gefragt: Was passiert denn, wenn nicht?«

»Dann müssen Sie das Kind beruhigen oder das Lokal verlassen.«

Das immerhin versprachen wir, ohne zu lügen.

Kurz nachdem unsere Bestellungen serviert wurden, wurde Hana natürlich unruhig. Junko nahm sie aus dem Wagen, um sie ein wenig in ihren Armen zu wiegen.

Die Bedienung kam: »Sie dürfen hier nicht stehen, das stört die anderen Kunden.«

Die anderen Kunden, es waren ungefähr zwei, schienen, wenn überhaupt, mehr durch die zischende Zurechtweisung als die stehende Mutter gestört.

»Hier steht doch schon so viel Klimbim rum, da fällt eine Mutter mit Kind wohl kaum auf«, wäre die Antwort gewesen, die mir als konfrontationsfreudiger Deutscher eingefallen wäre. Junko löste es auf die japanische Weise: Sie entschuldigte sich, wir bezahlten die unangetasteten Sandwiches und verließen das Lokal. So machen wir es immer, wenn was nicht stimmt. Was ich wegen meiner anspruchsvollen Frau schon alles an Speisen und Getränken gezahlt, aber nicht verzehrt habe. Ich empfand das zunächst als verschwenderische und wenig effektive Art der Beschwerde. Die Wirkung allerdings zeigt sich in der Nachhaltigkeit: Selbstverständlich sehen die betroffenen Lokale uns und unser Geld nie wieder. Aufs zornige Vollschreiben des Internets oder die Alarmierung der Lokalpresse verzichten wir.

Kapitel

7

Immer in Bewegung

Nun möchte ich endlich all meinen Mut zusammennehmen und vom Verkehr erzählen. Und damit meine ich nicht nur den Straßenverkehr. Sie wissen schon, zwinker, zwinker.

Bahn- und Devisenverkehr

Ich muss Geld abheben von einem der Automaten in der sehr langen Reihe von Automaten in meinem Bankgebäude. Ich bin der einzige Kunde an diesem Morgen, freie Automatenwahl.

Wie in vielen Ländern der Welt haben Banken in Japan für den Privatkunden eigentlich längst ihren Nutzen verloren. Zinsen gibt es keine, dafür nur Scherereien und langwierigstes bürokratisches Schildbürgertum, falls mal was ist. Auslandsüberweisungen sind ein Graus, wahrscheinlich werden da im Hintergrund Schecks per Frachtpost verschickt. Allein das ewige Hin- und Herschicken der Kontoantragsunterlagen, bis der Namensstempel wirklich auf Millimeterbruchteile genau dort im Kästchen saß, wo es die Bank vorgesehen hatte, hatte mich häufiger hinterfragen lassen, ob ich so ein blödes japanisches Konto überhaupt brauche. Beim späteren, mehrtägigen Einrichten des Onlinebankings hätte ich vor Erschöpfung fast geweint. Und wozu das alles? An den Geldautomaten der *convenience stores* der 7-Eleven-Kette kann ich schließlich auch von Auslandskonten abheben. Allerdings so gut wie nur dort, mag der Zyniker flüstern. Da flüstere ich zurück: Na und? Einen 7-Eleven findet man im Zweifelsfalle verlässlicher als eine richtige Bank. Und im Gegensatz zu einer richtigen Bank kann man dort das frische Geld gleich in Bier (wollte sagen: Milch) investieren.

Gerade der realsatirische Antragsprozess macht mich derweil auch albern stolz auf die knallrote Karte, die ich irgendwann doch in mein Portemonnaie stecken durfte, hinter meine Residence Card, deren Beantragung etwas aufwendiger war, die dafür aber gleich nach dem ersten Versuch ausgestellt wurde. (Dass die Residence Card nicht mehr, wie früher, Alien Registration Card heißt, wurmt mich als alter Science-Fiction-Fan übrigens sehr.) Beide meiner Eltern haben eine bankgewerbliche Vergangenheit, und obgleich ich nie in diese Richtung tendierte, ist tief in mir drin wahrscheinlich doch die Vorstellung verwurzelt, dass man erst ein legitimer Einwohner eines Landes ist, wenn man ebendort über ein richtiges, eigenes Bankkonto verfügt.

Es ist nach wie vor ein geringerer Aufwand, mit der deutschen Sparkassenkarte zum *convenience store* zu gehen als mit der japanischen Karte den steilen Hügel hinauf zur nächsten Bankfiliale. Manchmal allerdings gönne ich mir das gute Gefühl, dort endlich wie ein ganz normaler Mensch Geld abheben zu dürfen, was mir als Reisender stets verwehrt war. Außerdem freut es mich, dass jedes Mal der Kontostand angezeigt wird, in Yen selbstverständlich.

Gerade erst habe ich mich als Autor selbstständig gemacht, und schon bin ich Millionär. Yen-Millionär. Ich weiß nicht, wie lange es noch dauern wird, bis sich dieser Effekt abgenutzt hat und ich mich an die Dimensionen meiner neuen Heimatwährung gewöhnt habe. Nicht so bald, hoffe ich.

Diesen Genuss gönne ich mir eben auch heute, an einem Automaten in der besagten langen Reihe von Automaten. Wie gehabt: Alle Automaten sind frei in dieser relativ frühen Morgenstunde. Es scheint direkt verschwenderisch, dass hier so viele ihrer Art aufgestellt worden sind. Ebenso wirkt es leicht übertrieben, dass man davor eines dieser gewundenen Spaliere aus Tau (gemeint sind starke Seile, nicht Morgentau) zum organisierten Anstehen gebaut hat.

Nachdem ich meine Transaktion erfolgreich abgeschlossen habe und sich die beiden animierten Bankangestellten (Männlein und Weiblein) auf dem Display des Automaten dankbar verbeugt haben, erschrecke ich. Aufgewacht aus der Hochkonzentration, die mir alles Finanzielle abverlangt, befinde ich mich augenscheinlich in einer ganz anderen Welt als noch vor wenigen Sekunden. Jeder Automat rechts und links neben mir ist besetzt, hinter mir wird in Schlangenreihen Spalier gestanden bis zum Ausgang.

Was war passiert? Im Bahnhof zwei Stockwerke unter mir war ein Zug eingefahren. Der hat neue Menschen mitgebracht, jede Menge. Menschen, um Banken, Bankschalter und Bankautomatenhallen zu füllen. Menschen, um die Cafés zu füllen, wo gerade noch freie Platzwahl war. Menschen, um all die Bürotürme auf allen Seiten des Bahnhofs zu füllen. Und wenn die Menschen alle auf ihren Plätzen sind, dann sind die Gehwege, Rolltreppen und Bankautomaten wieder frei. Bis der nächste Zug kommt. Tokios Rhythmus wird bestimmt vom Takt seines öffentlichen Personennahverkehrs. Und der läuft wie ein Uhrwerk.

Oh, ist das nicht schrecklich? Nun fange ich schon wieder an mit der alten Leier, wie pünktlich die Züge in Japan seien. Dabei weiß ich doch, dass das gar nicht stimmt. Es kann einem lediglich so vorkommen, weil sie alle naselang fahren. Dass man dabei recht häufig in einen einsteigt, der bereits vor zehn, zwanzig, dreißig Minuten hätte einfahren sollen, fällt nur auf, wenn man auf Durchsagen und Anschläge achtet. Oder wenn man gerade auf diesen einen speziellen Zug (und keinen anderen, verdammt!) angewiesen ist. Im ersten Szenario kann einem die Verspätung egal sein, im zweiten kann sie zu Problemen führen. Zu behaupten, auf Tokioter Schienen herrschten Münchner Verhältnisse, wäre gleichwohl frech. Zu Unregelmäßigkeiten kommt es vor allem morgens, und sie sind, nach meiner Erfahrung, auf auswärtigen Bahnhöfen üblicher als im Stadtkern. Den Rest des Tages, wenn in den Bahnen die Angestellten gegen die Touristen ausgetauscht werden, läuft es tatsächlich wie am Schnürchen. Wahrscheinlich kommt daher der übertrieben gute Eindruck von der Pünktlichkeit japanischer Züge. Ein trügerischer Eindruck, den ich blauäugig in früheren Veröffentlichungen selbst befeuert habe. Reden wir nicht mehr davon. Reden wir lieber über andere Verkehrsarten, über die viel zu selten offen gesprochen wird.

Warum schnell, wenn's auch langsam geht?

Busse also. In meinem Buch *Matjes mit Wasabi* sprach ich davon, welche Wissenschaft Japaner daraus machen und wie sie mit Leidenschaft berechnen, wann sich welcher Expresszug erwischen lässt und wie viel Zeit das einspart. Ich spiele dabei nicht mit. Pro Werktag habe ich einen einzigen wichtigen Termin: Gegen zwei Uhr muss ich meine Tochter vom Kindergarten abholen. Alles andere mache ich so langsam wie möglich, mich hetzt ja keiner. So wie meine Frau Expertin für Expressverbindungen ist, so habe ich ein gewisses Talent dafür entwickelt, für jede Strecke ganz schnell die langsamste Verbindung zu finden. Die Vorteile langsamen Reisens liegen auf der Hand: Man kommt endlich zum Lesen, so man allein reist. Reist man mit Kind, steigt bei längeren Fahrten in öffentlichen Verkehrsmitteln die Wahrscheinlichkeit, dass das Kind einschläft. Vorteil davon: Man kommt endlich zum Lesen.

Meistens greife ich bei der Planung meiner Langsamkeit auf Busse zurück. Daneben sollte man allerdings auch darauf achten, nicht für jeden Zweck gleich das naheliegendste Ziel auszuwählen. Meguro ist kein Einkaufsparadies, deshalb muss man für paradiesischere Einkäufe schon mal die trauten Heimathügel verlassen. Mit dem Zug ist man in ungefähr (nein: genau) fünf Minuten in Shibuya. Da lohnt sich die Fahrt kaum. Mit dem Bus dauert es bis zu einer halben Stunde. Schon besser. In dieser Zeit könnte man auch mit dem Zug den prächtigen Einkaufszentren Futakotamagawas einen Besuch abstatten. Dort hat man kürzere Wege und geringere Selfiestick-Dichte. Am besten aber: mit dem Bus nach Futakotamagawa. Unter 40 Minuten geht's nicht; wenn man Glück hat und in einen Stau gerät, dauert es weitaus länger (leider sind Staus bei Tokios exzellenter Verkehrsplanung selten).

So glücklich es mich macht, in einen Tokioter Bus zu steigen, so glücklich bin ich nach einer längeren Fahrt auch, ihn wieder verlassen zu dürfen. Gemessen an den deutschen Straßenkreuzern sind japanische Busse klein und eng, Beinfreiheit wird nicht als unveräußerliches Menschenrecht anerkannt. Ich möchte mich nicht beschweren; es hat etwas Yogisch-Meditatives, den eigenen Körper so zu falten, dass man nicht nur selbst Platz findet, sondern womöglich noch jemand daneben. Das asoziale Soloausbreiten auf Doppelsitzen ist in Japan nicht üblich. Ebenso unüblich ist es, in Bussen und Bahnen ein Fast-Food-Picknick zu veranstalten und danach Essensreste und Umverpackung einfach zurückzulassen. Für das hygienische Plus nehme ich ein bisschen Enge gern in Kauf.

Die Reise per Bus hat außerdem den Vorteil, dass man bisweilen Interessantes durchs Fenster sieht, wenn man die Nase mal kurz aus der Lektüre hievt. In der U-Bahn passiert das eher selten, und bei der Planung von Eisenbahnstrecken stehen nicht das Sehens- und Erlebenswerte der durchfahrenen Viertel im Vordergrund. Busse hingegen fahren einfach da, wo eine Straße ist, und an Straßenrändern gibt es schon mal was zu entdecken. Häufig denkt man: Oh, hier müsste ich mal aussteigen, wenn ich mal Zeit habe. Habe ich dann leider nie. Einmal sah ich aus dem Busfenster die Worte »Waschsalon« und »Kaffee« an die Fensterfront eines Geschäfts geschrieben, in den deutschen Schreibweisen. Da habe ich eine Ausnahme gemacht und bin aus Neugier tatsächlich eines Tages dort ausgestiegen.

Ausgeschrieben handelte es sich um eine Einrichtung namens »Freddy Leck sein Waschsalon Tokyo«. Innen drin sind wuchtige Waschmaschinen übereinandergestapelt, daneben eine offene, helle Lounge mit Reinigungs- und Kaffeeschalter, Verkauf von hauseigenem Waschmittel und Andenken. Auf Tischen und Regalen stapeln und reihen sich deutschsprachige Bücher über Berlin. Darunter auch eines über den Namenspatron dieses Geschäftes, der mir bis dahin völlig unbekannt war. Da ist man gerade mal ein gutes Jahr weg aus Deutschland, schon hat man keinerlei Bezug mehr zu seiner B-Prominenz. Offenbar handelt es sich um eine Kunstfigur, die, dargestellt von einem echten Schauspieler, Lifestyle-Waschsalons in Berlin und eben Tokio unterhält. In einem Faltblatt sind nicht nur Instruktionen, wie man die japanische Niederlassung mit Bus und Bahn erreicht, wenn man gerade in der Stadt ist, sondern auch, wie man direkt vom Flughafen Narita dorthin gelangt. Falls man sich nach dem langen Flug denkt: »Puh, das Hemd müffelt, und ich brauche dringend einen Kaffee. Was mache ich da nur?!«

Auf der Website sind Videos von tätowierten und metalldurchstochenen jungen Menschen, die im Berliner Salon emsig waschen, Kaffee trinken, es sich so richtig gut gehen lassen. In Deutschland würde ich um eine derart verkrampfte Hipster-Fälschung eines Szeneortes wahrscheinlich einen großen Bogen machen, und zwar rennend, schreiend, mit den Armen wedelnd. In Japan allerdings sehe ich das lockerer. Der Kaffee ist anständig, der große hohe Tisch in der Mitte ideal zum Arbeiten, und weit weg von zu Hause ist es auch nicht. Hier sind außerdem keine körperverzierten Event-Wäschewascher, hier ist meistens außer mir kaum jemand. Mal ein älterer Herr, der darauf wartet, dass seine Trommel zur Ruhe kommt. Mal eine junge Mutter, die froh ist, hier genügend Platz für ihren Kinderwagen zu haben, während sie ihren Eiskaffee schlürft.

»Ich gehe heute wieder in den Waschsalon zum Arbeiten«, sagte ich letztens zu meiner Frau, als sich am Morgen unsere Wege trennten.

»Wenn du das nächste Mal in den Waschsalon gehst, kannst du ja die Wäsche mitnehmen«, fand sie.

Ich muss gestehen, dass ich auf diese Idee noch gar nicht gekommen war. Ganz abwegig ist sie nicht.

(Eine kurze Anmerkung noch zum angestrengt lustigen Namen des Etablissements: Freddy Leck sein Waschsalon Tokyo. Das »sein« ist selbstverständlich absichtlich grammatisch falsch, ein komödiantisches Signal für eine Klientel, die »Comedy« statt »Komik« sagt. Das Y in Tokyo halte ich für eine unbewusste Nachlässigkeit, die mir häufig in deutschem Textwerk unterkommt. Darum: Liebe Kinder, ich weiß, dass ihr Englisch viel cooler findet als Deutsch, und liebe Japanologen, ich weiß, dass die Schreibweise mit y phonetisch ein bisschen näher am japanischen Original ist. Dennoch: Tokio wird im Deutschen mit i geschrieben, und zwar ausschließlich. Die Y-Alternative gibt es nicht. Und wo wir schon dabei sind: Schanghai immer mit komplettem Sch vorne. Zeit und Platz fürs kleine C muss sein. Vielen Dank für eure Aufmerksamkeit.)

Kaum dass wir uns in Meguro häuslich niedergelassen hatten, erblickte ich einen weiteren interessanten Ort durchs Busfenster: das Meguro Parasitological Museum, unser örtliches Parasitenmuseum. Sollte ich eingangs geschrieben haben, der Daienji-Tempel sei die einzige amtliche Reiseführersehenswürdigkeit des Ortes, so muss ich das jetzt revidieren. Das Parasitenmuseum inklusive Museumsshop, in dem man seine Lieblingsparasiten als T-Shirt-Motive erstehen kann, wird in der Reiseführerliteratur häufig aufgelistet, offen oder stillschweigend in der Rubrik »Tokio skurril«. Ich erinnere mich an eine touristische Reise von vor vielen Jahren, als ich selbst an skurrilen Dingen interessiert war und dem Museum unbedingt einen Besuch abstatten wollte. Aber ach, ich fand es nicht. Ich hatte mich derart verfranzt, dass ich heute gar nicht mehr rekonstruieren kann, wo ich falsch gegangen bin. Wahrscheinlich überall. Die Gegend, in der ich in meiner Erinnerung herumirre, hat keinerlei Ähnlichkeit mit der näheren Umgebung des Museums und auch keine mit irgendeiner anderen Gegend, die mir in Meguro inzwischen bekannt wäre.

Schicksal: Nun wohne ich ganz in der Nähe dieser feinen Einrichtung. Eine Busfahrt ist nicht einmal vonnöten, ich könnte jeden Tag zu Fuß vorbeischauen, ohne Blasen an den Füßen zu bekommen (allerdings hat das Museum nicht jeden Tag geöffnet). Und tue ich das? Nein. Wie oft bin ich bereits drin gewesen? Kein einziges Mal. Denn ebenso, wie es stimmt, dass wir die meisten interessanten Dinge, die wir durch Zufall aus Busfenstern sehen, letztendlich doch nie besuchen, so ist es wahr, dass wir die Sehenswürdigkeiten unserer näheren Umgebung nie besehen, selbst wenn sie uns interessieren. Was man jeden Tag tun könnte, tut man nie, weil man es auch am nächsten Tag noch tun könnte. Oder am übernächsten. Ich bin mir sicher, dass ich mir eines Tages das Parasitenmuseum von innen ansehen werde. Wahrscheinlich allerdings erst, wenn ich nicht mehr in Meguro wohne. Das wäre ja zu einfach. (Richtig geraten: Die Info über den Museumsshop habe ich aus dem Internet.)

Apropos Bus, da fällt einem gleich die Rückbank ein, wo die coolen Kids sitzen und sonst was tun. Apropos Rückbank und sonst was tun: Wie bereits erwähnt, soll es hier um verschiedenste Arten von Verkehr gehen. Also schnell weiter zur nächsten Spielart. Ich verspreche: Es wird gewagt und gefährlich und ein bisschen illegal.

Die freundlichste Verfolgungsjagd der Welt

Schöne Erlebnisse hat man nicht nur auf den Rückbänken von Bussen, sondern auch auf denen von Taxis. Eines davon möchte ich gern mit der Welt teilen. In Tokio bin ich von einem Fast-nie-Taxinehmer zu einem Relativ-häufig-Taxinehmer geworden. Hauptgrund ist neben relativ geringen Kosten und dem absoluten Komfort der Fahrzeuge ihre ausgezeichnete Verfügbarkeit. Man möchte meinen, Tokios Straßen seien allein für Taxis gebaut. Man bekommt auch ohne Taxistand und Smartphone-App schneller eines als eine Bahn oder einen Bus, und das will angesichts des exzellenten Bus- und Bahnsystems schon etwas heißen. Oft wird das Loblied auf Tokios verlässliche Eisen- und U-Bahnen gesungen, ich möchte einmal das Loblied auf Tokios allgegenwärtige Taxis singen, diese geräumigen, klimatisierten, stressabbauenden Kokons auf Rädern inmitten der vollgestopften Großstadt. Das sei hiermit erledigt, zurück zur Geschichte.

Als wir noch ungefähr zwei Ecken von meinem Fahrtziel entfernt waren, blitzte hinter uns das Signallicht eines Polizeiwagens auf. Der Taxifahrer sagte in ruhigem Plauderton: »Ich glaube, der will mich anhalten.«

Ich sagte: »Dann halten Sie lieber an.«

»Nein, ich bringe Sie erst an Ihr Ziel. Es ist ja nicht mehr weit.«

»Ich habe es nicht eilig.« Laut Sprichwort mag der Kunde in Japan Gott sein, ich möchte meine göttliche Macht derweil nicht missbrauchen. Ein paar Tage zuvor nahm ein Taxifahrer einen Großteil unserer Familie auf einmal mit (Kind, Eltern, Großel-

tern), nicht ohne nach dem Losfahren mit kleiner Stimme anzumerken, er dürfe so viele Passagiere eigentlich nicht gemeinsam
transportieren, und würde er erwischt, drohe die Suspendierung.
Was auch immer der polizeiverfolgte Taxifahrer sich zuschulden
kommen lassen hatte, ich wollte nicht, dass meinetwegen noch
Widerstand gegen die Staatsgewalt hinzukäme.

»Gut, wenn Sie erlauben, halte ich kurz an.«

Ein lächelnder Polizist kam zum Fahrer und sagte mit sanfter
Stimme: »Guten Morgen, entschuldigen Sie bitte, könnte es sein,
dass Sie eine rote Ampel überfahren haben?«

»Das kann sein, wenn Sie es sagen, bitte entschuldigen Sie vielmals.«

»Die Ampel ist allerdings nicht ganz leicht zu erkennen. Vielleicht haben Sie sie einfach übersehen?«

»Nein, nein, ich kenne diese Straße, es war mein Fehler. Dürfte
ich meinen ehrenwerten Kunden erst an sein Ziel bringen?«

Der Polizist schaute auf die Rückbank. »Oh, verzeihen Sie, Sie
haben einen ehrenwerten Kunden. Selbstverständlich. Ich folge
Ihnen.«

So fuhren wir den Rest der Strecke in moderatem Tempo, hinter uns der Polizeiwagen mit rotierendem Licht. Als ich mich verabschiedet hatte, setzten Fahrer und Polizist ihr Gespräch fort.

Ich gehe davon aus, dass der Fahrer trotz des höflichen Ton-
falls auf beiden Seiten um eine Strafe nicht herumgekommen ist,
und so gehört es sich ja auch. Die Lichter an den Ampeln haben
schon einen Sinn, selbst für Autofahrer. Doch ist es nicht viel angenehmer, über Gesetz und Strafe wie Erwachsene zu verhandeln,
anstatt wie wutschnaubende, fußstampfende, türenknallende
Kleinkinder? Das Resultat ist in beiden Fällen dasselbe, der Weg
allerdings im ersteren Fall weitaus nervenschonender, für alle Beteiligten.

Und das ist doch ein schönes Schlusswort. Mehr fällt mir zum
Thema Verkehr nun wirklich nicht ein.

Kapitel

8

Jenseits von Tokio

Hand aufs Herz: Tokio macht nicht immer happy. Tokio kann einem gehörig auf den Senkel gehen. Der Lärm, die Menschen, die Enge, die Ästhetik beziehungsweise der Mangel daran. Wie gut, dass Japan nicht nur aus Tokio besteht und dass die Effizienz des öffentlichen Personennahverkehrs nicht an der Stadtgrenze endet. Niemand wird daran gehindert, die Stadt zu verlassen. Und als überzeugter Tokioter sage ich: Man sollte es öfter mal tun.

Nagoya, mon amour fou

Den Nerveffekt hatte ich bereits in meinen touristischen Jahren gespürt; eine Zeit lang hatte ich deshalb die Basis meiner Japanrei-

sen nach Nagoya verlagert. Nagoya ist das Hannover Japans. Nun
denken über 90 Prozent der Leserschaft: also etwas provinziell,
etwas eigenschaftslos, ein Ort für Dienstreisen ohne freiwillige
Verlängerung. Dieser Wahrnehmung möchte ich in Teilen beipflichten und ihr zugleich in größeren Teilen widersprechen.
Schon bei Hannover hängt die allgemeine Wahrnehmung schief.
Hannover ist schön, gemessen an seiner Größe überraschend ur-
ban, von der subkulturellen Agilität könnte sich München gleich
ein paar Scheiben abschneiden und wäre noch immer weit hinterher. Mein letzter Besuch Hannovers bestand aus Spazierengehen
mit meinen Eltern. Mein vorletzter bestand aus dem Besuch eines
Punk-Konzerts mit einem PKW voller aufgekratzter betrunkener
Spätjugendlicher. Für beides und vieles dazwischen bietet Hannover die ideale Kulisse.

Ich weiß nicht viel über die Undergroundszene Nagoyas, doch
ich war von Anfang an angetan von der Unkompliziertheit und Ur-
banität der Stadt. Dieser Anfang war 2005, als in Nagoya die Weltausstellung Expo stattfand (fünf Jahre nach Hannover, drolligerweise). Genau die wollte ich mir anschauen, weil ich gerade in der
ungefähren Gegend war und Gutes darüber gehört hatte (im Gegensatz zu Deutschland hört man in Japan manchmal Gutes über
Großveranstaltungen). Meine Abfahrt nach Nagoya hatte sich jedoch verzögert (natürlich nicht die Schuld der Bahn, allein die
Schuld des phlegmatischen Bahnreisenden), wodurch mir kaum
genügend Zeit für eine ganze Weltausstellung geblieben wäre,
wenn ich am selben Tag wieder abreisen wollte. Deshalb entschloss ich mich, die Expo sausen zu lassen und einfach planlos
durch die Stadt zu laufen. Eine Stadt, die mir auf Anhieb gut gefiel
und mich zum Weiterlaufen einlud.

Sicherlich hätte es andere Tokio-Alternativen gegeben. Doch
in Osaka verlaufe ich mich immer. Sapporo und Fukuoka sind ein
bisschen weit weg von allem. Gegen Kobe ist nichts einzuwenden,
es hat mich aber nicht mit dem gleichen warmen Bauchgefühl

Herzlich willkommen im Hannover Japans

empfangen wie Nagoya. Und Kyoto ... Kyoto ist natürlich schön. Es ist verboten, etwas anderes zu sagen. Wäre es nicht verboten, könnte man zugeben, dass Kyoto nur in seinen schönen Ecken schön ist. Wunderschön. Dazwischen ist die Stadt recht unattrak-

tiv, was gerade an den strengen Bauvorschriften liegt, die verhindern sollen, dass Kyoto hässlich wird. Hässlichkeit kann ja ein
Vorteil sein, eine eigene Form der Attraktivität, wie ich hoffentlich bereits am Beispiel meiner Wahlheimatstadt verdeutlicht
habe. Kein Schwein hat irgendwelche Vorschriften erlassen, die
Tokio vor der Hässlichkeit bewahren sollen. Das Resultat ist eben
dieses ganz wunderbare Monstrum. Kyoto hingegen ist außerhalb
seiner ausgewiesenen Schönheitsgegenden recht fad. Nicht
hübsch, nicht hässlich. Da kann man auch gleich in Nagoya bleiben, wo es eher so aussieht, wie es in einer japanischen Großstadt
aussehen sollte. Groß, hoch und blinkend.

Doch was genau soll man in Nagoya tun, was sich ansehen?
Eine gute, eine berechtigte Frage. Es gibt ein verhältnismäßig at-
traktives Schloss, da kann man gut einen halben Tag zubringen,
wenn man nicht gerade von der schnellen Truppe ist. Der Rest des
Urlaubs? Zeit zur freien Verfügung.

Für eine meiner Onlinepräsenzen stellte ich einmal einen Ad-
ventskalender mit Japanschnappschüssen zusammen. Dabei stieß
ich auch auf Zeugnisse meiner Nagoya-Phase. Sofort überkam
mich wieder die alte Liebe. Und doch stellte ich am Ende fest, dass
ich kein einziges Nagoya-Foto für den Kalender ausgewählt hatte.
So sehr ich diese Phase genossen habe, so wenig war es mir gelungen, meine Liebe in überzeugende Beweisfotos zu verwandeln. Eine
Stadt ist eben mehr als ihre Sehenswürdigkeiten, mehr als der Glanz
ihrer Oberfläche oder die Abwesenheit oberflächlichen Glanzes.
Manchmal ist ihr ganz besonderer Reiz schwer abbildbar, beziffer-
bar, beschreibbar. Manchmal ist es eben das Gefühl, das einen dort
überkommt, das *Je ne sais quoi*. Das Gefühl, nach Hause zu kommen,
obwohl man nie dort gelebt hat. Und so stimmt es: Nagoya ist das
Hannover Japans. In anderen Worten: die wohl unterschätzteste
Stadt des Landes. Und sie wird es bleiben, denn sie ist etwas für den
besonderen Geschmack. Man hat ihn, oder man hat ihn nicht. Man
versteht es, oder man wird es nie verstehen.

Nagoya kann man übrigens von Tokio aus mit der Lokalbahn erreichen. Das empfiehlt sich allerdings nur, wenn man wirklich ein großer Anhänger von Lokalbahnen, Lokalbahnstrecken und Lokalbahnhöfen ist. Für alle anderen gibt es deutlich schnellere und bequemere Verkehrsmittel. Sollte man meine Liebe eh nicht nachvollziehen wollen: Andere japanische Städte sind leichter vermittelbar.

Wir lagen vor Yokohama

Wir liegen ja eigentlich immer vor Yokohama. Yokohama ist so dicht an Tokio, dass man rein vom Reisegefühl her gar nicht merkt, dass man die Stadt wechselt. Aus der Tokioter Innenstadt dauert es kaum länger als eine halbe Stunde mit dem Zug. Als 2016 Ausländer in Tokio befragt wurden, wo in Tokio sie gern leben wür-

Aufwändig ornamentiert: Yokohamas Chinesenviertel

den, kam Yokohama auf Platz drei. Frage nicht verstanden? Die Bürger Yokohamas amüsiert es sicherlich nicht, wenn man ihre Stadt bloß als einen weiteren Stadtteil Tokios ansieht. Sie missbilligen es zu Recht.

Yokohama, das klingt schon nach Seemannsgarn, Abenteuer, Tim und Struppi. Ich bin nicht sonderlich belesen in Sachen Tim und Struppi (aber fragen Sie mich ruhig alles über Power Man & Iron Fist), doch ich bin mir fast sicher, dass sie auch mal vor Yokohama ankerten. Falls nicht, wäre das ein riesengroßes Versäumnis. Für Tim und für Struppi, vor allem aber für ihre Leser. Es gibt so vieles, was man in Yokohama tun kann. Zum Beispiel all die chinesischen Spezialitäten essen, die im Westen geächtet sind. Ja, ich habe hier meine erste Haifischflossensuppe gegessen. Es war ebenso meine letzte, keine Sorge. Selbstverständlich habe ich sie in Yokohamas bekanntem Chinesenviertel gegessen, einer auch für Japaner exotischen Parallelwelt und Parallelgesellschaft inmitten der japanischen Hafenstadt (für Chinesen vermutlich weniger exotisch). Ein Traum aus roten Lichtern, goldenen Ornamenten, bunten Drachen und schwungvollen Pagodendächern. Gegessen habe ich in einem großen Restaurant mit großen runden Tischen, denn Chinesen gehen gern in großer Runde essen. Von einem ziemlich großen Teller, denn Chinesen teilen gern ihre Portionen mit den Mitgliedern der großen Runden, in denen sie essen gehen. Um die großen Runden zu vermeiden, war ich extra etwas früher gekommen. So saß ich ganz allein in einem großen Saal an meinem großen Tisch, vor einem großen Teller mit etwas, das man eigentlich nicht essen sollte. Die Kellner standen mit dem Rücken zur Wand, ganz ungeniert beobachtend, was ich mit dem Essen vorhatte und wie viel ich schaffen würde. Vielleicht hatten sie Wetten abgeschlossen.

Der, der gewettet hätte, dass ich alles ratzeputz aufesse, hätte gewonnen. Mit Blubberbauch setzte ich mich wieder in die Bahn nach Tokio. Wie sie geschmeckt hat, die Haifischflossensuppe? Ach, das habe ich vergessen. Aber Chinatown war toll.

Kurz zurück nach Tokio

Geschmacklich nicht vergessen habe ich das einzige Mal, dass ich Walfleisch gegessen habe. Das war zwar nicht in Yokohama, allerdings passt es vielleicht an dieser Stelle ganz gut, wo ich schon beim Beichten bin. Es war in Tokio, und es war, bevor ich meine heutige Ehefrau kennengelernt hatte. Ich hatte gerade die Bekanntschaft einer anderen Dame gemacht, die mir gut gefiel. Sie nahm mich mit zu Konzerten von Bands, die mir gar nicht gefielen, und einen unserer wohl romantischsten Abende verbrachten wir unter den Kirschblüten des Yasukuni-Schreins, der besonders bei Rechtsradikalen so beliebt ist. Gleich danach gingen wir in ein Walrestaurant. Was tut man nicht alles für Damen, die einem gut gefallen.

Nun muss ich schnell die Ehre meiner Bekanntschaft retten, bevor jemand meint, ich verfalle mit Vorliebe gewissenlosen und empathiearmen Nazibräuten: Am Yasukuni-Schrein waren wir wirklich nur wegen der Kirschblüten, und die Bands, die mir nicht gefielen, gefielen mir lediglich musikalisch nicht; ideologisch habe ich ihnen nichts vorzuwerfen. Und das Walessen war meine Idee, ich wollte mir einen eigenen Eindruck verschaffen. Von einmal bricht nicht gleich die ganze Widerstandsbewegung zusammen. Lediglich das Restaurant musste sie aussuchen, da ich mich in der Walfleischrestaurantszene nicht auskannte und meine Recherchemöglichkeiten sprachlich eingeschränkt waren.

Das Restaurant war ein gemütlicher dunkler Schuppen mit Sockenpflicht. Abgesehen von uns bestand das Publikum ausschließlich aus älteren Herren. Fröhlichen älteren Herren, nicht finsteren, von denen man dächte: Oha, die kommen bestimmt gerade direkt vom Walfangschiff. Das Essen war ... fantastisch. Unglaublich facettenreich, das Fleisch zart, saftig und schmackhaft, kein bisschen tranig. Gegner des Walfangs behaupten gern, das Fleisch schmecke ohnehin nicht und sei lediglich Nostalgiefutter für ewig gestrige Greise, die sich gern an die Zeit zurückerinnern, als es nichts anderes zu futtern gab und ihrer Meinung nach trotzdem alles besser war.

Das kann ich so nicht bestätigen; mir hat's geschmeckt, auch ohne biografische Vorbelastung. Würde ich es also wieder tun? Wahrscheinlich nicht. Nicht aus schlechtem Gewissen, sondern aus Scheu vor Konflikten. Ich habe mir abgewöhnt, zu wirklich allem auf der Welt eine Meinung haben zu müssen und mich an jeder Schlacht zu beteiligen. Walfang ist so ein Thema, bei dem ich auf keiner Seite des Zaunes mein Fäustchen recken möchte. Die Forschungszwecke, die Japan für seine Fänge als Rechtfertigung vorschiebt, sind sicherlich mehr als fragwürdig. Gleichwohl möchte ich verhindern, reflexartig jede Tötung von Tieren zu verteufeln, die man gefühlsmäßig für besonders klug/süß/erhaben erachtet. Wie bedroht welcher Wal wo ist – damit möchte ich mich schon aus zeitlichen Gründen nicht auseinandersetzen; nicht jeder kann jedes Thema beackern. Dabei will ich nicht ausschließen, dass die erbitterten Gegner über die Gefühlsduselei hinaus Zahlen und Fakten vorlegen können, die mich überzeugten, so ich sie mir denn zu Gemüte führte. Da ich es so oder so nicht besser weiß, verzichte ich nach dem einmaligen Neugierversuch aufs Walfleisch, verteufle aber nicht die, die es sich weiterhin munden lassen.

Re-Enter the Dragon

Aber zurück zur Chinatown von Yokohama. Dort kann man nicht nur kontroverse Cuisine vertilgen, sondern auch hervorragend Kitsch einkaufen. Sicherlich ebenso das eine oder andere hehre Kunstobjekt, doch Kitsch macht mehr Spaß. Mir hat es Bruce-Lee-Kitsch angetan. Von den Curry-Lutschbonbons mit Bruce Lee auf der Metallschachtel habe ich einen mal probiert und dann entschieden, dass die Verpackung wichtiger ist als der Inhalt. Inzwischen sind die Drops im Inneren zu einem einzigen zusammengewachsen, der für immer in der Schachtel bleiben wird, denn durch die schmale Öffnung passt er nicht mehr. Der Schachtel Schönheit bleibt davon unangetastet.

Auf Dauer kann ein ungelutschter Lutschbonbon freilich nicht befriedigen. Wenige Monate nach Hanas Geburt kehrte ich nach Yokohama zurück, denn ich war der festen Überzeugung, dort einen Bruce-Lee-Strampelanzug für Babys zu finden, im klassischen Gelb mit schwarzem Seitenstreifen. Nicht mal Amazon hatte einen. Ein Amazon-Skandal, über den die Presse schweigt. Aber Chinatown hat alles, dachte ich mir. Da dachte ich durchaus richtig. Allerdings konnte ich das Etikett nur unzulänglich lesen, und die Haptik vermittelte nicht den Eindruck, dass darin auch nur eine einzige Faser eines Materials verarbeitet war, das in der Natur des Planeten Erde vorkommt. Ich beschloss, dass Babys Gesundheit den Sieg davontragen sollte über Babys Coolness.

Nun, da das Kind dem Strampelanzugsalter ohnehin entwachsen ist, besuchen wir Yokohama häufig mit der ganzen kleinen Familie. Zum Beispiel zum Sommerfest, das genauso heißt, in der originaldeutschen Schreibweise. In der Nähe des schönen, historischen Red Brick Warehouse, das seit 1989 nicht mehr als Lagerhaus, sondern als Einkaufs- und Verzehrzentrum dient, bekommt man allerlei Deutsches vom Berliner Ampelmann-T-Shirt bis zum Hamburger Craft Beer. Letzteres in anheimelnder maritimer Atmosphäre genossen, lässt meine Frau schon mal seufzen: »Hach, hier ist es fast so schön wie in Vegesack.«

Sie kennt in Bremen-Vegesack halt nur die schönen Ecken. Ich würde sagen: Hätte sich Vegesack je wirtschaftlich und mental von der Schließung der Vulkanwerft in den Neunzigern erholt, dann könnte es dort fast so schön und vielleicht sogar so kosmopolitisch sein wie in Yokohama. Wobei die ungefähr hundertfache Bevölkerungszahl Yokohamas möglicherweise auch eine Rolle

Hafenfest in Yokohama: fast so schön wie in Vegesack

spielt. Aber was weiß denn ich, ich kenne schließlich nur die schönen Ecken von Yokohama.

Man sollte immer ein Ziel im Leben haben. Jahrelang war mein Ziel, eines Tages in Tokio zu leben. Inzwischen ist mein Ziel, eines Tages in Yokohama zu leben. Manchmal allerdings, wenn mich die ganz große Zivilisationsmüdigkeit überkommt, träume ich davon, mir einen Bart wachsen zu lassen und nach Hakone zu ziehen. Keinen jugendlichen Modebart, sondern einen verschrobenen Bergbewohnerbart.

Hakone heißt Amore

Hakone ist unser Harz. Wenn uns nichts Besseres einfällt, packen wir ein paar warme Pullover und festes Schuhwerk ein und fahren in die Berge im Norden Tokios. Wir fahren mit dem Romance Car, was nach heißer Rücksitz-Action aus einem Song von Bruce Springsteen oder Billy Ocean klingt, tatsächlich allerdings eine gemütliche, geräumige und familienfreundliche Reisemethode ist.

Romance Cars heißen die Züge, die Tokioter in die romantischen Berge bringen. Die schnittigen Bahnen sehen aus wie Designstudien für den Shinkansen, Japans Vorzeigeschnellzug. Im gewissen Sinne sind sie das auch, denn die ersten Shinkansen wurden optisch und technologisch nach ihrem Ebenbild erschaffen. Und bevor sie den Betrieb aufnahmen, waren die Romance Cars die schnellsten Züge im Lande.

Sind wir am Bahnhof Hakone-Yumoto angekommen, geht der beschwerliche Teil der Reise los. Beziehungsweise könnte er beschwerlich werden, meistens aber nehmen wir einfach ein Taxi. Das ist zwar etwas teurer, doch wenn man dorthin möchte, wo wir hinmöchten, macht das Taxientgelt den Braten auch nicht mehr fett. Wir wollen ins Hakone Highland Hotel, eine dekadente Wellness-Luxusabsteige inmitten des Nirgendwo. Verschiedene *onsen*, also heiße Quellenbäder, sind vorhanden, gegen Aufpreis auch auf den privaten Terrassen der besseren Zimmer. Jene sind landesuntypisch großzügig geschnitten und luxuriös ausgestattet mit technischem Schnickschnack (das ist dann doch wieder landestypisch) und feinem Kristallglas für den abendlichen Schlummertrunk, behutsam gebettet in samtausgelegte Schubladen. Sind wir denn von allen guten Geistern verlassen? Vielleicht ja. Können wir uns das überhaupt erlauben? Nein, nicht ständig und nicht länger als zwei oder drei Nächte am Stück, in der Nebensaison. Glücklicherweise urlaubt der Japaner an sich ja eh nicht allzu lang.

Über eines muss man sich im Klaren sein: Ist man im Hakone Highland Hotel zu Gast, ist man dem Hakone Highland Hotel ausgeliefert. Kein Restaurant, kein *convenience store*, keine größere Versammlung von Menschenseelen in realistischer Laufweite. Ständig hört man im Geiste, wie Jack Nicholson alternierend auf der Schreibmaschine tippt und die Axt wetzt. Ein Bus fährt zwar, aber der fährt eben so, wie Busse in der Abgeschiedenheit fahren: sehr selten. Dafür, dass die Herberge so weit draußen ist, zeigt sich ihr Management nicht sehr flexibel im gastronomischen Service. Auf dem Zimmer gibt's nur Kuchen, und den nur zum Selbstabholen. Für Zimmerservice im klassischen Sinne ist man sich zu fein, für anständigere Mahlzeiten muss der Gast schon im hervorragenden französisch-japanischen Luxus-Fusion-Restaurant La Forêt vorstellig werden und Platz nehmen. Das tun wir gern, nur meinten wir bei unserer letzten Reise, der ersten mit Kleinkind, dass es vielleicht im Interesse der anderen Gäste, des Personals, der Dekoration und des Geschirrs wäre, wenn wir beim Essen unter uns blieben, und zwar weit weg. Davon mochte das überaus freundliche Personal nichts wissen, stattete uns für das Gängemenü, das beinahe Pflicht ist (à la carte rechnet sich nicht; nicht mal, wenn man seine Dekadenzhosen anhat) mit Kindersitz und Kinderbesteck aus. Sogleich wurden wir Zeugen, dass das Personal nicht nur überaus freundlich, zuvorkommend und kompetent ist, sondern auch geschult darin, unfallfrei Kleinkindern auszuweichen, die plötzlich um die Ecke geschossen kommen. Denn Hana fühlt sich längst zu groß, um allzu lang still in einem Kinderstuhl zu sitzen. Sie flitzt lieber durch die Gegend und benennt lauthals die Lebensmittel, die sie auf anderer Leute Teller sieht. Zweisprachig, stelle ich nicht ohne Vaterstolz fest. Das ist für Eltern kein reiner Erholungsurlaub. Ein Elternteil muss immer mitflitzen, in Dauerschlaufe Entschuldigungsfloskeln murmelnd, während der andere schnell seinen Hummer knackt.

Nach der Niederschrift dieses Erlebnisses überprüfte ich noch einmal auf der Website des Hotels, ob ich die Hausregeln zu Zimmerservice, Kuchenverzehr und Restaurantbesuch korrekt wiedergegeben hatte. Da fiel mir zum ersten Mal auf, dass unter den häufig gestellten Fragen tatsächlich die angesprochen wird, ob man Kinder ins Restaurant mitbringen dürfe. Das wird bejaht und gleichzeitig darauf hingewiesen, dass man bitte Rücksicht auf die anderen Gäste walten lassen möge. Ich war bereits früher hin und wieder auf der Website gewesen, diese Klausel war mir allerdings nie aufgefallen. Sollte sie erst nach unserem

Besuch aufgenommen worden sein? Etwa wegen uns? Da ist er
wieder, dieser Vaterstolz.

Als ich vorhin sagte, in der Nähe vom Hakone Highland Hotel
gäbe es nichts und niemanden, so habe ich aus Gründen der Ef-
fekthascherei ein kleines bisschen geflunkert. Gleich nebenan
gibt es ein Museum mit Restaurant (beides macht gleichwohl
recht früh dicht, deshalb ist es keine echte Abendessen-Alternati-
ve und bietet nachts keinen Schutz vor Axtmördern mit Bergkol-
ler). Es handelt sich um das Hakone Garasanomori Museum (Glaswaldmuseum) oder Venetian Glass Museum. Ich habe es bereits
zweimal besucht, kann allerdings nicht sagen, dass ich mir jedes
der bunten, funkelnden Glasexponate genauestens angesehen
habe. Das liegt weder an einer nicht zu bewältigenden Anzahl von
Exponaten, noch an einer Geringschätzung von Glashandwerk
und Glaskunst meinerseits. Es lag an weiblichen Begleitungen.
Das erste Mal besuchte ich die gläserne Wunderwiese im Jahr 2011

Prinzessin Amidala lebt hier nicht mehr: das Glaswaldmuseum zu Hakone

im Zuge meines Hofierens einer glasliebenden Damenbekannt-
schaft. Verständlich, dass ich mehr Augen für sie hatte als für das
Glas. Das zweite Mal verschlug es mich knapp sechs Jahre später
dorthin. Dabei musste ich den Großteil meiner Kraft und Aufmerksamkeit dafür aufwenden, dem Kleinkind hinterherzujagen,
das die glasliebende Dame und ich inzwischen auf die Welt losgelassen hatten.

Das eine oder andere habe ich dennoch vom Museum mitbe-
kommen. Zum Beispiel, dass es innen wie außen venezianisch her-
gerichtet ist, im Außenbereich mit Flüsschen und Brücken und allerlei Zierrat. Da ich selbst nie in Venedig gewesen bin (keine böse
Absicht; ich hoffe, es vor dem prognostizierten Untergang nach-
zuholen), war meine erste Assoziation allerdings nicht die Hauptstadt von Venetien, sondern der Traumpalast von Prinzessin Amidala auf dem Planeten Naboo. Gottlob laufen auf dem
Museumsgelände keine Gungans herum, sondern Menschen in
bunten, seidenen und seidenartigen Gewändern und Masken, wie
man sie auch als Nichtkenner vom venezianischen Karneval
kennt. Ich dachte zunächst, es handele sich bei den Verkleideten
um Museumspersonal, angeheuert als Fotomotive oder zum
Kleinkinderverängstigen (in dieser Hinsicht funktionieren sie
sehr verlässlich). Ich musste jedoch erfahren, dass es sich bei ihnen um gewöhnliche, zahlende Besucher handelt, die mit ihren
selbst mitgebrachten Gewändern ihre Begeisterung für das ferne
Venedig kundtun. Es handelt sich letztendlich um Cosplay. Die
Museumswärter stören sich nicht daran, in den Museumsshop haben die Maskierten allerdings in ihren Masken keinen Zutritt.
Dort besteht man auf Trennschärfe zwischen vermummten Räu-
bern und redlichen Kunden.

Eines ist auf jeden Fall authentisch am nachgebauten Venedig:
die Musik. Im Caffè Terrazza sitzt seit Jahren derselbe Mann am
Klavier. Bisweilen schmettert er Balladen aus seiner neapolitani-
schen Heimat, mitunter lässt er schmettern. Bei unserem letzten

Besuch hatte sich der schon leicht betagte Musiker eine dralle junge Chanteuse für den Schmetterteil geladen. Das Lokal war voll
mit nervösen Berufsanfängern aus der Gegend, die dort in den üblichen Salary-Man- und Office-Lady-Anzugsuniformen ihr Mittagessen einnehmen sollten (in Japan fangen im Frühjahr alle Be-
rufsanfänger zur gleichen Zeit ihren Beruf an). Das meiste
Interesse an der musikalischen Darbietung hatte unsere Tochter.
Doch was weiß eine Zweijährige schon von der Liebe? Alles, natürlich.

Teil 2

Drinnen

Von Handwerk und Luxus, Reichen und Kakerlaken,
simulierten Erdbeben und falschem Alarm,
Kinderkrankheiten und Vaterfreuden.

Kapitel

9

Meine Mansion, meine Lofts, mein Luxusleben

Zwei Behauptungen über die Lebenshaltungskosten in Tokio bekommt man regelmäßig zu hören, keine von beiden stimmt. Die eine lautet:

Ächz, Tokio ist eine völlig überteuerte Stadt.

Die andere lautet:

Seufz, Tokio ist gar nicht so teuer, wie alle behaupten! Das ist ein ganz gemeines Vorurteil, das sich hartnäckig aus den schlimmen Achtzigern gehalten hat, als Kaufleute, Wirte und Grundbesitzer meinten, sich jede Frechheit rausnehmen zu können. Was auch stimmte, denn es waren verrückte Zeiten, in denen der hart arbeitenden Bevölkerung die 10.000-Yen-Scheine aus den Ohren wieder rauskamen. Das hat sich aber längst normalisiert. Inzwischen ist es sogar ausgesprochen günstig hier!

Genauso gut, wie sich behaupten lässt, dass keine der Behauptungen stimmt, könnte man sagen: beide stimmen.

Einerseits: Jahrelang seufzte ich viel, weil ich immer wieder besorgte Bürger korrigieren musste, die, konfrontiert mit meinen früheren Reise- und späteren Umzugsplänen, ausriefen: »*Waaas, Tokio?! Das ist doch so irre teuer!*« Hört man immer wieder, ist in dieser Verallgemeinerung aber tatsächlich ein Relikt aus der Zeit vor dem Wirtschaftsuntergang, und keiner der Teuer-Schreihälse hat sich je die Mühe gemacht, in gewissen Abständen zu überprüfen, ob das überhaupt noch stimmt. Als wir gemeinsam in München wohnten, beschwerte sich Junko oft sehr bitterlich (beziehungsweise so bitterlich, wie es ihr vornehmes Naturell erlaubte): »Ist ja gar nicht wahr, dass Japan so teuer ist! Deutschland ist viel teurer!«

Andererseits: Ich hingegen denke dieser Tage in Tokio häufiger: »Stimmt eigentlich doch, dass es hier ziemlich teuer ist.«

Die Wahrheit ist ganz einfach: Man kann es nicht so einfach sagen. Tokio ist nicht Japan, und Deutschland ist nicht München, und Tokio ist erst recht nicht München und so weiter, und überhaupt kommt es immer auf den Blickwinkel und den Lebenswandel an. Fakt ist, dass fast alle Preise in Japan und insbesondere in Tokio wieder steigen, nachdem sie jahrelang gemütlich stagnierten. Von den finanziellen Horrorvorstellungen vergangener Jahrtausende sind sie dennoch nach wie vor weit entfernt. Wie sehr die Preissteigerungen sich auf den eigenen Geldbeutel auswirken, hängt davon ab, wofür man sein Geld mit Vorliebe ausgibt. Kleidung ist in Japan günstiger als in Deutschland, solange man nicht Comme des Garçons mit Kik vergleicht, was viele der Teuer-Schreihälse zu tun scheinen. Ebenso schlägt der Besuch im Restaurant in Japan weniger stark zu Buche. Dabei muss man freilich in Betracht ziehen, dass billiges deutsches Fast Food hier als exotische Delikatesse durchgeht und man sicherlich keine Currywurst unter acht Euro finden wird (bei halber Größe des Originals). Isst man lieber etwas Anständiges aus nicht gar so fernen Landen, wird man satter und bleibt flüssiger (und gesünder und zufriedener). Dasselbe gilt für den Lebensmitteleinkauf. Gehe ich einkaufen, stöhne ich häufig, weil ich es nicht besser weiß und mein Einkaufsverhalten noch auf die neue Umgebung kalibrieren muss. Routinemäßige Mitnahmeartikel europäischer Herkunft, an die ich bei Tengelmann oder Edeka keinen weiteren Gedanken verloren hatte, können bei Maruetsu oder Oozeki teuer zu stehen kommen. Gleichwohl sind etliche Gemüse, Gewürze und Tiefkühlprodukte, für die der scheinfreundliche kleine Asia-Laden in Deutschland Halsabschneiderpreise kassierte, hier so günstig, dass man sie kaum noch umrechnen kann; man müsste den Pfennig wieder einführen. Frisches Obst derweil ist ein Luxus, den man sich leisten können muss. Halbwegs vernünftiger Wein ebenfalls. Bier sowieso, solange man nicht auf Bierersatzgetränke reinfällt. Am besten hält man sich an Hochprozentiges, das ist einigermaßen erschwinglich.

Du bist hier nicht in Schwabing, Babsie

Eine Preiskategorie immerhin hält sich in Tokio seit Langem auf recht humanem Niveau: die Mietpreise.

Die Mietpreise?! Gerade von denen werden doch solche Horrorgeschichten erzählt!

Nun gut, man bezahlt schon etwas mehr als in Mietpreisparadiesen wie Bremen oder München. Und man bekommt für das Geld weitaus weniger Platz. Nun sind Bremen und München in diesen Dingen vielleicht nicht die gerechtesten Vergleichswerte für Tokio. Schaut man hingegen auf New York oder London, findet man sich schon eher in der richtigen Kategorie und wird feststellen, dass man in Tokio verhältnismäßig glimpflich davonkommt; außerdem ist die Wahrscheinlichkeit gering (im Gegensatz zu den anderen beiden Metropolen), in einem antihygienischen Kellerloch mit täglichem Rohrbruch und Rattenbesuch zu landen (für kleinere Krabbeltiere wird keine Garantie übernommen; wir berichten später). Man wohnt ein wenig beengt, dafür gepflegt, und man sieht bald ein: Alles ist relativ. Wir haben wenig Platz im Vergleich zu unseren Jahren in München, aber ausreichend Platz für japanische Verhältnisse.

Richtig viel Platz, nach europäischem Verständnis, hat niemand, abgesehen vielleicht von den Superreichen (und, so erfuhr ich just hinter vorgehaltener Hand, ausländischen Angestellten internationaler Firmen, welche jenen Mitarbeitern das schwere Joch des Auslandsaufenthalts mit Palästen und Karossen tragbar machen). Wir haben eine reiche Freundin. Das darf man so sagen. Sie ist richtig reich. Wenngleich nicht superreich. Wie alle richtig reichen Menschen, denen ich bislang begegnet bin, schuftet sie sich für ihren Reichtum Tag und Nacht den Allerwertesten ab. In ihren knapp bemessenen Arbeitspausen umgibt sie sich mit seltenen Haustieren, aufmerksamem Personal und jungen Männern. Das hat sie sich redlich verdient. Ich möchte mit unserer Freundin nicht prahlen, ihr Reichtum ist schließlich nicht uns geschuldet, er wird wohl auch nicht auf uns abfärben. Außerdem kannten wir sie schon, als sie erst ein kleines bisschen wohlhabend war. Diese Freundin jedenfalls wohnt in einer beeindruckenden Wohnung hoch droben in einem sehr hohen Hochhaus für Besserverdiener. Die Aussicht durch die großen Fenster ist wie von einer ausgewiesenen Aussichtsplattform, die Lobby des Gebäudes ist wie aus einem Luxushotel in einem Baz-Luhrmann-Film, die Express-Fahrstuhlkabinen sind mit eigenen Toiletten ausgestattet (das einigermaßen menschenwürdige Verrichten der Notdurft im technischen Notfall sollte zwar kein Privileg der richtig Reichen sein, aber machen wir uns nichts vor). Die Wohnung ist schön, und sie ist selbstverständlich groß. Sogar für deutsche Verhältnisse; sie ist zumindest größer als jede Wohnung, in der ich je allein oder mit Familie gelebt hätte. Sie ist nach deutschen Gesichtspunkten allerdings nicht richtig-reich-groß. Sie ist von der Größe, die ich für meine kleine, bescheidene Familie in einer hoffentlich rosigen Zukunft nicht ausgeschlossen hätte – wären wir geblieben, wo wir waren. In Japan allerdings, in Tokio zumal, ist der Gedanke eher unrealistisch. Es sei denn, wir können uns doch noch entschließen, unsere Tochter zu gegebener Zeit als exotisches Halbblut-Fernsehtalent an die Unterhaltungsindustrie zu verkaufen, was meine Frau strikt ablehnt (ich selbst widerspreche ihr da keineswegs auf ganzer Linie, würde Hana jedoch ein Recht auf Mitsprache einräumen, natürlich ganz ohne Hintergedanken).

Unser Luxus

In München hatte ich nur eine Wohnung mit Kellerabteil, in Japan lebe ich in einer *mansion* mit zwei *lofts*. Im amerikanischen Englisch klingt das nach einer aufregenden Mischung aus Großgrundbesitzer und coolem Künstler, im japanischen Englisch bedeutet es leider nur eine Mietwohnung mit zwei kleinen, erhöhten Ablageflächen für Gerümpel und Saisonkleidung. Diese Ablagen befinden sich unter den hohen Decken von Esszimmer und Schlafzimmer (von hohen Decken darf man leider nicht auf weitläufige Räume schließen) und sind über Leitern zu erreichen, die bei Nichtnutzung unkaschiert an der Wand hängen. Beim Essen und vor dem Einschlafen befällt einen schon mal das Gefühl, man wohne bei der Feuerwehr. Anfangs hatte es mich gestört, bei jedem feierlich dekorierten Festtagsessen auf diese weiße, bereits etwas ausgetretene Leiter zu starren, doch inzwischen mache ich es so, wie die Japaner in Tokio seit eh und je das Leben bestreiten (müssen): Wenn etwas schön ist, das Hässliche daneben einfach ausblenden.

Japaner sind Meister in der Ausnutzung von Platz. Schränke in Schränken, Regale in Regalen, an jeder Wand mehrere Hängehaken für weitere Behältnisse, in denen sich Behältnisse befinden. Die Unterbringung des Hausrats ist eine Wissenschaft für sich, ach was – eine Kunstform. Dabei kommt es nicht nur darauf an, alles zu verstauen. Sondern auch darauf, alles so zu verstauen, dass es einem im Falle eines Erdbebens nicht auf den Kopf fällt.

Der Mann, der Japan erdbebensicher machte

Ein vorstehender Nagel wird eingeschlagen, und zwar mit einer
Bratpfanne.
ALTES JAPANISCHES SPRICHWORT

Handwerklich konnte ich nie etwas, bis ich Vater wurde. Beziehungsweise bis ich werdender Vater wurde. All die Kinderbetten, Hochstühle, Wickeltische, Treppengitter, Küchensperren und was es nicht sonst alles Wichtiges gibt, das man dann doch nur gefühlte zwei Wochen braucht (sie werden so schnell groß!), machten im Nu aus meiner Fünf bis Sechs im Handwerken eine glatte Zwei. Eine Zwei plus mit Stern wurde daraus in Japan. Ich bin mir relativ sicher, dass ich der erste Neuenkirchen bin, der einen Wandschrank und mehrere Bücherregale erdbebensicher gemacht hat. Die Bücherregale mithilfe einer dafür vorgesehenen Gummimatte (war nicht weiter wild), den Schrank habe ich an der Wand festgeschraubt (war mit Schwitzen, Zetern, Fluchen, Heulen und Zähneklappern verbunden). Erdbebensicher muss in Japan alles sein, und dafür hat man selbst Verantwortung zu tragen. Der freundliche Herr vom Möbelhaus mag den Schrank zusammenbauen, aber verständlicherweise mag er nicht schuld sein, wenn dieser im Ernstfall den Kunden und seine Familie unter sich begräbt.

Ich bin übrigens wahrscheinlich auch der erste Neuenkirchen, der je einen Nagel mit einer Bratpfanne in die Wand geschlagen hat. Ja, was würden Sie denn machen, wenn Sie keinen Hammer hätten? So abwegig ist das nicht, hier der Dialog dazu:

Mann: »Wo ist denn unser Hammer?«

Frau: »Keine Ahnung. Ich habe ihn nicht ausgepackt.«

»Wieso ausgepackt?«

»Aus den Umzugskartons.«

»Ich habe keinen eingepackt.«

»Dann haben wir keinen.«

»Du hast gesagt, wir hätten Werkzeug hier.«

»Aber doch keinen Hammer, sei nicht albern.«

»Vielleicht können wir einen von deinen Eltern oder deiner Schwester leihen.«

»Glaube kaum, dass die einen haben. Wozu denn auch?«

»Es gibt doch dieses besonders im Westen viel zitierte japanische Sprichwort, dass ein vorstehender Nagel eingeschlagen wird. Wie wird das denn in einem Land voll hammerloser Haushalte bewerkstelligt?«

»Es ist halt ein Sprichwort. Der Nagel ist kein wirklicher Nagel und der Hammer kein Hammer.«

In Japan hat man nicht zwingend einen Hammer, Nägel werden mit Daumen sanft in die butterweichen Wände gedrückt. Dort halten sie erstaunlich gut. Nur an der Stelle, wo ich an jenem Tag hämmern wollte, war die Wand widerspenstig. Es ging mit der Bratpfanne ganz hervorragend. So hervorragend, dass ich sie für den nächsten ähnlichen Fall wieder hernahm. Der Nagel ging wieder in die Wand, die Bratpfanne allerdings ist inzwischen von nur zweimal Hämmern schwer verformt. Bisweilen trage ich mich mit dem Gedanken, doch einen Hammer anzuschaffen. Aber dann erscheint mir der Gedanke des Hammerbesitzes wieder zu abwegig.

Zurück zum Erdbeben. Als ich das erste Mal die Gläser im Schrank vibrieren hörte, ohne dass einer der im Wohnzimmer Anwesenden die Vibrationen hervorgerufen hatte, bin ich auf dem Sofa ein wenig vom Schrank abgerückt, trotz eines grundsätzlichen Vertrauens in mein handwerkliches Geschick.

Die Erde bebt immer wieder mal. Meist sind es wirklich nur kleinere Vibrationen, die man eher sieht (schwankende Kleiderbügel) oder hört (Glockenspiel im Gläserschrank) als unmissverständlich fühlt. Für solche Fälle muss man den Schrank nicht an die Wand schrauben. Leider bedeutet ein kleines Beben häufig, dass es woanders ein großes Beben gegeben hat. Ein solches habe ich am eigenen Leib bislang nur in der Simulation erfahren. Eiskremwagen sind in Japan unüblich, dafür kommt hin und wieder der Erdbebensimulationswagen vorbei. Auf seiner Ladefläche hat er ein simuliertes Wohnzimmer, darunter echte Wackelapparaturen. Jeder darf sich nach Einweisung ins korrekte Erbebenverhalten umsonst einmal durchschütteln lassen. Meine beiden Erkenntnisse:

1. Es ist nicht einfach nur so daher gesagt, dass man sich bei einer »starken Sechs« auf der japanischen Erdbebenskala nicht mehr auf den Beinen halten kann.

2. Wenn man sich, wie angeraten, unter einer Tischplatte verschanzt, muss man darauf achten, dass zwischen Tischplatte und Kopfplatte genügend Platz ist, sonst aua. Beziehungsweise: aua ... aua ... aua ... aua ... und so weiter.

Mit ein bisschen Glück bleibt man von richtig schlimmen Erdbeben verschont. Einmal im Jahr bereiten wir ein Festessen aus unseren Notfallmahlzeiten, bevor deren Haltbarkeitsdaten ablaufen. Köstlich ist das nicht, aber man isst mit dem guten Gefühl: wieder ein Jahr rum, ohne dass wir sie gebraucht haben.

Anderen unangenehmen Naturerscheinungen wird man auch mit Glück nicht ganz entgehen können.

Ungebetener Besuch

Fragt einen in Tokio jemand nach der Lieblingsjahreszeit, und danach wird man eigentlich ständig gefragt, dann gehört es zum guten Ton zu sagen: »Herbst.« Alle lieben den Herbst. Die milden Temperaturen, an Tempeln, Schreinen und Palästen durch goldenes Laub wuscheln – herrlich.

Das allerdings sind vorgeschobene Gründe. Ich habe inzwischen herausgefunden, woran die rasende Popularität des Herbstes in Tokio und anderswo in Japan tatsächlich liegt: Die Kakerlaken werden langsamer. Sicherlich, die anderen Aspekte des Herbstes sind ebenfalls nicht zu verachten. Laub ist ja überall und sowieso schön, und wenn nach dem Ende des gefühlten Sommers, also circa Ende Oktober, endlich die Temperaturen ein klein wenig unter 30 Grad Celsius fallen, hat das etwas Wiederbelebendes. Selbstverständlich fröstelt es einen bei nur noch 27 Grad im Schatten ein wenig, doch das ist allemal angenehmer als das stündliche Hemdenwechseln während der warmen Monate.

Das hauptsächlich Erfreuliche am Herbst ist jedoch das schleichende Ende der Kakerlakenplage. Erst werden sie langsamer, dann verabschieden sie sich komplett in den ewigen Winterschlaf, um das Feld im nächsten Sommer der nächsten Generation zu überlassen.

»Bei uns gibt es Kakerlaken.« Dieses Eingeständnis klingt immer nach Makel. Da könnte man gleich zugeben, den Müll nur einmal am Tag runterzubringen, dumdidum, denn so was kommt von so was.

Es sind in und vor unserem Apartment schon an strategischen Plätzen Fallen aufgestellt, sogar sehr perfide. Sterbend schleppen die Kakerlaken das daraus aufgenommene Gift in ihre Kolonien und geben es über Ausscheidungen an die noch gesunden Artverwandten weiter. Chemische Kriegsführung in der Mietwohnung.

Doch irgendwie kommen trotzdem immer wieder welche unversehrt durch. Die finden einen Weg. Zuletzt hatte es eine am Hut meiner Frau rausgeschafft. Ich hatte die Kreatur zwar bereits während des Spaziergangs gesehen, sie aber lediglich für eine neue Brosche gehalten.

Kakerlaken sind faszinierende Kreaturen. Japaner verehren sie, unter anderem wegen ihrer Hartnäckigkeit und ihrer Saisonalität, so wie sie Kirschblüten wegen ihrer Zartheit und ihrer Saisonalität verehren. Respekt vor einem Tier heißt in Japan aber nicht zwangsläufig Respekt vor dessen Leben; die aufgeregten Wal- und Delfinversteher aus dem Ausland haben damit regelmäßig Verständnisschwierigkeiten. Die Kakerlake ist eine Gute, und am besten ist sie, wenn sie tot ist. Doch das ist gar nicht so leicht zu bewerkstelligen. Der Kampf gegen sie hat zwei entscheidende Phasen. Die erste ist die der Ortung und der Rückversicherung. Man muss die Frage klären: War das da gerade wirklich eine lebende Kreatur, die über den Wohnzimmerboden unter das Sofa schoss? Oder war es nur ein schwarzer Fleck auf der Netzhaut, eine optische Täuschung, vielleicht eine Quasihalluzination, eine gerechte Strafe für all die Giftstoffe, die man seinem Körper in den Flegeljahren beigebracht hat? Wahrscheinlich kommt man zu dem Schluss: Halluzinationen machen keine Tack-Tack-Tack-Tack-Geräusche auf Kunstparkett.

Ist die eventuelle Kakerlake zur Gewissheit geworden und in eine Ecke gedrängt, aus der es sogar für sie kein Entkommen gibt, folgt der eigentliche Kampf. Man kann es mit der männlichen Methode lösen: einfach drauftreten oder einen schweren Gegenstand verwenden. Man muss allerdings häufig treten oder einen sehr schweren Gegenstand verwenden. Und bald hat man eine Ahnung davon, warum sich Wissenschaftler weltweit einig sind, dass die Spezies Kakerlake die Spezies Mensch lange überleben wird.

Die spezielle Kakerlake im Wohnzimmer soll uns freilich nicht überleben. Nun sind die Viecher leider häufig so groß, dass sich schon gewisse Skrupel im Menschengewissen einschleichen: Das ist nicht irgendein Insekt, das ist ein richtiges Tier. Auf eine große Kakerlake draufzutreten ist fast so, als würde man auf eine kleine Katze treten. Würde man ja auch nicht tun, selbst wenn man kein Katzentyp ist.

Also macht man es auf die weibliche Art, sprich die Art meiner Frau. Sie hat ein Wundermittel in einer Sprühflasche, von dem sie sagt: »Das kannst du überall draufsprühen, sogar auf Babynahrung, ist völlig ungefährlich. Aber die Kakerlaken sterben davon.«

»Wenn es für die erhabene, zähe Kakerlake so gefährlich ist, möchte ich es lieber nicht auf Babynahrung sprühen. Wie soll das denn zusammengehen?«, wundere ich mich.

»Weiß ich nicht, irgendwas mit Alkohol halt.«

»Alkohol ist aber gar nicht gut für Babys.«

»Für Menschen ist dieser Alkohol ungefährlich ...«

»Kann ich mir nicht vorstellen. Wie ...?«

»Es ist eben so! Du musst es mir einfach glauben!« Jetzt erklärt sie mir die japanischen Hausmittelchen genauso, wie ich ihr immer die deutsche Grammatik erkläre.

Schließlich siecht die Kakerlake in einem feinen, stetigen Sprühnebel aus kindgerechtem Schnaps dahin. Ich hoffe, es ist ein angenehmer Tod. Es ist ja nicht persönlich gemeint. Ist Krieg ja nie.

Die Sprühflasche und ich sind mittlerweile unzertrennlich. Hoffentlich komme ich dennoch nie in Verlegenheit, damit auf Babynahrung losgehen zu müssen.

Kapitel

10

Endlich kein Wochenende

Das Kind hat Fieber, das Internet geht kaputt, der Strom fällt aus, und Schnaps ist auch keiner mehr im Haus. »So was passiert immer nur am Wochenende!«, klagt man in Deutschland. In Japan passiert so was ebenfalls immer nur am Wochenende. Macht aber nichts.

»WHY, GERMAN PEOPLE?!«

Im japanischen Fernsehen gibt es einen amerikanischen Komiker, der es den Japanern erlaubt, gleichzeitig über sich selbst und über seltsame Ausländer zu lachen. Catchphrase und Pointe seiner ansonsten in japanischer Sprache vorgetragenen Nummern ist ein mit einer Mischung aus gespielter Wut und Verzweiflung gerufe-

nes: »WHY, JAPANESE PEOPLE?!« Man kann nicht sagen, dass
dieser Komiker ausgesprochen komisch wäre, das ist allerdings im
japanischen Fernsehen ohnehin keine Voraussetzung. Er wirkt ein
bisschen wie das, was man hier einen Charisma-Mann nennt: ein
Ausländer, der in der Heimat privat und professionell nichts be-
wirkt hat, aber in Japan allein wegen seines Exotenbonus den Job
und das Mädchen bekommt. (Auf mich trifft das freilich nicht zu,
Charisma-Männer sind immer nur die anderen. Außerdem habe
ich hier keinen Job bekommen, ich musste ihn selbst mitbringen.)

Nichtsdestotrotz haben meine Frau Junko und ich den Kern-
satz seiner Komikroutine in unsere Konversationsrituale übernommen, so wie man auch schlechte Werbesprüche übernimmt:
Zuerst mit ironischer Distanz, doch unversehens setzen sich die
Worte in der alltäglichen Kommunikation fest, obwohl die Ironie
längst verflogen ist. Häufiger als in Japan kam uns der besagte Satz
in Deutschland über die Lippen, selbstredend in lokalisierter Variation: »WHY, GERMAN PEOPLE?!«

Besonders häufig mussten wir ihn rufen, wenn wir am Fahrstuhl unseres Münchner U-Bahnhofes ankamen und an der Tür
das »Außer Betrieb«-Schild baumeln sahen. Im Regelfall baumelte
es dort nicht schon wieder, sondern immer noch. Trat der Repara-
turbedarfsfall an einem Wochentag ein, war es durchaus möglich,
dass die Reparatur innerhalb von 24 Stunden erfolgte. Geschah
dies jedoch an einem Wochenende, und das Wochenende beginnt
bekanntlich ungefähr am Donnerstagabend, war man schon mal
bis Montag ohne Aufzug. Noch länger wurde die Wartezeit, falls
irgendwo eine unglückliche Feier-/Brückentagkombination um
die Ecke lauerte. Doch was soll man sich kleinlich aufregen, es
sind ja allenfalls Menschen mit Kinderwagen oder Rollstuhl, die
auf so einen Aufzug angewiesen sind. Sollen die doch zu Hause
bleiben und Kuchen essen.

In Japan wird alles sofort erledigt, ohne Rücksicht auf quasire-
ligiöse Fantasiekonstrukte wie »Wochenende«.

Doch bevor bei uns am Wochenende alles kaputtging, wurde kurz vorm Wochenende erst mal das Kind krank.

Meine Damen und Herren: der beste Vater der Welt!

Ich komme dafür wahrscheinlich in die Hölle, aber ich kann mir nicht helfen: Ich setze unsere Tochter Hana, zu diesem Zeitpunkt knappe zwei Jahre alt, am Freitagmorgen im Kindergarten aus und mache dann schnell die Fliege, obwohl ich so gut wie weiß, dass sie offiziell zu krank für den Kindergarten ist. Und mit »so gut wie« meine ich: Ich weiß es ganz sicher. Wir haben zum Glück ein sehr unzuverlässiges elektronisches Fieberthermometer. Man versucht es mit dem Messen einfach so oft, bis es die gewünschte Temperatur anzeigt. Als es an diesem Morgen endlich 0,1 Grad unter der offiziellen Kindergartenhöchstgrenze anzeigt, schnappe ich mir schnell das Kind und laufe los. Hana stört das häufige Fiebermessen nicht, im Gegenteil. Man hält das Thermometer sanft ins Ohr, nach Sekunden annonciert ein Piepgeräusch das abrufbare Ergebnis. Hana ruft begeistert: »Piep-piep!« (Ein Universalwort, das mindestens drei Bedeutungen in ihrer Sprache hat: 1. Fiebermessen fertig, 2. Vogel, 3. Nässe im Windelbereich.)

Um bei dieser Höllenfrage mildernde Umstände geltend zu machen: Ich liebe meine Tochter, doch ich habe nachvollziehbare Gründe, warum ich sie heute loswerden möchte. Ich muss ein bisschen was schreiben. Außerdem habe ich mich so drauf gefreut, endlich den Rest der neu restaurierten Fassung von *Horror Infernal* sehen zu können. Als Vater eines minderjährigen Kindes und als Ehemann einer weiblichen Frau kann ich bestimmte Meisterwerke der Filmgeschichte nur noch gestaffelt sehen, wenn ich sturmfreie Bude habe. Das hat zwar morgens mit Müsli und Kaffee nicht ganz denselben Eventcharakter wie abends mit Chips und Bier. Aber da sieht man mal, welche Entbehrungen ich für meine Familie auf mich nehme.

Glücklich im Kindergarten

Habe ich denn gar kein schlechtes Gewissen, meine kleine Tochter trotz erhöhter Temperatur in fremde Obhut zu geben? Nein, denn ich weiß: Genau das hätte sie gewollt, wenn sie komplexere Wünsche als »Piep-piep!« formulieren könnte. So glücklich, wie mich Tokio macht, so glücklich macht sie ihr Tokioter Kindergarten. Ich bin sicher, dass Hana mich ganz in Ordnung findet, wahrscheinlich liebt sie mich sogar. Allerdings nicht so sehr wie ihre Kindergärtnerinnen. Andere Kinder, die diesen Kindergarten schon viel länger besuchen als Hana, führen allmorgendlich beeindruckende Abschiedsdramen auf, aufwendige Choreografien aus Ausbruch- und Fluchtversuchen, Hals- und Beinumklammerungen, bombastisch orchestriert von Schreien, Weinen und Flehen. Bei Hana hatte die Lust an diesem Drama ungefähr zwei Tage angehalten, danach war ich Luft für sie, sobald sich die Schiebetür zum internationalen Kindergarten öffnete und wir Ayumi-sensei quieken hörten: »Good morning, Hanaaa!!!«

Ayumi-sensei hat es Hana besonders angetan, mitunter fragt sie sogar abends und am Wochenende nach ihr, mit derselben Selbstverständlichkeit, mit der sie nach Oma, Opa, Tante fragt. Vielleicht müssen wir Fräulein Ayumi adoptieren. Ayumi-sensei ist Vollblutkindergärtnerin. Sie spricht mit jedem Menschen so, als sei er erst zwei Jahre alt oder als sei sie selbst nicht älter. Ich mit 46 muss mich daran erst gewöhnen, aber Hana gefällt's. Und ich freue mich inzwischen auch darauf, sie zweimal am Tag, beim Bringen und Holen Hanas, flöten zu hören. Manchmal tut es ganz gut, wie ein Zweijähriger behandelt zu werden. (Ich habe Ayumi-sensei übrigens bei Kindergartenveranstaltungen mit Elternbeteiligung öfter heimlich beobachtet. Nicht aus voyeuristischer Obsession, sondern weil ich den Moment erhaschen wollte, an dem sie, vermeintlich unbeobachtet, ihre Maske fallen lässt. Dieser Moment kam nie. Sie stellte zwar bisweilen das Strahlen ein. Allerdings nur, um hochkonzentriert den nächsten Kinderspaß vorzubereiten. Begeisterung für die Sache war ihr dann genauso anzumerken wie in den Momenten, in denen sie quiekend und flötend über den Turnhallenboden hüpfte.)

Spreche ich hier von Kindergarten, dann meine ich eigentlich eine Mischung aus Kindergarten, Kita und Vorschule. Staatliche Kitaplätze werden einem in Japan leider nicht so fraglos hinterhergeworfen wie in Deutschland. Einen Anspruch auf einen mittelprächtigen Platz auf der Warteliste hat eigentlich nur, wer mindestens kriegsversehrt, alleinerziehend und nachweislich vollbeschäftigt ist. Junko hat eine nachweisbare Vollbeschäftigung, ich allerdings bin nur Schriftsteller, was bekanntlich kein richtiger Beruf ist. Zumindest nicht, wenn man sich Bürokraten erklären muss oder seinen Eltern. Ich hatte zuerst auch gedacht, ich könnte die Kinderbetreuung neben der Arbeit selbst erledigen. Geht aber nicht. Das Kind findet die Vorstellung, mich brav vom Boden anzuhimmeln, während ich schreibe, nicht so attraktiv wie ich.

Bei der Vergabe der staatlichen Kitaplätze bekommt man für jedes schwere Los eine gewisse Punktzahl, und die Eltern mit den meisten Punkten gewinnen. Als schweres Los gilt auch, sein Kind eine Zeit lang in eine teure private Kita schicken zu müssen. Genau das ist es, was wir gerade tun. Eigentlich wollten wir mit dem Luxuskindergarten nur Punkte sammeln, um Hana später in eine schnöde staatliche Kita abzuschieben. Aber machen wir uns nichts vor – wir können uns ein Leben ohne Ayumi-sensei nicht mehr vorstellen. Außerdem hat man uns versprochen, dass aus Hana eine zukünftige Entscheiderin und Führungspersönlichkeit wird, wenn sie sich dort fünfmal die Woche englisch beflöten lässt. Spätestens dann bekommen wir das Geld wieder rein.

Aber wohl nicht mehr heute. Und aus meinem dringend notwendigen Filmvormittag wird auch nichts. Gerade als in glorreichem HD der alte Mann seine Katze ertränken will, von Ratten angegriffen und schließlich vom dämonisch besessenen Hotdog-Verkäufer geköpft wird, fällt mir vor Schreck fast das Müsli aus dem Mund, weil das Telefon klingelt. Es ist Junko. Der Kindergarten habe sie im Büro angerufen, Hana müsse abgeholt werden, sie sei zu krank, sie hänge nur so rum. Können die mich nicht direkt anrufen? Müssen die petzen? »Hast du denn kein Fieber gemessen?«, fragt Junko, nicht ganz vorwurfsfrei.

»Selbstverständlich! Mehrfach! Ihre Temperatur lag eindeutig unter der Grenze!«

Trotzdem muss ich sie abholen. Es scheint ihr nicht im eigentlichen Sinne schlecht zu gehen, sie beklagt sich nicht, lächelt mitunter, ist ansprechbar und anschmiegsam, nimmt Nahrung auf. Doch es stimmt schon: Sie hängt nur so rum. Das ist extrem untypisch. Im Normalzustand ist sie ein ungemein aktives Kind, das finden auch unabhängige Beobachter. Nach einem Nachmittag mit Hana sind schon erfahrene Mehrlingsmütter zusammengebrochen und haben geächzt: »Ist die eigentlich immer so?«

Ja, die ist immer so. Außer heute. Als Junko gegen sechs Uhr von der Arbeit nach Hause kommt, findet sie Hanas Mangel an Krawallbereitschaft so beängstigend, dass sie mit ihr zum Arzt möchte.

»Es ist schon fast sechs am Freitagabend. Ich glaube nicht, dass wir das noch schaffen«, sage ich.

»Ich rufe an.«

Das tut sie. Danach frage ich: »Was haben sie gesagt?«

»Sie haben sich sehr entschuldigt.«

»Wusste ich es doch.«

»Sie haben sich sehr entschuldigt, dass sie uns erst um 18.45 drannehmen können.«

»Oh.«

Wir müssen uns sputen, rechtzeitig zur Praxis zu kommen, denn wer zu spät kommt, muss Strafe zahlen. Dafür garantiert der Arzt seinerseits Pünktlichkeit in der Abfertigung. Seine Diagnose stimmt im Wesentlichen mit der Ferndiagnose meiner Mutter überein, die ich am Nachmittag eingeholt hatte (»Ach, du hattest auch ständig Fieber! Das schadet nicht.«): Ist nicht weiter schlimm, solange es nicht schlimmer wird. Und falls es schlimmer wird, sollten wir am Wochenende wieder vorbeikommen.

Wo brennt's?

Am Samstag geht es ihr schon wieder zu gut, was sich vor allem darin zeigt, dass sie bereits, wie gewohnt, um fünf Uhr morgens unwiderruflich aus dem Schlaf hochschreckt und ohne ein Wort des Grußes »Biene Maja!« verlangt. Junko und ich kuratieren die Folgen schichtweise, damit zumindest einer jeden zweiten Tag ein kleines bisschen Schlaf bekommt. Heute hat Junko Frühschicht.

Nichtsdestotrotz werde ich kurze Zeit, nachdem die Damen den Raum verlassen haben, geweckt. Von einer Stimme, die ich nicht kenne. Es ist eine Stimme aus einem Lautsprecher. Zuerst habe ich den Eindruck, die Stimme wäre direkt in unserer Wohnung. Allerdings haben wir für japanische Verhältnisse nur sehr wenige sprechende Haushaltsgeräte. Genau genommen ist unter unseren Maschinen nur die Klimaanlage der Sprache mächtig. Nach Inbetriebnahme informierte sie uns freundlich und regelmäßig über jeden Meilenstein in unserer Stromverbrauchshistorie und die damit verbundenen Kosten. Diese Funktion haben wir allerdings ausgestellt, wir lassen uns lieber überraschen, wenn die Rechnung kommt.

Die Stimme muss also von draußen kommen. Womöglich ein Lautsprecherwagen mit einer politischen Botschaft oder einer Katastrophenwarnung. Ich beschließe, die Stimme zu ignorieren. Seit Hana auf der Welt ist, bin ich ein Meister darin geworden, akustische Unpässlichkeiten zu ignorieren, wenn ich schlafen möchte. Ich erinnere mich fast gern an die Phase, in der das Kind nur bei einem von einer Smartphone-App simulierten Staubsaugergeräusch in ohrenbetäubender Lautstärke schlafen konnte (Säuglingsversteher sagen, dass es wohl so oder ähnlich im Mutterleib geklungen haben muss). Es war ein Schlafen wie auf dem Flughafenrollfeld, man konnte sich dran gewöhnen. An diese Stimme kann ich mich ebenfalls gewöhnen. Sollte die Durchsage etwas Wichtiges enthalten, wird mich schon die Stimme meiner Frau wecken und nicht irgendeine weibliche Stimme, die ich noch nie zuvor gehört habe.

Etwas seltsam ist aber schon, dass diese Stimme gar nicht mehr aufhört. Wäre es ein Lautsprecherwagen, müsste der doch mal weiterfahren. Dafür, dass es in Tokio so viele Menschen gibt und viele von diesen vielen Menschen Autos haben, hält sich das Verkehrschaos in Grenzen. Insbesondere samstagsmorgens zwischen fünf und sechs halte ich einen Stau vor unserer Haustür für unwahrscheinlich.

Wenn ich es mir genauer überlege (das Anstellen genauer Überlegungen ist leider kein gutes Zeichen im Kampf gegen das Aufstehen): Samstagsmorgens zwischen fünf und sechs ist es ebenfalls unwahrscheinlich, dass ein Promotionskraftfahrzeug durch die Nachbarschaft krakeelt. Denen, die hinter der Werbebotschaft stecken, muss doch bewusst sein, dass sie mit einer solchen Aktion zu einer solchen Uhrzeit potenzielle Käufer oder Wähler eher gegen ihre Sache aufbringen, als sie für sie zu gewinnen. Und wäre es wirklich eine ernst zu nehmende Katastrophenwarnung, hätte mich längst meine Frau oder die Erde vom Futon geschüttelt.

Verstehe einer die Japaner. Ich entscheide mich in diesem Fall ausnahmsweise dafür, sie nicht zu verstehen. Dabei könnte ich, vielleicht, wenn ich wollte. Die Stimme spricht deutlich, langsam und freundlich.

Jetzt gesellt sich auch noch eine männliche Stimme hinzu. Sie klingt mechanischer als die angenehme weibliche Stimme, was an ihrer Männlichkeit liegen mag. Sie sagt: »*Kaji desu. Kaji desu. Kaji desu.*« Und immer so weiter. Das verstehe ich, ohne mich darauf konzentrieren zu müssen. »Es brennt. Es brennt. Es brennt.« Das habe ich aus dem süß illustrierten Brandfallverhaltensmanga gelernt, das mir das Ortsamt zur Begrüßung geschenkt hat. Ich habe es allerdings nicht ganz gelesen, weil ich mir dachte: Kann ich später machen, jetzt brennt es ja nicht.

Es brennt!

Selbst wenn die Stimme nicht aus unserer Wohnung kommt und nicht unsere Wohnung meint, sollte ich mir das doch besser anschauen. Das Feuer muss schließlich ganz in der Nähe sein, und Feuer können übergreifen.

Im Wohnzimmer ist kein Feuer, sondern Junko, die in Bedienungsanleitungen vertieft ist und gelegentlich auf Knöpfen unserer Gegensprechanlage herumdrückt, ohne eine Änderung der Situation herbeizuführen. »Das ist der Feueralarm!«, informiert sie mich. »Er hört nicht auf!«

»Ist das nur bei uns oder im ganzen Haus?«

»Keine Ahnung. Ich glaube, nur bei uns.«

»Aber es brennt nicht?«

»Nein, ganz sicher nicht. Das ist falscher Alarm.«

»Hat Hanas Fieber ihn ausgelöst?«

»Ich bin jetzt nicht zu Scherzen aufgelegt.«

»Ich gehe lieber raus.«

Im Außengang unseres Wohnhauses ist die Luft rein. Zumindest ist da kein Rauch oder Qualm. Ebenso keinerlei Anzeichen von Alarm aus einer der anderen Wohnungen. Der in unserer ist allerdings sogar von außen nicht zu ignorieren. Nicht nur wegen des Tons, sondern auch wegen des blinkenden Rotlichts an unserer Tür. Wie überaus unangenehm.

Ich kehre in unsere Wohnung zurück und berichte. Gleich darauf klingelt es an der Tür. Kein Bild auf dem Bildschirm, der den Eingangsbereich des Hauses ausspioniert, also steht die Person bereits vor der Wohnungstür. Sie stellt sich als Techniker in Helm und Blaumann heraus.

Er fragt, ob es bei uns brenne, und ist beruhigt, als er erfährt, dass dem nicht so ist. Er geht von Zimmer zu Zimmer und überprüft die Rauchmelder. Er findet nichts Verdächtiges. Er überprüft die Gegensprechanlage, die mit dem Feueralarmsystem verbunden ist. Dort wird der Fehler sein. Ist er auch, obgleich nicht sofort ersichtlich ist, um welchen Fehler es sich handelt. Je mehr der Techniker an der Anlage herumfummelt, desto lauter wird der Alarm. Außerdem kommen neue Warnmeldungen hinzu, die wir noch gar nicht gehört hatten und die sich nun ebenfalls nicht mehr abstellen lassen. »Ich muss jemanden von der Firma rufen«, sagt er.

Ich möchte sagen, dass das ja heiter werden könne, es sei schließlich Samstag, und ich glaube nicht, dass wir zwei Tage mit diesem Lärm ... aber bevor ich den Satz beendet habe, steht der herbeigerufene Spezialtechniker schon in der Tür. Nun wird zu zweit geschraubt und getuschelt, und man kommt überein, dass man immer noch nicht wisse, woran es liege. Man könne die Anlage ganz abschalten, dann würden wir zwar die Klingel nicht mehr hören und müssten uns drauf verlassen, dass es nicht wirklich mal brennt, aber zumindest höre der Krach auf.

Wir willigen in diese Übergangslösung ein und setzen zur Verabschiedung der beiden freundlichen Techniker an.

Nein, nein, so war das nicht gemeint. Sie müssten unbedingt bleiben, bis das Problem gänzlich behoben sei. Nicht nur wegen Gesichtsverlust, sondern auch, weil durch das Abschalten unserer Anlage nun der elektronisch gesteuerte Haupteingang des gesamten Wohnhauses mit seinen rund 200 Parteien sperrangelweit offen steht und sich nicht mehr schließen lässt. It's not a bug, it's a Sicherheitsfeature.

Im Verlaufe des Tages kommen weitere Techniker weiterer Spezialgebiete hinzu, es wird innen und außen geschraubt, wir nehmen derweil auf dem Sofa Platz und betrachten das Geschehen um uns herum, als wäre es Fernsehen. Müssen wir auch, denn vorübergehend fallen durch die Arbeiten auch Internet und sonstiger Strom aus. Ich mache mir emsig handschriftliche Notizen.

»Was schreibst du denn da?«, fragt Junko.

»Über den Feueralarm und alles, was danach geschah.«

»Poste es bitte nicht auf Facebook.«

»Wo denkst du hin! Das ist für das Glücklich-in-Tokio-Buch.«

»Der Feueralarm macht dich glücklich?«

»Der Feueralarm als solcher hat mich eher unglücklich gemacht, ich wollte ja schlafen. Aber wie die Sache hier sofort geregelt wird, macht mich glücklich. In Deutschland hätten wir heute nicht nur keinen Techniker bekommen, wir hätten gar nicht erst einen erreicht. Und wenn doch, dann nur zum Wochenend-Astronomie-Tarif. Hier mussten wir nicht mal einen erreichen, der kommt einfach von selbst. Und bezahlen müssen wir ihn auch nicht. Wir müssen den doch nicht bezahlen, oder?«

»Natürlich nicht. Ist schließlich nicht unsere Schuld, dass die Anlage kaputt ist.«

»Das ist die richtige Einstellung.«

»Mich macht das trotzdem nicht glücklich. Das dauert alles ewig, und wir müssen die ganze Zeit hierbleiben. Unser Samstag ist hin.«

»Hana muss sich noch schonen, und du bist auch ein bisschen angeschlagen. Weit wären wir heute sowieso nicht gekommen. Das ist genau die Art von Samstag, die ich verordnet hätte, hätte ich hier was zu sagen.«

Als die Arbeiter mit ihrer Arbeit so weit zufrieden sind, dass sie uns aus freien Stücken verlassen, ist die Sonne bereits untergegangen. Als wir nach dem gemütlichen Teil des Abends mit fremder Gesellschaft zum gemütlichen Teil des Abends ohne fremde Gesellschaft übergehen wollen, stellen wir fest, dass wir gar nichts Gemütliches mehr zu trinken oder zu knabbern im Haus haben. Es geht bereits auf Mitternacht zu, und viele Läden in Japan schließen tatsächlich um 20 Uhr herum.

Aber der Lebensmittel- und der Spirituosenhandel natürlich nicht. Wie käme man auch drauf?

Was (danach) wirklich geschah

Ich muss gestehen: Ich wollte es mir leicht machen. Allzu leicht. Der vorangegangene Absatz sollte der letzte dieses Kapitels sein. Schließlich ist es mein Ziel, Tokio und die guten Menschen von Tokio so vorteilhaft wie möglich zu zeichnen. Ich wollte verschweigen, dass nicht alles so einfach war. Dass am Samstag nicht alles vorbei war. Dass sich die Reparaturen in Wirklichkeit bis zum Nachmittag des Mittwochs der folgenden Woche hingezogen hatten. Dass sogar meine engelsgleiche, von deutscher Dienstleistungserfahrung gestählte Geduld auf eine harte Probe gestellt wurde, von Junkos Geduld ganz zu schweigen.

Man fand einfach nicht heraus, woran es lag. Bis man es doch tat, was das Problem zunächst verkomplizierte. Bis sich doch schlagartig eine Lösung fand.

Das Problem: Ein austauschbares Teil war defekt.

Das Problem des Problems: Man konnte es gegen nichts mehr austauschen, denn unsere Alarmanlage war genauso alt wie der Altbau drumherum (Fertigstellung 1999, also letztes Jahrtausend). Nicht mal Ersatzteile wurden noch hergestellt.

Die Lösung des Problems: Irgendwann nahm einer der Techniker, die seit Tagen und Nächten in unserer Wohnung ein und aus gingen (nicht ohne jedes Mal in Rekordzeit ihre Schuhe aus- beziehungsweise anzuziehen) all seinen Mut zusammen und rief den allerobersten Chef der Alarmanlagenfirma an, ob er nicht Rat wisse. Vielleicht gab es ja die Pressformen noch.

Der alleroberste Chef war ganz begeistert von unserem Problem. Er verfügte über eine große private Sammlung antiker Alarmanlagen, liebevoll gepflegt und voll funktionstüchtig, und unser

Modell war dort ebenfalls gesammelt. Er versprach, das entsprechende Teil dort auszubauen und persönlich bei uns vorbeizubringen, sobald sein Terminkalender es erlaube.

Als der Zeitpunkt gekommen war, sprang er in unserer Wohnung sofort aus seinen Schuhen heraus und in eine Verbeugung hinein, aus der er erst hochkam, als ich mit tröstenden Worten die Schuld von ihm nahm. Da hatte er Glück, dass ich allein in der Wohnung war. Junko hätte ihn wahrscheinlich länger unten gelassen.

Inzwischen funktioniert unsere Alarm- und Klingelanlage mit dem Teil vom Chef wieder I a. Das vielköpfige Technikerteam hat unsere Wohnung wieder verlassen, um anderswo andere glücklich zu machen.

Teil 3

Essen & trinken

**Von Haarschnittmädchen und Eulen,
Süßkartoffel-Ale und Infernosuppe, Geheimtipps
und anderen Touristenfallen**

Kapitel

11

Im Bann brauner Bohnen (und der Haarschnittmädchen)

Die gastronomische Globalisierung macht auch vor dem relativ kleinen Einkaufszentrum an meinem bescheidenen Heimatbahnhof nicht Halt. Tatsächlich treibt sie gerade dort allzu übertrieben ihre Blüten. Sucht man seine Ehefrau, die sich gerade irgendwo im Einkaufszentrum befindet, ergeben sich am Telefon schon mal Dialoge wie dieser:

»Wo bist du gerade?«

»Am Starbucks.«

»An welchem? Der am Nordausgang oder der am Südausgang?«

Dabei sind es nicht nur die bösen großen ausländischen Kaffeehausketten, die es mit der Bestückung der Stadt mit ihrer Corporate Identity übertreiben. Neulich saß ich in einem Geschäft der Kette Tully's, die ursprünglich zwar ebenfalls aus den USA stammt, allerdings nur in Japan durchschlagenden Erfolg hatte (womöglich wegen des überdurchschnittlich guten Mittagstisches; gutes Essen funktioniert in Japan immer) und inzwischen als so japanisch angesehen werden darf wie Sashimi. Ich hatte einen Fensterplatz und eine tolle Aussicht – und zwar auf die nächste Tully's-Filiale genau gegenüber.

Erstaunlich, dass es in Tokio überhaupt noch Cafés gibt, die nicht Teil eines international operierenden Großkonzerns sind. Gibt es aber, und sie werden eher mehr als weniger. Es scheint, als mache jeder, der über eine Kaffeemaschine und ein Stückchen einer Immobilie verfügt, ein Café auf. Und das ist auch gut so.

Eine diskrete Nachricht von Ihrer Bedienung

Sobald im Café Itohya meine Bestellung von freundlichen Phrasen begleitet auf meinen Tisch gestellt wird, wird dezent auch die Rechnung dazugelegt. So, wie es üblich ist. Mit dem Protokoll des Bestellten und der Zahlungsforderung nach unten. Ebenfalls so, wie es üblich ist. Unüblich ist, dass die Seite, die meinem Blick zugewandt ist, nicht komplett blütenweiß strahlt. Eine Uhrzeit ist dort handschriftlich notiert, in hauchfeiner Schrift: 10.45. Ich sehe auf meine Uhr: zehn nach neun. Sie haben mir fünf Minuten geschenkt.

Das Café Itohya gibt es laut Selbstauskunft seit 1952, allerdings wahrscheinlich nicht an dem Ort, an dem es heute steht. Ich schätze den in zackigen Wellen angelegten roten Backsteinbau an einer steilen, viel befahrenen Straße unweit des Bahnhofs Meguro auf ein Baujahr, das in den Achtzigern liegt. Für japanische Verhältnisse ist es dadurch freilich bereits ein denkmalschutzwürdiger Altbau. Vermutlich ist er schon für die Anerkennung als UNESCO-Weltkulturerbe nominiert, genauso wie jedes andere Gebäude im Land. Das dafür zuständige japanische Gremium setzt jedes Bauwerk und jedes Brauchtum auf die Liste, die ihm unter die Nasen kommen. Versuchen kann man es ja mal, und erstaunlich oft kommt man damit durch. Die Komplettmusealisierung des Landes ist nur noch eine Frage der Zeit.

Ich gehe aus vielen Gründen gern in dieses Café, und drei dieser Gründe sind Hauptgründe. Der eine ist der, dass Kaffee hier ernst genommen wird, aber nicht zu ernst. Es gibt drei Sorten Hauskaffee (einen bitteren, einen sauren, einen milden) und eine wechselnde Tagesspezialität. Bei aller Ernsthaftigkeit muss kein Kunde Angst haben, dass der Barista mit seinen Reagenzgläsern und seinem Bunsenbrenner an den Tisch kommt, um vom künstlerischen, wissenschaftlichen und meditativen Anspruch seines Handwerks zu schwadronieren. So etwas wird in Tokios Cafés auch gemacht. Tatsächlich wurde es in Tokios Cafés bereits gemacht, bevor es überall von Buenos Aires bis Bielefeld gemacht wurde. Aber nicht im Café Itohya. Der zweite Grund, warum ich gerade hier oft und gern meinen Kaffee trinke (meistens den milden, man wird ja nicht jünger), ist der, dass das Café in unmittelbarer Nähe des Kindergartens liegt, in dem ich meine Tochter täglich abgebe, um fünf Stunden Erwachsenenqualitätszeit verbringen zu dürfen. Und wo könnte man damit besser beginnen als in einem ernsten, aber nicht zu ernsten Café? Zumal dort auch noch gutes Frühstück gereicht wird, Hauptgrund Nummer drei. Und mit »gut« meine ich »ausreichend und einigermaßen appetitlich«. Es scheint, als hätten die Japaner jede Mahlzeit und jede Speise, Eigenkreationen wie Importe, akribisch perfektioniert. Nur am Frühstück sind sie bislang gescheitert (siehe dazu auch Kapitel 18). Für das traditionelle japanische Morgenmahl aus Fisch, Misosuppe und Reis haben die meisten Japaner heute nicht mehr die Muße. Doch ist keine vernünftige Alternative an seine Stelle gerückt. Die »Morning Sets«, die es für wenig Geld in den meisten Cafés gibt, sind aus gutem Grund so billig: Viel mehr als eine armdicke Toastscheibe, in deren Mitte sich ein kleiner Klecks Schmelzkäse verliert, ist nicht zu erwarten. Im Itohya kommt man um Toast und Schmelzkäse ebenfalls kaum herum (alternativ

Chili-Dog-Set, ist nicht jedermanns Sache frühmorgens), allerdings wird hier mit mehr Liebe (und überhaupt mit mehr) belegt und getoastet.

Man könnte nun annehmen, ich hätte enormes Glück mit dem Umstand, dass der gute Kindergarten und das gute Café so dicht beieinanderliegen. Ich halte es nicht für Glück, ich halte es für nahezu selbstverständlich (abgesehen von der Sache mit dem Frühstück). Wäre es das Itohya nicht gewesen, wäre es halt ein anderes geworden. Kaffee wird in Japan genauso gern getrunken wie Nudelsuppe gegessen. Entsprechend ist es ebenso leicht, ein gutes Café zu finden wie ein gutes Nudelsuppenlokal. Und für beides gilt: Selbst falls man kein gutes findet, sind die mittelmäßigen, die es an jeder Ecke mehrfach gibt, immer noch gut genug. Zur Not tut es eben auch ein Tully's, ein Doutor, ein Excelsior, ein Saint Marc, ein Moriva, und wie diese ganzen Kettengeschäfte heißen. Ein Artikel in einem Onlinemagazin hatte einmal 20 Caféketten ausgemacht, die in Japan operieren. Einige davon waren mir unbekannt, gleichwohl bemerkte ich meinerseits ohne längeres Grübeln mehrere Auslassungen. Die Dunkelziffer wird noch höher sein, als der Listenverfasser und ich ahnen.

***

Meine gesamten fünf Stunden Erwachsenenqualitätszeit kann ich im Itohya nicht verbringen, Grund ist eben die handschriftliche Botschaft auf dem Rücken der Rechnung. Es handelt sich um die Uhrzeit, zu der ich spätestens mein Tischchen zu räumen habe.

90 Minuten darf man im Café verbringen, so steht es an jedem Platz auf kleinen Schildern zu lesen, die so dezent wie unübersehbar sind. Eineinhalb Stunden sind eine anständige Zeit, finde ich, da fühle ich mich nicht sonderlich unter Druck gesetzt. Ich sitze gern mal ein bisschen länger, aber gar so lang nun auch wieder nicht. Ich denke jedenfalls nicht daran, wegen dieser Regel wut-

entbrannt aufzustehen, meinen Hut zu nehmen und im Hinaus-
stürmen noch »Nazis!« zu rufen. Tatsächlich fand ich es schon bei
meiner allerersten Ankunft auf japanischem Boden vor knapp 20
Jahren erstaunlich, wie lange Japanerinnen und Japaner bisweilen
in Cafés und Schnellrestaurants verweilen, lesend oder schlafend,
ohne Verzehr und offenbar ohne Gewissensbisse. Und ohne hin-
auskomplementiert zu werden. Ich fand das einerseits drollig und
gastfreundlich, andererseits kam in mir die deutsche Krämerseele
hoch, und ich dachte mir nicht selten: Also, wenn das mein
Schnellrestaurant wäre, dann müssten diese Leute ganz schnell
mindestens noch eine kleine Tüte Pommes bestellen, sonst flögen
sie achtkantig raus.

Glücklicherweise habe ich in dieser Angelegenheit aber gar
nichts zu melden. Eigentlich ist es schön, Japaner mal lange sitzen
zu sehen, man gönnt es ihnen. Schließlich sieht man sie sonst vor
allem rumrennen.

Zeitreise mit Heißgetränk

Ob das Itohya nun seit 1952 genau dort steht, wo es heute steht,
oder nicht – es hat sich auf jeden Fall einen altmodischen Charme
bewahrt, der genau auf der Höhe der Zeit ist. Die Einrichtung ist
schwer und braun, ein Traum aus abgewetztem Holz und stump-
fem Messing, sie atmet den Geist der Showa-Zeit. Und die Showa-
Zeit, die am siebten Januar 1989 endete, ist gerade sehr angesagt.
Eher als in Jahrzehnten werden im beständigen Japan kulturelle
und ästhetische Flausen in Regierungszeiten der Kaiser gerech-
net. Showa (erleuchteter Frieden) ist der posthume Name von
Kaiser Hirohito, im Amt von 1926 bis eben 1989. Die moderne
Schwärmerei für diese Epoche bezieht sich weniger auf das von Japan verursachte und erlittene Elend im Zweiten Weltkrieg, als
vielmehr auf den rasanten Wiederaufbau und die fetten Jahre des

Wirtschaftswunders danach. Für viele geht es selbstverständlich um das nostalgische Erinnern an die eigene Jugend (man geht auf Showa-Partys, wie man anderswo auf Achtzigerjahre-Partys geht). Doch auch Spätgeborene können sich der Showa-Nostalgie, die für sie eine Phantomnostalgie ist, nicht entziehen. Dasselbe gilt für Ausländer, die zwar das angemessene Alter haben, zu entsprechender Zeit jedoch noch ganz woanders waren. Leute wie ich also. Gern sitze ich mit den anderen Greisen in unseren Holz- und Messingcafés und erörtere, wie in der Showa-Zeit alles besser war. Die Filme und die Musik zum Beispiel. Ich meine nicht die großen filmischen Meisterwerke von Ozu oder Kurosawa. Meisterwerke gibt es immer, die kann man getrost vernachlässigen. Die Gesundheit einer Filmnation misst sich an ihrer B-Ware, ihrem reue-, hemmungs- und skrupellosen Unterhaltungskino. Da ist die heutige japanische Filmlandschaft das reinste Ödland. Auf der einen Seite infantiler, liebloser Trash im Wortsinne, der einen circa fünf Minuten lang gut unterhält und dann ein Leben lang langweilt. Auf der anderen Seite noch lieblosere Hochglanzproduktionen, Pseudoblockbuster ohne Chancen auf dem internationalen Markt, reine Vertragserfüllungsarbeiten für die austauschbaren Gesichter der großen, mafiös operierenden Talentagenturen. Und in der Showa-Zeit? Godzilla! Und alle seine Freunde und Feinde aus den Tiefen des Meeres und des Weltalls! Oder die ästhetisch und substanziell weltweit absolut unvergleichlichen Frauengefängnis-Rache-Schocker der *Sasori*-Serie (das heimliche, eigentliche, wahre Meisterwerk des japanischen Kinos – vergesst *Rashomon* und *Die Reise nach Tokio*)! Nicht zu vergessen die reißerischen Yakuza-Epen von Kinji Fukasaku (der heimliche, eigentliche, wahre Meisterregisseur des japanischen Kinos – vergesst Kurosawa und Ozu)!

Die japanische Popmusik hatte ihren kommerziellen und künstlerischen Höhenflug in den Neunzigern, also knapp Post-Showa, doch bereits in den Achtzigern und früher wurde der Kurs aufgenommen, und nicht wenige (zum Beispiel ich und die ande-

ren Mitglieder meines Seniorenmeckerclubs) finden, dass ein bisschen mehr Bodennähe dem J-Pop ganz gutgetan hatte und dass
die backfischhafte Naivität der jungen Pioniere attraktiver war als
die erwachsene, abgeklärte Professionalität der perfekten Neun-
zigerjahre-Superstars und aufrichtiger als die inszenierte backfischhafte Naivität, mit der heute wieder Mädchenbands wie
AKB48 oder Babymetal zu punkten versuchen (und es durchaus
tun). Möglicherweise war die backfischhafte Naivität von früher
genauso inszeniert, wie es die von heute ist. Doch messerscharfe
Analyse ist nun keines der Instrumente, mit denen Nostalgie ope-
riert.

Bitte verzeihen Sie vielmals den Exkurs, aber über einer guten
Tasse Kaffee kommt man leicht vom Thema ab.

***

Das Café Itohya spielt selbstverständlich Musik aus der Showa-
Zeit, allerdings meist nicht die, die man erwartet. Wie jedes vernünftige Café stellt es den Musikgeschmack der Betreiber zur
Schau, Musikanlage und CD-Sammlung sind einsehbar. Für ein
waschechtes Showa-Café gehört sich eigentlich die Vinylschall-
platten-Auslage, doch sind in einer Zeit, in der DJs mit kaum
schwererem Gepäck als einem Telefon voller Playlists reisen,
Compact Discs wohl Showa genug. Am prominentesten platziert
sind die Cover, die am besten zum nostalgischen Interieur passen:
Rock'n'Roll- und Jazzaufnahmen der Sechziger. Manchmal werden die sogar gespielt. Meistens jedoch läuft die Art von Pop-
Rock-Powerballaden, gegen die wir in den Achtzigern auf die Straße gegangen sind, in unseren Alien-Sex-Fiend-T-Shirts. Die Art
von Rock-Pop-Powerballaden, die wir heute ganz gern hören (gut,
vielleicht nicht wir, vielleicht nur ich). Aus nostalgischen Gefühlen für etwas, das wir damals wegen jugendtypischen Geschmacks-
dogmatismus versäumt beziehungsweise nicht zugelassen haben.

In neuer, erwachsener Anerkennung der durchdachten Arrangements und der produktionstechnischen Perfektion. Auch so kann und darf sich aufrichtige Leidenschaft manifestieren, drei Akkorde in der Garage haben kein Monopol auf Ehrlichkeit.

Die Frau, deren Zeit abgelaufen war

Nachdem ich zum ersten Mal im Itohya gefrühstückt hatte, erzählte ich gleich am Abend meiner Frau voller Begeisterung von der 90-Minuten-Regel. Ein bisschen befürchtete ich, dass sie nur mit der Schulter zucken und mich darüber aufklären würde, dass das in Japan ganz normal wäre, es sei mir wohl bloß nie aufgefallen. Zu meiner Erleichterung war sie ebenfalls verwundert und fasziniert. Sie stellte die Frage, die ich mir selbst schon gestellt hatte: »Was passiert, wenn jemand immer wieder etwas bestellt? Muss der dann trotzdem gehen?« Ich sollte die Antwort bald erfahren.

Die junge Frau am Nebentisch saß bereits dort, als ich den Laden betreten hatte. Sie wirkte da schon sehr vertieft in die Dinge auf ihrem Laptop, wird also bereits eine Weile auf ihrem Platz verbracht haben. Genau jetzt würde sie gern noch einen Kaffee trinken, und zwar die Tagesspezialität. Doch ihre Zeit ist abgelaufen. Darauf weist die Bedienung mit sanfter Stimme und den zu erwartenden Entschuldigungsfloskeln hin. Bei aller Sanftheit und Entschuldigung ist klar, dass Widerspruch nicht geduldet wird. Wenn die 90 Minuten um sind, dann sind sie um. Selbst wenn man Kaffee um Kaffee gutes Geld zahlt, anstatt sich listig am Gratiswasser festzuhalten. Vor der Uhrzeit auf dem Zettel sind alle gleich.

Die Kundin entschuldigt sich ebenfalls wortreich, klappt den Laptop zusammen und räumt eilig den Platz.

Bleibt die andere Frage, die meine Frau und mich umtreibt: Was passiert, wenn einer nach 90 Minuten bezahlt, kurz rausgeht und wieder reinkommt?

Heute werde ich es nicht erfahren. Die Frau bleibt weg, und ich darf ohnehin noch sitzen bleiben. Auf einen Kaffee oder eine leere Tasse, ich habe eine weitere halbe Stunde zur freien Verfügung. Mehr als genug Zeit für eine weitere Tasse Milde Sorte und ein letztes Mal Schwelgen in *Total Eclipse of the Heart*. Ein letztes Mal für heute.

Japanische Kaffeehauskultur: Eine kurze Geschichte von allem (oder immerhin von Bohème, Sündenfall, Arbeitskampf und Haarschnittmädchen)

Der Einfachheit halber sprach ich bisher von Cafés, dabei sind Cafés nur die halbe Wahrheit, wenn von japanischen Kaffeehäusern die Rede ist. Tatsächlich ist der Begriff sogar ein kleines bisschen missverständlich in Bezug auf die Einrichtungen, die ich meine, zumindest historisch betrachtet. Im Japanischunterricht lernt man, dass *kissaten* das japanische Wort für Café ist. Eigentlich sind die Cafés, in denen ich Kaffee trinke, *kissaten*. Dennoch wird auch der Begriff »Café« in Japan verwendet, und im alltäglichen Sprachgebrauch ist man inzwischen bei einer gewissen Deckungsgleichheit in der Bedeutung der Worte angekommen. Das war nicht immer so.

Die Eröffnung des ersten japanischen Kaffeehauses ist auf 1888 datiert. Der große Kaffeeboom kam in den Zwanziger- und Dreißigerjahren. Kaffee galt als modern und das Café als der Ort, an dem sich modernes Leben abspielte. Neben dem Getränk wurden bald die Kellnerinnen, die es servierten, zu einem Ausdruck dieser Modernität. Bei ihnen handelte es sich vorzugsweise um *moga*, abgekürzt und japanisiert von *modern girls*. Noch schöner wurden diese *modern girls* als »Haarschnittmädchen« bezeichnet, denn sie trugen die Haare nach der neuesten internationalen Mode, nahezu unerhört in einer Kultur, in der manche Frauen es noch als höchstes Schönheitsideal sahen, sich die Zähne schwarz zu färben (obgleich diese historische Praxis damals sogar verboten war). Haarschnittmädchen wurden zu Popstars, bevor es Popstars gab. Sie übernahmen im Nullkommanichts die Rolle der Geisha und kehrten im Gegenzug die Rollen der eigentlichen Geisha ins Gegenteil um. Bis zur Haarschnittmädchenrevolte war es die Geisha gewesen, die modische Impulse gab, Trends setzte. Nun taten das die *modern girls*, und die Geishas wurden das, was sie noch heute sind: nicht mehr Trendsetter, sondern Bewahrerinnen von Tradition, also von Vergangenem.

Bald ging es drunter und drüber in den Cafés, in denen Kaffee zusehends nur noch eine untergeordnete Rolle spielte. Man (also vor allem Mann) kam wegen der Haarschnittmädchen, und wenn das keusche Anhimmeln nicht mehr reichte, setzten einige Etablissements auf Frivoleres. Kimonos mit Löchern zum Befummeln, Bühnenshows und Livemusik kamen hinzu, obendrauf noch alkoholische Getränke, keine gute Mischung.

Das wurde ernsthaften Kaffeeliebhabern schnell zu bunt. Obwohl auch Schriftsteller und Künstler, von Natur aus Stammkunden von Kaffeehäusern, den Popstar-Kellnerinnen ebenso verfallen waren wie andere Männer und sich die Haarschnittmädchen als Musen nahmen, mehrten sich die Stimmen derer, die sich nach einem gepflegten, gesitteten Örtchen sehnten, wo man ernsthafte Gespräche führen und ernsthaften Kaffee trinken konnte. Das war die Geburtsstunde des *kissaten*, das sich vom frivolen Café abgrenzte, indem es zum Beispiel keinen Alkohol ausschenkte. Unterhaltung wurde und wird dort mitunter dennoch geboten, allerdings streng reglementiert. Nicht wenige Musikliebhaber führen Themen-Kissaten zu ihren Leidenschaften, sie sind Barista und DJ in Personalunion. Von Japans größtem Exportschriftsteller Haruki Murakami ist bekannt, dass er ein sogenanntes Jazz-Kissa führte, bevor sich die Schreiberei rentierte. In Einrichtungen wie diese kommt man zum Trinken und Lauschen. Wer schwatzt, wird schon mal schief angesehen oder Schlimmeres. In einigen Musik-Kissaten gibt es separate Räume für Kunden, die gern reden oder mit Papier knistern möchten.

Gespräche im *kissaten* sind nicht nur dem einen oder anderen Wirt ein Dorn im Ohr. Je näher Japans Beteiligung am Zweiten Weltkrieg heranrückte und je rücksichtsloser die Regierung mit ihrem Volk umsprang, desto repressiver ging man gegen *kissaten* vor. Aus gutem Grund: Kaffee belebt den Körper und beflügelt den Geist, und in *kissaten* trafen sich nicht nur unbescholtene Kaffeeliebhaber, sondern auch unerwünschte Elemente wie Anarchisten und Feministinnen. Deren Geister wollte man nicht beflügelt wissen. Alkohol hingegen hält die Massen fromm und formbar; Bars und Ähnliches hatten von Staat und Polizei weniger zu befürchten als die Kaffeestube.

Kaffee macht wohl wirklich kämpferisch. Um 1930 arbeiteten über 100.000 Kaffeekellnerinnen in Japan. Sie waren es, die die erste Gewerkschaft des Landes gründeten und damit Vorbild wurden für andere Arbeiter, die ihre oft fragwürdigen Arbeitsbedingungen leid waren. Lange währte der Kampf der Kellnerinnen leider nicht, denn im Zweiten Weltkrieg war in Japan kein Kaffee mehr zu bekommen. Man behalf sich mit einer Fälschung aus Nuss und Soja, doch wer dieses Gebräu servierte, war bis auf Weiteres egal.

Mut zur Kette

Meine japanische Kaffeekarriere hat selbstverständlich weder im Itohya noch in einem ähnlichen Etablissement begonnen, sondern in einem, bei dem der scheue Tourist vor dem Betreten kaum Versagensängste verspürt, also einem Kettenlokal. Starbucks war es nicht, dafür hat der plumpe, alberne Antiamerikanismus in mir zu tiefe Wurzeln geschlagen. Es war eine Niederlassung des Doutor-Unternehmens aus Osaka, und ich blieb ihm (eher dem Unternehmen als genau diesem Geschäft) lange Zeit treu und schaue aus nostalgischen Gründen heute noch hin und wieder rein, wenn eine Filiale meinen Weg kreuzt, und das tun sie eigentlich ständig.

Die amerikanische Anthropologieprofessorin Merry White hat ein lehrreiches Buch namens *Coffee Life in Japan* geschrieben. Ich habe es verschlungen, größtenteils in Cafés, in individualistischen wie in lizensierten, selten länger als 90 Minuten am Stück. An den Café-Ketten beklagt die Autorin das, was an solchen Einrichtungen gemeinhin beklagt wird: die Vorhersehbarkeit von Geschmack und Einrichtung, die fehlenden Schrullen der Betreiber. Bei allem Respekt kann ich ihr in dieser Sache nur bedingt beipflichten. Der Geschmack des Kaffees ist Teil einer Corporate Identity, da sind Überraschungen tatsächlich nicht zu erwarten. Doch wenn einen Schrullen überkommen, kann sich der Filialleiter eines Franchise-Cafés ebenso wenig dagegen wehren wie der Betreiber einer privaten Schankstube. Mitunter schlägt sich das subtil in der Einrichtung oder anderen unerwarteten Abweichungen von der Norm nieder. Nicht alle Kettencafés sind gleich. Manche sind gleicher. Und manche weniger gleich. Die kann und darf man ins Herz schließen. Die Tully's-Filiale am verschlafenen Vorstadtbahnhof meiner Schwiegereltern zum Beispiel gibt einen handgeschriebenen und handkopierten Gemeindenewsletter heraus. Vom Personal fühlt man sich keineswegs fließbandabgefertigt. Man kennt sich, wie man sich in jedem anderen Nachbarschaftslokal auch kennen würde, darauf hat das Logo an der Tür keinen Einfluss.

Wieso kennt man mich so gut im Tully's unweit meiner Schwiegereltern? Brauche ich etwa immer einen starken Kaffee, wenn ich sie besuche? Genau so ist es. Die Begründung dafür gipfelt keineswegs in einer Schwiegerelternpointe aus dem Fips-Asmussen-Universum. Meine Schwiegereltern haben daheim schlicht keinen Kaffee und keine Kaffeezubereitungsutensilien. Sie trinken nur grünen Tee, wie es sich für japanische Schwiegereltern gehört.

Café mit Eule trumpft Oktoberfest

Zieht jemand nach Tokio, sind da immer die verhaltene Hoffnung und die starke Befürchtung, dass plötzlich alle zu Besuch kommen wollen, Schlafplätze und Fremdenführung für selbstverständlich genommen. Es kommen aber immer nur die, mit denen man am allerallerwenigsten rechnet.

Eine ehemalige Kollegin meldet sich per E-Mail. Wir haben ein paar Monate lang im selben Verlag gearbeitet. Sie länger, ich kürzer. Die Kürze meiner Firmenzugehörigkeit war von vornherein so vereinbart und nicht Inkompetenz oder Widerwillen geschuldet. Ich habe gern dort gearbeitet, und zwar vor allem deshalb, weil die Kolleginnen und Kollegen alle sehr angenehm waren. Alle außer einer. Alle außer der Kollegin, die mich jetzt anschreibt. Schlafen will sie zum Glück nicht zwischen meiner Frau und mir, gleichwohl kommt sie bald nach Tokio und besteht auf einem informellen Spaßtreffen.

Mir war sie während unserer gemeinsam aktiven Zeit deshalb nicht sympathisch, weil ich den starken Verdacht hatte, dass ich ihr nicht sympathisch war. Sie nahm eigentlich nur dann von mir Notiz, wenn sich die Gelegenheit bot, mich in barschem Ton von etwas auszuschließen, zum Beispiel Konferenzen oder Gruppenaufnahmen für Weihnachtsgrußkarten.

Die Exkollegin ist eine amtliche deutsche Staatsbürgerin, hat aber einen osteuropäischen Migrationshintergrund (geografisch genauer bekomme ich es nicht hin), der sich in einer erfrischenden Ernsthaftigkeit und einer gewissen, nur bei genauem Hinhören zu bemerkenden Härte im Akzent verrät. Und in einer dazu sehr gut passenden Direktheit, gegen die die international gefürchtete deutsche Direktheit allenfalls ein winselnder kleiner Kläffer ist. Gleichwohl stellt sie sich in Tokio als ein insgesamt ganz umgänglicher Mensch heraus, als wir durch Ebisu flanieren, dem gemütlichen, unbedrohlichen Lieblingsviertel der Ü30-Klientel. Sie erzählt aus dem Berufsalltag: »Wir haben übrigens gerade einen Autor unter Vertrag genommen, der auch mal ein Buch über Japan geschrieben hat.« Sie nennt Autor und Titel. Es ist keines meiner Lieblingsbücher über Japan. Dabei habe ich durchaus Lieblingsbücher über Japan, sogar solche, an denen ich in keinster Weise beteiligt war. Ich bin ja nicht so ein von Neid und Missgunst Zerfressener. Sie fährt fort: »Das Buch ist schlecht.« Aha. »Und das habe ich ihm auch gesagt.« Wirklich? Da hätte ich gern mal Mäuschen gespielt. Nach meiner Erfahrung ist das Äußerste, was einem Autorenmenschen von einem Verlagsmenschen jemals an den Kopf geworfen wird: *»Wirklich ganz, ganz toll! Passt aber leider, leider zurzeit nicht auf den Markt.«* Dann sagt sie: »Jetzt lese ich gerade dein Buch, *Matjes mit Wasabi.*« Oh je. Muss das sein? »Es ist gut.« Puh. »Und das sage ich nicht jedem.« Glaube ich sofort. »Ich habe sehr gelacht.« Das muss ich wohl glauben.

Wider Erwarten haben wir bei unserem kurzen Treffen ebenfalls ein bisschen gelacht, deshalb bin ich gar nicht erschrocken, vielleicht sogar eine Spur erfreut, als sie mich am Tage darauf per Textnachricht erneut behelligt. »Hast du irgendwelche coolen, lokalen Insidertipps, was man heute so machen könnte?«

Ich bin Vater eines zweijährigen Kindes, möchte ich antworten. Alle coolen, lokalen Insidertipps, die ich habe, beinhalten das Wort »Spielplatz«. Dabei gehe ich heute ausnahmsweise nicht auf den Spielplatz. Heute habe ich freibekommen. Besser ausgestattet mit coolem, lokalen Insiderwissen macht mich das freilich nicht. Wahrheitsgemäß antworte ich: »Ich habe meiner Frau gesagt, dass ich einen trinken gehe, aber in Wirklichkeit gehe ich heimlich in einen Buchladen.« So weit ist es schon gekommen. »Danach gehe ich aufs Oktoberfest in Odaiba.« Es ist Mai, aber das macht nichts. (Siehe dazu Kapitel 14.) »Das ist allerdings vermutlich das Gegenteil von dem, was du unter cool verstehst.«

»Klingt doch lustig. Wir können uns dort treffen.«

Ich treffe sie dort nicht, dafür bekomme ich die Nachricht: »Ich habe meine Pläne geändert, ich gehe jetzt ins Eulencafé.«

Nicht viel später kommt ein Foto, auf dem sie strahlend die Eule präsentiert, die auf ihrer Hand sitzt und ihr beim Kaffeetrinken zusieht. So locker und gelöst habe ich die ehemalige Kollegin noch nie gesehen.

***

Die Eule sitzt auf der Spitze des Eisberges, dessen Fundament auf Katzencafés gebaut ist. Deren durchschlagender Erfolg hat jede Menge anderer Etablissements sprießen lassen, in denen man für die Gesellschaft verschiedener Tiere bezahlen kann. Selbstverständlich kann man in Tokios Cafés nicht nur für tierische Gesellschaft bezahlen.

Mein Dinner mit Cocco

In Akihabara, einem besonders bei Liebhabern von Comics, Anime und Computerspielen beliebten Stadtteil, zwitschern junge Mädchen, die angetan sind, wie sich japanische Comiczeichner französische Zimmermädchen vorstellen, durch die Menschenmassen und verteilen Handzettel, um die Menschenmassen von der Straße in die sogenannten Maid Cafés zu locken. Bei diesem Phänomen handelt es sich zum einen um eine Art jugendfreie Variante der Hostessenbar, zum anderen um die Fortführung des klassischen, frivolen japanischen Cafébegriffs (Sie erinnern sich: Mädchen! Musik! Ringelpiez!) für die infantilisierte Gesellschaft. Hier kann sich der gestresste Otaku (so nennt man den japanischen Nerd) nach einem aufreibenden Einkaufstag unter Gleichgesinnten entspannen, wobei er von niedlich uniformiertem weiblichem Personal (Maids) zuvorkommend bedient und mit »Meister« angesprochen wird. Gegen Aufpreis sind mit dem Personal auch persönliche Gespräche und Spielchen drin, die niemanden geistig überfordern, zum Beispiel Schnick-Schnack-Schnuck oder *UNO junior*. Aber mehr nicht. Maid Cafés entstanden Ende der Neunziger aus einer eigentlich einmalig gemeinten Werbeaktion für ein Videospiel. Da Maids bereits seit Längerem beliebte Figuren in Manga und Spielen waren, kam die Aktion äußerst gut an, und nun boomen die Maid Cafés als feste Einrichtung seit den frühen Nullerjahren. Der Ground Zero des Maid-Phänomens ist Akihabara.

Maids sind nach Feierabend zwischen 18 und 28 Jahre alt, während der Arbeitszeiten aber auf jeden Fall 17. Viel mehr als der Mindeststundenlohn von circa sechs Euro wird meistens nicht gezahlt, dennoch handelt es sich um äußerst begehrte Stellen. Dass sich junge Frauen unwillig und aus reinem Mangel an Alternativen ins Männer-Fetisch-Outfit werfen, ist keineswegs so. Auf eine Stellenausschreibung in Akihabara gehen bis zu 400 Bewerbungen ein. Bei den meisten Bewerberinnen handelt es sich um aufrichtige Fans von Manga, Anime und Videospielen. Da Anhänger dieser Gattungen vielfach auch dem Cosplay nachgehen, der comichaften Kostümierung inklusive rollengerechtem Verhalten, scheint ihnen ein Job, der in erster Linie aus Cosplay besteht, nicht etwa als degradierende Zumutung, sondern als himmelsgesandte Verquickung von Beruf und Freizeit.

Trotzdem war ich immer skeptisch. Ich bin vermutlich zu politisch korrekt sozialisiert. Einmal jedoch will auch ich meinen ganzen kleinen Mut zusammennehmen, Beklemmung, Befremden und Bedenken ablegen und mich locken lassen. Hoffentlich sieht mich niemand. Das Klischee zum Maid Café ist klar: Da gehen Männer hin, die sonst nirgendwo hingehen. Die Angst haben, gegen echte Frauen mit tiefen Stimmen Schnick-Schnack-Schnuck zu spielen. Die habe ich zwar auch, würde ich aber nie zugeben. Ich habe ja schon Angst, gegen meine eigene Frau Schnick-Schnack-Schnuck zu spielen. Sie schlägt mich immer. Schlägt im Sinne vom Gewinnen des Spiels.

Apropos meine Frau: An dem Tag, an dem ich mein erstes Maid Café betrete, kenne ich sie noch gar nicht. Dies ist eine Geschichte aus der Vergangenheit. Doch sie könnte jeden Tag passieren. Jedem Menschen. Vor allem jedem Mann.

Im Gebäude des ersten Maid Cafés, das ich ansteuere, bekomme ich im Treppenhaus weiche Knie und kalte Füße und kehre wieder um. Beim zweiten komme ich bis nach oben, bin aber total kaputt und habe nicht mehr genug Kraft, die Tür zu öffnen.

Beim dritten nehme ich den Fahrstuhl. Der spuckt mich direkt ins Geschehen, ein unauffälliger Rückzug ist nicht möglich. Es ist ausgerechnet das @home Café, das ich eigentlich ganz besonders maiden äh meiden wollte. Nicht, weil es der kapitalistische Krake unter den Maid Cafés ist. Ein Maid Café ist wohl generell der falsche Ort, sich plötzlich wieder seiner Punkrockideale zu erinnern. Meine Bedenken liegen in meiner Recherche begründet. Auf der Homepage des Lokals sind die Schichten der englischsprachigen Maids aufgelistet, und zu meiner anvisierten Zeit hat keine Schicht. Nicht, dass ich auf einer englischsprachigen Maid bestehen würde, im Gegenteil, wenn schon, denn schon. Ich will mich mit der Maid ja nicht über die bevorstehenden Parlamentswahlen oder die Reform des Rentenwesens austauschen. Ein bisschen Smalltalk in Babysprache bekomme ich auf Japanisch schon hin. Ich war allerdings davon ausgegangen, dass man als Ausländer gar nicht reingelassen würde, wenn kein multilinguales Personal bereitsteht.

Habe ich mich wohl geirrt. »Das erste Mal?«, sieht mir die Empfangs-Maid an der Nasenspitze an. Ich bejahe und bekomme die Hausordnung zum Studieren und Bestätigen in die Hand gedrückt. Nicht selbst fotografieren, keine persönlichen Fragen, niemanden anfassen. Ich erkläre mich einverstanden und werde zu meinem Tisch geführt. Und zwar so, wie es wohl jeder am liebsten hat, wenn er allein ein Lokal betritt: mit Glockengeläut auf dem Weg und der lautstarken Ankündigung, dass ein neuer Gast da ist. Beziehungsweise ein neuer »Meister«.

Der Raum ist bunt und simpel eingerichtet, ein bisschen wie ein Kindergarten. Die Tische sind alle mit Blick auf eine kleine Bühne ausgerichtet, ich sitze ganz vorne links außen. Der Typ mir gegenüber ist einer von wenigen, die allein hier sind. Seine Jugend hat er schon länger hinter sich, sein Haarwuchs will nicht mehr so richtig, was er mit Radikalkurzhaarfrisur als Absicht zu kaschieren versucht (wie sagte einst unser Schutzpatron Bruce Willis: »Die Glatze ist die neue Überkämmfrisur.«). Er beobachtet das Treiben mit dem Anflug eines Lächelns, das um eine Balance aus Freundlichkeit und abgeklärtem Sarkasmus bemüht ist. Es dauert eine Weile, bis der Groschen fällt: Verdammt, der Typ bin ich auf Japanisch! Ansonsten ist hier viel junges Publikum, ausschließlich männlich, aber zu einem erstaunlich großen Teil erstens in Cliquen, zweitens in Garderobe und mit Frisuren, die durchaus auf der Höhe der Mode sind. Ausgelassene, selbstsichere Typen, von denen man denken möchte, dass sie es nicht nötig hätten. Die erwarteten verhuschten Einzelgänger, die die Familiengarderobe aus der Showa-Zeit auftragen, sind in der Minderheit. Einer von ihnen lässt sich gerade auf der Bühne mit einer Maid offiziell fotografieren (500 Yen). Man sieht ihm an, dass das einer der schönsten Augenblicke seines Lebens ist. Ich weiß jetzt schon, dass ich das auch will, sobald ich mich gestärkt habe, ich brauche ein Beweisfoto. Ein anderer zeigt einer Maid, was er sich gerade gekauft hat: eine Computermaus. Die Maid ist begeistert (im Preis inbegriffen). Ulkiger Zufall: Ich habe mir ebenfalls gerade eine Computermaus gekauft, wo ich schon mal in der Gegend bin. Die ist sogar viel besser als die von dem Angeber. Aber wenn ich jetzt meine Maus raushole, wäre das nicht mehr originell. Chance vertan.

Meine Maid ist auch ohne Maus freundlich zu mir. Sie zeigt mir die Karte und erklärt mir jedes Gericht. Ich fühle mich noch immer ein wenig fehl am Platze, deshalb will ich das schnell hinter mich bringen: »Klingt toll! Ich nehme das erste und das zweite!« Aber das lässt die Maid nicht zu und erklärt die Karte zu Ende.

Schließlich entscheide ich mich für einen Cocktail, den die Maid verspricht auf Grundlage ihrer eigenen Stimmung und meiner Lieblingsfarbe zu mischen, und für die Zauberspaghetti (»*Pink! Pink! Messed it up!*«, verspricht die Karte).

Bald kommt die Bedienung mit dem Cocktailshaker zurück und schaut mich erwartungsvoll an. Ich weiß schon, dass jetzt ein Ritual kommt, steht schließlich in der englischen Karte: »Your maid will do SHAKE-SHAKE at your table!« Ich wusste nur nicht, dass ich bei dem Ritual mitmachen muss. Die Maid sagt: »Sprich mir nach: SHAKE-SHAKE!«

»Äh ... shake-shake?«

»Ich kann dich nicht hören! SHAKE-SHAKE!«

»SHAKE-SHAKE!«

»MOE-MOE!«

»Moe-moe.«

»Nein: MOE-MOE!!!«

»MOE-MOE!«

Moe ist Otaku-Jargon, ein Ausdruck der Zuneigung für Junges und Schönes. Zur Formel gehören noch ein paar Doppelbeschwörungen mehr, es ist wie bei einem Cab-Calloway-Konzert. Während wir uns lustig anschreien, schüttelt die Maid den Cocktail im Takt, schließlich darf ich ihn trinken, aus einem roten Plastikbecher. Der Cocktail ist lecker. Ich meine: LECKER-LECKER!

Der geringe Alkoholanteil entspannt mich. Auf der Bühne führen jetzt zwei Maids ein Tänzchen mit Gesang auf, daraus wird natürlich ein Mitsing- und Hände-hoch-Spiel. So entspannt bin ich auch wieder nicht. Nur ich und mein japanischer Doppelgänger tun nicht mit. Wir lächeln nur auf unsere spezielle Art und versuchen, einander nicht anzuschauen, denn wir sind uns gegenseitig doch zu unheimlich.

Eines wird mir langsam klar: Hier werden nicht Frauen erniedrigt, sondern Männer zum Affen gemacht (wofür es laut Feministen und Darwinistinnen ohnehin nicht viel braucht). Außerdem wird mir klar, warum hier so viele junge Männer anzutreffen sind, die keinerlei offensichtlichen Mangel an sozialer Kompetenz zeigen: Weil es Spaß macht. Das ganze Theater ist ein bisschen blöd – okay, ziemlich blöd –, aber es muss ja nicht immer Beckett sein.

Die Spaghetti darf ich selbstverständlich auch nicht einfach so essen. Wir spielen ein weiteres launiges Call-and-Response-Spiel, während die Maid die Spaghetti mit der Soße verrührt. Dazu bin ich angewiesen, mit beiden Händen ein Herz zu formen und mit ruckartigen Bewegungen Liebesmagie in Richtung Pasta zu schicken. Das ist so ganz anders, als ich sonst Spaghetti esse. Aber es wirkt, denn sie schmecken sehr gut. Das muss ich überhaupt mal festhalten: Zwar geht niemand in ein Maid Café, weil er die Adresse aus dem Guide Michelin hat. Deshalb liest man, wenn man von Maid Cafés liest, kaum etwas über die Qualität von Speis und Trank. Das, was mir hier aufgetischt wird, ist allerdings sehr anständig. Natürlich zu wenig für das Geld, aber in erster Linie bezahlt man ja für shake-shake und moe-moe.

Wenn ich übrigens sage: »die Maid«, dann meine ich eigentlich: »eine Maid«. Man hat hier nicht eine einzige, die einem nie von der Seite weicht. Abwechslung gehört zum Konzept, die Maids rotieren. Das macht es nun etwas schwierig, denn ich will ja meinen Schnappschuss. Durch das Rotationsprinzip habe ich zu keiner Maid eine tiefere emotionale Bindung aufgebaut. Ich könnte nicht sagen, wer meine Lieblings-Maid ist. Die waren alle sehr nett. Aber die werden nicht alle mit aufs Foto können. Am besten gefällt mir eine mit Brille, doch gerade die hatte ich gar nicht, die ist mir nur so aufgefallen.

Ich beschließe, dass die Maids alle niedlich sind, schnappe mir verbal einfach die Nächstbeste und frage, ob wir ein Foto machen können. Ja, sagt sie, einen Moment, Meister. Dann kommt sie wieder mit einer Tafel, auf der alle Maids fotografisch angepinnt sind, die gerade auf diesem Stockwerk Schicht haben. Ich kann mir eine aussuchen. Ich patsche mit meinen Fettfingern auf die Tafel: »Ich will die mit der Brille!« Etwas unangenehm ist mir, dass die mit der Brille ausgerechnet die Einzige ist, die auf ihrem Foto lasziv-erotisch posiert und provokanten Strumpf zeigt. Das ist gar nicht der Grund, warum ich sie erwählt habe, mir gefiel sie schließlich schon vor dem Strumpffoto. Ich finde es halt sexy, wenn Frauen nicht gut gucken können.

Die Tafel-Maid nimmt meinen Namen und meine Bestellung auf, und bald werde ich auf die Bühne gerufen. Die mit der Brille ist schon drauf. Sie zeigt mir die Requisiten, die wir benutzen können. Es gibt Stethoskope und Spritzen, Regenschirme und Hüte, allerlei Masken. Ich entscheide mich für den Klassiker: Häschenohren. Wir setzen uns beide welche auf, die Maid mit der Brille schlägt mehrere offizielle Maid-Posen vor, ich wähle die Häschenpose: Ärmchen und Händchen süß angewinkelt vor der Brust. Wir machen wie die Häschen, und es kommt das Vögelchen.

Später kommt die mit der Brille mit dem fertigen und fertig verzierten Bild zu mir. Sie hat mit bunten, wasserfesten Stiften einiges draufgeschrieben. Da sind Herzen, *moe* in verschiedenen Schreibweisen, Orts- und Datumsangaben, ein *Thank You* und: *Cocco ♥ Andreas*. Weil ich Cocco zu meiner Lieblings-Maid des Tages gewählt habe, darf ich mich jetzt mit ihr unterhalten. Was ich in Japan tue, wo ich herkäme, wie mir Japan gefiele, ob ich japanisches Essen möge. Jede meiner Antworten findet sie rasant interessant und ist dabei sehr glaubwürdig. Sie sagt mir, dass ich ganz toll Japanisch spreche. Das hat mir noch nie jemand gesagt. Dafür musste ich erst eine bezahlen.

Und da ist die Stunde auch schon rum. Ich hatte anfangs nicht gedacht, dass ich die vorgeschriebene Höchstzeit für den Aufenthalt im Café überhaupt durchhalten würde. Aber es hat gar nicht wehgetan, und langweilig war es ganz bestimmt nicht. Ich bekomme nun meine offizielle internationale Mitgliedskarte. Ich bin Level 1, »My Master«. Mit weiteren Besuchen kann man Punkte sammeln und aufsteigen. Meister höherer Stufen bekommen Vergünstigungen, mehr Maid-Zeit und aufwendigere Verzierungen auf Speisen und Schnappschüssen.

Manchmal noch frage ich mich: Was macht wohl die Cocco heute?

Große Gewissensfrage: Werde ich wieder hingehen? Ich muss gestehen: Ich kann es nicht kategorisch ausschließen. Nicht dass ich Bestrebungen hätte, für Cocco Haus, Hof und Familie aufs Spiel zu setzen. Jedoch habe ich jetzt diese Mitgliedskarte, und da ist der alte rollenspielerische Ehrgeiz geweckt, die nächste Stufe zu erreichen. Doch ich werde niemandem vor dem Café auflauern und wehklagen: »Aber Cocco, du hast doch gesagt, du herzt mich! Ich habe es hier, Blau auf Weiß! Bedeutet dir das denn gar nichts mehr?! Willst du all das wegwerfen, was wir hatten?! Kann ich wenigstens noch ein letztes Mal das Foto mit dem Strumpf sehen?«

Kapitel

12

Der kleine Nudelladen an der Ecke und der kleine Nudelladen eine Ecke weiter und all die anderen kleinen Nudelläden

Manchmal lese ich Reiseführer, das ist ja keine Schande, und manchmal besuche ich Restaurants, die darin empfohlen werden. Insbesondere bei den kuscheligen, kleinen, die nicht in jedem Reiseführer zu finden sind, denke ich hinterher oft: ‚Hm, das war nicht schlecht. Aber auch nicht besser als in dem kleinen, kuscheligen Restaurant bei uns um die Ecke, eher im Gegenteil. Dabei steht das bei uns um die Ecke in gar keinem Reiseführer.‘

Geheimtipps kennt jeder

Es stellt sich die Frage: Wie kommen eigentlich die Restaurants in die Reiseführer? Da spiele ich gerne *Sendung mit der Maus* und erkläre es.

Zunächst müssen wir von zwei Kategorien von Restaurants ausgehen. In der ersten sind die, die schlicht zu berühmt sind, um sie nicht zu berücksichtigen. Da mag der blasierte Insider etwas von »berechenbar« und »total überbewertet« in seinen liebevoll gepflegten Vollbart murmeln, doch Pflicht ist Pflicht. Schreibt einer einen Paris-Reiseführer, kann er ja auch nicht einfach sagen: *»So, den Eiffelturm lass ich mal weg, viel zu offensichtlich.«*

In der zweiten Kategorie sind die Restaurants, bei denen man sich als Leser fragt: Wie kommt man als Autor nur darauf? Die Antwort ist ganz einfach: Reiseführerautoren sind auch nur Menschen. Die haben mal wo was gegessen, ganz ohne Hintergedanken, es hat ihnen geschmeckt, und – schwupps – das Lokal ist im Buch. Die hätten genauso gut woanders essen gehen können, womöglich hätte es ähnlich gut geschmeckt. Niemand probiert jedes kleine Nudelrestaurant der Stadt durch (außer vielleicht Nudel-Blogger) und präsentiert dann eine repräsentative, ausgewogene Hitliste. Man präsentiert das, wo es zufällig geschmeckt hat, und dann macht man weiter, recherchiert Museumsöffnungszeiten oder Hallenbadeintrittspreise oder so etwas.

Dass es den Autoren geschmeckt hat, mag am Essen gelegen haben. Ebenso mag die Begleitung dafür verantwortlich gewesen sein oder die Tageslaune oder die Nachbarschaft. Um die Ecke von zu Hause mundet es immer köstlicher als im Restaurantstockwerk eines Ginza-Kaufhauses, weil man das süße Aroma der Authentizität mitverzehrt. Mein Kiez, mein Nudelladen, mein Tresen. Zwei Stadtteile weiter gibt es garantiert gleichwertige Nudellokale, aber irgendwas wird einem dort fehlen.

28 Sekunden bis zum Inferno (wenn Sie sich beeilen)

Man sollte also keinem Reiseführer trauen, der diesen oder jenen kleinen Nudelladen als den besten der Stadt anpreist. Es handelt sich lediglich um den, der zufällig beim Autor um die Ecke aufgemacht hat.

In Wirklichkeit gibt es nur einen besten Nudelladen der Stadt. Er heißt Metcha Tanmen, und er hat zufällig bei mir um die Ecke aufgemacht.

Eigentlich möchte ich gar nicht über ihn berichten, aber jetzt habe ich schon angefangen. Kleine Lieblingsrestaurants bringen einen stets in Gewissenskonflikte: Einerseits gönnt man ihnen erhöhte Aufmerksamkeit und gibt im gleichen Atemzug mit dem eigenen guten Geschmack an. Andererseits möchte man dort auch morgen noch einen Sitzplatz bekommen. Die sind im engen und kleinen Metcha Tanmen nur begrenzt vorhanden, wie es sich für einen kleinen Nudelladen gehört. Um die Mittagszeit muss man schon mal vor dem Lokal warten. In guter japanischer Sitte wurden dafür Sitzgelegenheiten auf den Bürgersteig gestellt. Allerdings nur zwei, für mehr ist vor dem schmalen Geschäft kein Platz. Hämmert die Sonne auf die Wartenden ein, bringt das Personal Trinkwasser heraus. Irgendwer wartet immer auf irgendwas. Wenn es kein freier Platz ist, so mag es die Reparatur der defekten Ticketmaschine sein, die vor Betreten des Lokals abzuwarten ist. Wie bei vielen japanischen Schnellrestaurants aus Effizienzgründen üblich, wird das gewünschte Gericht an einem Automaten gewählt und bezahlt. Man bekommt daraufhin ein Ticket, das man der Bedienung aushändigt. Die sieht dieses Prinzip nicht gar so eng und nimmt auch verbale Bestellungen auf. Muss sie mitunter ohnehin, denn der Automat versagt wirklich häufig den Dienst. Dann kommt der Mann oder die Frau mit dem Schlüsselbund und pult das Geld wieder raus. Zuerst hatte ich den Verdacht, es läge an den großen Scheinen, die ich gewohnheitsmäßig mit mir führe.

Danach zählte ich eine Weile das Geld ganz genau ab, bevor ich essen ging. Doch große Scheine oder kleine Münzen machen keinen Unterschied. Das Ding geht einfach kaputt, wenn ihm danach ist. Und es ist auch nicht immer der blöde Ausländer schuld, die Mechanik diskriminiert nicht.

Metcha Tanmen ist ein schlecht gehütetes Geheimnis. Schaut man auf die sichtbar getragenen Firmenausweise der Angestellten, die dort zu Mittag schlürfen, sieht man, dass viele von ihnen weite Fußwege in Kauf nehmen. Fußwege, auf denen sie an etlichen anderen Nudelläden vorbeikommen, die ebenfalls nicht zu verachten sind. Das Team von Metcha Tanmen hat offenbar keine Scheu, die bereits gute Auslastung weiter in die Höhe zu schrauben. Sogar das überregionale Fernsehen war schon dort, um über die Spezialität des Ladens zu berichten: Natto-Tanmen. Tanmen bezeichnet übrigens eine Tokioter Ramen-Variante mit mehr Gemüse, verkürzt ausgedrückt. Natto sind die vergorenen Sojabohnen, die so hübsche, zähe Fäden ziehen und so gewöhnungsbedürftig duften und noch gewöhnungsbedürftiger schmecken. Metcha kann als Slangwort einiges bedeuten; den Namen des Lokals würde ich unter Zuhilfenahme poetischer Freiheit mit »Tanmen total« übersetzen.

Weil Mundpropaganda, Fernsehaufmerksamkeit und unverlässliche Technik die Menschentraube vor der Tür offenbar noch nicht genug haben anschwellen lassen, stellte man eine Zeit lang ein Werbeschild an die nächste prominentere Straßenkreuzung mit dem übergenauen Hinweis: »Ab hier 28 Sekunden, wenn Sie rennen.« Wahrscheinlich hat es tatsächlich jemand mit der Stoppuhr überprüft. Vielleicht sogar mehrmals, denn ich könnte schwören, dass ursprünglich auf dem Schild von 29 Sekunden die Rede war. Vielleicht konnte man sich nicht einigen, vielleicht hat es zu hitzigen Diskussionen mit Kunden geführt, die ebenfalls beim Rennen auf die Uhr geschaut haben. Das Schild wurde inzwischen erneut geändert: ab sofort ohne Zeitangabe. Scheint ein heikles Thema zu sein.

Wer mich kennt, der weiß, dass ich das Metcha Tanmen nicht wegen der Natto-Tanmen frequentiere. Meine erste Begegnung mit den vorsätzlich verschimmelten Bohnen war so traumatisch, dass ich sie auf Jahre mied. Oft hört man, Natto schmecke gar nicht so fürchterlich, es seien eher das unvorteilhafte Aussehen und der Geruch, die dem Gaumen etwas vorgaukeln. Ich sage: Nein, es ist schon der Geschmack. Mit großem Genuss hatte ich bereits in andere hässliche Stinkelebensmittel gebissen, nur Natto hat mich kleingekriegt. Ich war damals so aufgewühlt, dass ich sogar zu Protokoll gab, jeder, der behaupte, Natto gern zu essen, sei ein Lügner. In der Tat gilt Natto als außerordentlich gesund (Superfood, wie die jungen Leute sagen), und viele konsumieren es eher wegen der Wirkung als aufgrund des Genusses. Die Behauptung, Natto könne Krebs heilen, wurde inzwischen mehrfach wissenschaftlich als Unfug diskreditiert. Trotzdem hält sich der Glaube daran in weiten Teilen der Bevölkerung hartnäckig. (Tatsächlich wirken die Bohnen unter bestimmten Bedingungen präventiv gegen bestimmte Arten von Krebs.)

Ich muss nun zweierlei relativieren. Zuerst nehme ich meine alte Anklage zurück, Natto-Enthusiasten seien allesamt eine Bande von Lügnern. Meine Frau ist eine von ihnen, und meine Frau ist keine Lügnerin. Manchmal bringt sie für sich selbst Natto-Bohnen mit nach Hause, und beim Verspeisen ergibt sich jedes Mal dasselbe Gespräch.

Frau: »Tut mir wirklich leid.«

Mann: »Das muss dir nicht leidtun. Ich muss es ja nicht essen.«

»Es tut mir leid, dass du es mit ansehen musst.«

»Glaube mir, der Anblick ist wirklich nicht das Üble an der Sache.«

Meine zweite Relativierung nach Jahren der Erfahrung: So übel ist die Sache nun auch wieder nicht. Man kann sich an Natto ein bisschen gewöhnen, sogar an den Geschmack. Immer wieder begegnete ich hier und dort kleinen Häppchen, im Restaurant oder bei den Schwiegereltern, und der Anstand gebot es mir, nicht jedes Mal zu sagen: »Nein danke, Natto finde ich echt voll zum Würgen.« Irgendwann fand ich es tatsächlich nicht mehr echt voll zum Würgen. Das heißt keineswegs, dass ich mich inzwischen in Natto aalen könnte oder wollte. Aber ich bekomme es runter. Meine erste Begegnung mit Natto war Natto pur. Das war vielleicht zu hardcore für den Einstieg. Als Sushibelag oder Beigabe eines köstlichen glitschigen Algensalats weiß ich es inzwischen zu schätzen. Nein, das ist Quatsch, ich weiß es ganz bestimmt nicht zu schätzen. Aber es versaut mir zumindest nicht mehr den Rest des Mahls.

Da hatte ich großes Glück an dem Tag, an dem mir der Finger ausrutschte. Er rutschte mir am Ticketautomaten von Metcha Tanmen aus und landete auf einer Taste, die ein wenig über der für das Gericht lag, das ich mir eigentlich munden lassen wollte. Ich konnte die Bedeutung der Schriftzeichen auf der versehentlich gedrückten Taste nicht komplett erfassen. Nichtsdestotrotz war ersichtlich, dass es sich um eine Tanmen-Suppe handelte. Der Preis war vergleichbar mit den Preisen, die ich normalerweise für ein Mittagessen ausgebe. Also ging ich nicht zur Bedienung und beichtete, dass der dumme Ausländer sich schon wieder vertan hatte, sondern dachte mir abenteuerlustig: »Wollen wir mal sehen, was das ist. Satt wird es schon machen. Und es wäre wohl ein zu großer Zufall, wenn es die Natto-Tanmen wären, ha ha.«

Natürlich waren es die Natto-Tanmen. Die extragroße Portion, ha ha. Und was soll ich sagen? Ich werde es bestimmt nie wieder bestellen. Dennoch habe ich meine Schüssel wie ein Großer komplett verputzt, und es war gar nicht total schrecklich. Ich habe zugegebenermaßen auf den alten kulinarischen Trick zurückgegriffen, einfach so viel scharfes Gewürz zu verrühren, dass der Rest des Geschmacks egal war.

Als ich am Abend meiner Frau von meinem Missgeschick erzählte, hat sie sich erst schlapp gelacht, und als sie dann schlapp war, war sie sehr stolz auf die Tapferkeit ihres Ehemannes. Dabei geschieht es gar nicht so selten, dass ich bei Metcha Tanmen zu Höchstleistungen auflaufe, die sie staunen lassen. Einmal sagte ich: »Ich habe heute bei Metcha Tanmen am Tresen gesessen.«

»Am Tresen?! Aber da musst du dich mit dem Koch unterhalten!«

»Muss ich gar nicht. Der hat schließlich nicht zu knapp zu tun.«

»Ist aber netter, wenn er dabei ein bisschen Unterhaltung hat.«

»Ein bisschen haben wir uns ja unterhalten. Er hat mich gefragt, ob ich Maze-Soba mag.«

»Auf Japanisch?!« Sie fragt mich ständig auf Japanisch, ob ich dieses oder jenes mag. Trotzdem glaubt sie, ich sei total aufgeschmissen, wenn mich dasselbe ein Wildfremder fragt.

»Natürlich auf Japanisch.«

»Und dann?«

»Dann habe ich gesagt, dass ich Maze-Soba sogar sehr gern mag. Auf Japanisch.«

»Und dann?«

»Dann hat er einen Laut des Erstaunens von sich gegeben und weitergekocht, und ich habe weitergegessen. Und zum Schluss habe ich ihm der Sitte entsprechend für die Speise gedankt und mich verabschiedet.«

»Auf Japanisch?!«

»In anderen Sprachen gibt es solche Worte gar nicht.«

Und dann gab meine Frau einen Laut des Erstaunens von sich.

Maze-Soba ist das Gericht, das ich in meinem Stammlokal am häufigsten verspeise. Es handelt sich im Wesentlichen um Nudelsuppe ohne Suppe. Die Zutaten liegen apart getrennt in der Schale, eigenhändig verrührt man sie (»maze, maze!«) mit gepfeffertem Öl. Könnte ich jeden Tag essen. Mache ich aber nicht, allenfalls fast. Manchmal, wenn mir nach Nudelsuppe mit Suppe ist, bestelle ich Kara-Tanmen, also scharfe Tanmen. Das war auch das erste Gericht, das ich bei Metcha Tanmen jemals gegessen hatte. Als

Maze-Soba, ungerührt

mir die herrlich gefährlich aussehende rote Brühe vor die Nase gestellt wurde, aus ihr herausragend ein Berg von Gemüse mit einem
Wachtelei auf dem Gipfel, tat ich das, was heutzutage jeder von
Justin Bieber bis Salman Rushdie tut, wenn ihm neues Essen vor
die Nase gestellt wird: Ich fertigte mit meinem Mobiltelefon eine
Fotografie an und teilte sie über die sozialen Medien, also Facebook, sofort mit meinen allerbesten Freunden, also ungefähr der
ganzen Welt. Ein Freund aus Hongkong fand das sofort gut und
kommentierte, dass so etwas in seiner Heimat ebenfalls nicht unbekannt sei. Er schieb: »*Wir nennen es* ...« Und dann kamen zwei
chinesische Schriftzeichen, die ich der Einfachheit halber schnell
in den verlässlichen Google-Übersetzer warf, der mir übersetzte:
Infernosuppe. Kommt schon hin.

Krieg der Koteletts

Mag keiner kochen und dauert der Lieferdienst zu lange, essen wir
gern *tonkatsu*, Kotelett japanischer Art, vor allem das von Taihō in
der Meguro-dori. Junko bestellt auf dem Heimweg von der Arbeit
und begibt sich während der Zubereitung auf direktem Wege nach
Hause. Dort wird die Tochter wie bei einem Staffellauf vom Vater
an die Mutter übergeben, und ich begebe mich zu Taihō, um die
inzwischen zubereiteten und verschnürten Speisen abzuholen.
Ein eingespieltes Ritual. Das funktioniert und mundet so gut, dass
wir neulich sogar Gäste eingeladen hatten, bei uns zu Hause vom
guten Tonkatsu-Takeout zu kosten.

Und dann geschah ein Gastgeberinnenalbtraum wie aus dem
Werbefernsehen (dramatischer Zoom auf verschreckte Gesichter): Taihō hatte geschlossen. Einfach so Urlaub gemacht, mitten
in Japan, ausgerechnet zur Abendessenszeit.

Junko kennt sich gottlob aus in der Tonkatsu-Szene und hat
gar nicht erst großartig die Hände über dem Kopf zusammenge-

schlagen, sondern einfach woanders die Koteletts in Auftrag gegeben. Und sie ist nicht etwa zum nächstbesten Laden gegangen, sondern zum nächstbesseren. Das Taihō ist einigermaßen bekannt, zumindest in der näheren Umgebung. Das Toki ist noch bekannter, sogar international. Es liegt ebenfalls in unserem Einzugsgebiet und wir wollten es schon immer einmal ausprobieren. Man nimmt das Kotelett dort sehr ernst. So ernst, dass man sich auf Augenwischerei wie unterschiedliche Zutaten, unterschiedliche Beilagen oder gar unterschiedliche Fleischarten gar nicht erst einlässt. Man produziert nur eine einzige Art Kotelett, den ganzen Tag lang, jeden Tag, jeder Mitarbeiter. Die einzige Variation, die die Bestellung zulässt, ist die Stückzahl. Food-Snobs stehen selbstverständlich auf derartige Bevormundung und stehen deshalb Schlange.

Als es für mich an der Zeit ist, das Bestellte abzuholen, sagt Junko: »Sei tapfer, der Laden ist ein bisschen furchteinflößend.«

»Furchteinflößend?«

»Ist vielleicht nicht ganz das richtige Wort. Einschüchternd eher. Du wirst schon sehen.«

Vor unserem Taihō stehen die Essensanwärter ebenfalls Schlange, wenn geöffnet ist, alles andere wäre ja auch verdächtig. Ein Restaurant ohne Warteschlange vor der Tür kann kein gutes Restaurant sein. Gar nicht weit von meinem bevorzugten Nudelrestaurant Metcha Tanmen gibt es ein weiteres Nudelrestaurant, das von noch mehr Leuten bevorzugt wird. Ich würde es gern mal ausprobieren. Ich komme aber immer erst drauf, wenn ich Hunger habe, und in diesem Zustand ist mir die Schlange, die sich nahezu ganztags vor der Tür schlängelt, zu lang. Für das Restaurant sind die Menschen drinnen offenbar problematischer als die draußen, zumindest in Einzelfällen. Es kam wohl vermehrt zu Scherzbestellungen extragroßer Suppenportionen. Obwohl das Personal die Kunden darauf hinwies, dass diese Portionen nur etwas für den wirklich extragroßen Appetit seien, verließen die Kunden nach ein paar kleinen Schlürfern hämisch lachend und ordnungsgemäß zahlend das Lokal: Ätsch, angeschmiert, wir wollten gar nichts essen! Daraufhin ließen die Wirte über die sozialen Medien mitteilen, dass Kunden, die keine sichtbaren Anstrengungen unternähmen, ihre Schüsseln leer zu essen, Hausverbot erhielten. Ordnungsgemäße Bezahlung oder nicht, es geht um die Ehre der Nudel und dessen, der sie kocht.

Wie waren wir nun vom Kotelett wieder auf die Nudel gekommen? Wegen der vielen Menschen, die davon gern kosten würden und vor entsprechenden Restaurants anstehen. Ordnen wir uns wieder in die Kotelettschlange ein. Vor unserem guten alten Taihō gibt es also zu Haupthungerzeiten eine. Vor dem bekannteren Toki zu meiner Überraschung nicht. Aber dann. Tritt man durch die Tür, fühlt man sich ein wenig wie Mad Max, der gerade die Donnerkuppel betritt. Die Geschäftigkeit der Köche hat etwas Militärisches. Sie stehen annähernd in der Mitte eines großen Raumes, sind eingezäunt von einem imposanten Tresen, an dem gegessen wird. Hinter der Stuhlreihe am Tresen ist eine weitere Stuhlreihe, komplett besetzt, eng an eng krümmt sie sich durch den gesamten Saal. Darauf sitzen die, die darauf warten, kurz- oder mittelfristig am Tresen sitzen und essen zu dürfen. Und im Eingangsbereich, in einem kaum geordneten Pulk, die brabbelnde Meute, die auf einen dieser Warteplätze wartet. Ich weiß nicht, wie ich mich hier jemandem bemerkbar machen soll. Und wem überhaupt? Die unbedingte Aufmerksamkeit, die japanische Gastronomieangestellte vor allem ihren neu eintreffenden Kunden schenken, wird hier nicht ganz so ernst genommen. Der Laden läuft, nur die Stärksten kommen ans Kotelett. Während ich die Lage sondiere, bemerke ich die Treppe zu meiner Linken. Ich habe keine Ahnung, wo die hinführt. Ich weiß nur, was ich darauf sehe: Weitere Wartende bis ins obere Stockwerk. Wer weiß, wie viele dort sind, und wer weiß, wie lange schon. Ob bereits welche verhungert sind? Vielleicht findet man dort Männer mit hohlen

Wangen und wirren grauen Haaren und Bärten. Fragte man sie, wie lange sie schon dort seien, antworteten sie krächzend: »*Welches Jahr schreiben wir heuer, junger Mann?*«

Wie durch ein Wunder schaffe ich es, die Aufmerksamkeit dessen zu erlangen, der mir der Oberfeldwebel der Tonkatsu-Brigade zu sein scheint. »Bestellung für Katayama!«, rufe ich ihm zu, und er weiß zu meinem Glück, wovon ich rede. Ich bekomme die kunstvoll verschnürte Plastiktüte und werfe vor Freude und Nervosität meine Geldscheine direkt ins Spülwasser. Hier kann ich mich nicht mehr blicken lassen. Obwohl es sich vielleicht nicht vermeiden lässt, wenn ich erst mal von diesem Wunder-Tonkatsu gekostet habe und fortan nie wieder etwas anderes essen möchte.

Ein Mann ging rein, ein Mann und ein paar Koteletts kamen raus. Zu Hause dann beinahe eine Ernüchterung. Zu behaupten, Tokis Fleischwaren seien schlecht, wäre wohl der helle Wahnsinn. Gleichwohl sind Junko und ich weit von dem Aha-Effekt entfernt, den unser Gaumen uns nach dem ersten Mahl vom beschaulicheren Konkurrenzhaus Taihō bereitete. Kleinlaut gestehen wir uns ein, dass uns die Kost des kleineren, unbekannteren, weniger furchteinflößenden Geschäftes besser mundet.

Sobald die feinen Herrschaften von Taihō aus dem hoffentlich schönen und erholsamen Urlaub zurück sind, machen wir noch einmal die Probe. Ja, ein Unterschied, der über reine Einbildung weit hinausgeht. Außerdem sind sich die feinen Herrschaften von Taihō nicht zu fein, mehr als ein Gericht auf ihre Karte zu setzen. Neben dem Schweinskotelett gibt es *katsu* (Frittiertes) von Federvieh und Meeresbewohnern, darüber hinaus kann man die Fleischqualität wählen. Selbst die mindere Güte schlägt den Toki-Standard. Doch wer das totale Kotelett-Endzeit-Feeling möchte, der soll sich ruhig bei Toki zu den anderen Gladiatoren stellen.

***

Man sollte unbedingt Tourist sein und Touristisches tun, sonst macht das Reisen keinen Spaß. Vergleichen Sie die Aussichten vom Tokyo Tower und vom Skytree, lassen Sie sich im offenen Doppeldeckerbus mehrsprachig durchs Regierungsviertel kutschieren, verlieren Sie sich in den Massen auf der Kreuzung von Shibuya und im Bahnhof von Shinjuku, lassen Sie sich in Rotlichtvierteln anquatschen (aber nicht bequatschen) und gucken Sie sich im Frühjahr jede Kirschblüte einzeln an. Keine Angst, Japaner machen das alles auch. Hüten sollte man sich derweil vor ausgesprochenen Touristenfallen. Leicht daran zu erkennen, dass kein Japaner jemals auf die Idee käme, daran teilzuhaben. Würde ein Japaner freiwillig in einem Ninja-Themenrestaurant speisen? Sicher nicht. Dasselbe gilt für einen Ort, der für sich selbst schamlos als das »Kill-Bill-Restaurant« wirbt.

Bill Overkill

Eine Freundin der Familie, die Leiterin des japanischen Zweigs eines internationalen Unternehmens, klagt gern, ihren ausländischen Kollegen und Geschäftspartnern würde bei Firmenbesuchen in Tokio nichts Originelleres einfallen, als um ein Abendessen bei Sukiyabashi Jiro zu bitten. Dabei könnte sie ihnen die Tür zu so vielen interessanteren kulinarischen Verheißungen öffnen. Aber nein, jeder will zum steinalten Sushi-Meister Jiro Ono und seinen leidgeplagten Söhnen, weltbekannt aus dem preisgekrönten Dokumentarfilm *Jiro Dreams of Sushi*. Dabei ist es nicht nur ein Kraftakt, dort eine Reservierung zu ergattern. Hat man eine, garantiert die noch lange nicht, dass man das Ende des Mahls erleben wird. Gestorben ist zwar bislang keiner. Hin und wieder allerdings fliegt einer raus, zum Beispiel, wenn er an der falschen Stelle etwas sagt. Oder nichts sagt. Oder nicht das Richtige. Zumindest hört man solche Geschichten immer wieder. Von jemandem, der einen kennt, der einen kennt, dem das mal passiert ist.

Ehemalige Kollegen aus meinem eigenen ehemaligen Arbeitsumfeld in Deutschland haben bescheidenere Wünsche, wenn sie die Firma für ein paar Tage nach Tokio schickt. Gleichwohl sind diese Wünsche ebenso spezifisch und werden von ihren japanischen Gastgebern genauso ungern umgesetzt.

»Keiner meiner japanischen Kollegen wollte mit mir ins Roboterrestaurant gehen!«, beschwerte sich einer mir gegenüber.

»Ich werde auch nicht mit dir ins Roboterrestaurant gehen«, stellte ich unmissverständlich klar.

Mit stolzem Strahlen: »Das musst du auch nicht, ich bin einfach allein ins Roboterrestaurant gegangen.«

»Und?«

»Es war total japanisch! Total verrückt!«

Besserwisserei ist eine der unattraktivsten menschlichen Eigenschaften, deshalb verzichte ich generell darauf, Reisende, die gerade seit zwei Tagen im Land sind, zu korrigieren, wenn sie etwas für »total japanisch« halten. Zumal der ehemalige Kollege, ein Mann wachen Verstandes, sogleich relativierte, dass sein Radar vielleicht noch nicht genügend kalibriert sei, total Japanisches von albernem Showklimbim zweifelsfrei zu unterscheiden. Wenn ich richtig informiert bin, liefern sich im Roboterrestaurant als Roboter und Dinosaurier verkleidete Kleindarsteller Schaukämpfe, dazu gibt es Lichtshow und Essen aus Kartons. Vielleicht ist es ganz gut, vielleicht ist es total japanisch, ich sollte mich einer Meinung enthalten, denn ich bin nie dort gewesen. Beim Gonpachi Nishiazabu, in Volksmund und Eigenwerbung das »Kill-Bill-Restaurant« genannt, sieht das anders aus. Dort war ich schon einmal, somit muss ich mit meiner Meinung nicht hinterm Berg halten.

In meinem Buch *Gebrauchsanweisung für Japan* kommt die eine oder andere Spitze gegen den Filmemacher Quentin Tarantino vor, nicht zuletzt wegen seines Doppelwhoppers *Kill Bill*. Bitte verzeihen Sie, ich war jung, zumindest im Herzen. Da arbeitet man sich oft leidenschaftlicher an Feindbildern ab als an Vorbildern. Dem jungen Herzen wohnt eine Niedertracht inne, die später von Altersmilde vaporisiert wird. Heute weiß ich: Man muss Tarantino nicht verachten, nur weil er dieselben Filme mag wie man selbst. Insbesondere *Kill Bill* gehört zu seinen vergnüglicheren Werken, wenn man sich einen Ruck gibt und nicht immer alles so eng sieht. Das Restaurant Gonpachi Nishiazabu in Roppongi wirbt also damit, das Kill-Bill-Restaurant zu sein. Weder kommt es als solches im Film vor, noch wurde dort für den Film gedreht. Das Interieur war lediglich Inspiration für eine einzige Kulisse in diesem ziemlich langen Film. Wichtigere Inspirationen für den Film waren sicherlich andere Filme wie *Sasori* oder *Lady Snowblood*, trotzdem nennen die sich heute nicht stolz: »Der Kill-Bill-Film!«

Ähnlich wie Sukiyabashi Jiro ist das Gonpachi Nishiazabu ein Ort, den viele Ausländer kennen und zu dem sie von japanischen Gastgebern regelmäßig ausgeführt werden, mitunter zu deren Leidwesen. Hier klappt es in der Regel auch mit der Reservierung. Oder man braucht gar keine, groß genug ist der Laden. Quentin Tarantino ist, natürlich, schon dort gewesen, genauso irgendein George Bush. Ob der mit ohne oder W habe ich vergessen, beide taugen ohnehin allenfalls zu fragwürdigen Ehren. Ich selbst bin, wie gehabt, auch einmal dort gewesen. Das gereicht selbstredend erst recht keinem zur Ehre.

Ich habe eine einzige hervorragende Ausrede, mit der ich so gut wie jede meiner vielen unsinnigen Freizeitaktivitäten rechtfertige: Recherche! Dafür ließ ich mich in einem Maid Café in Akihabara charmant veräppeln, dafür aß ich gebratene Nudeln unter einem (künstlichen) Riesenpenis in Roppongi (Chinese Café Eight, falls Sie auch mal dringend was recherchieren müssen), und dafür besuchte ich das Kill-Bill-Restaurant. Ich hatte mir in den Kopf gesetzt, es in meinen Roman *Roppongi Ripper* unterzubrin-

gen (genauso wie das China-Penis-Restaurant). Rückblickend
weiß ich weder warum noch an welcher Stelle. Eine gute Bekannte, die mich zu ihrer und meiner Unterhaltung schon auf manchen
Recherchetouren begleitet hatte, war mit von der Partie. Und
wenn ich »gute Bekannte« sage, dann meine ich eigentlich »liebe
Freundin«. Nur eines trübt unsere liebe Freundschaft, nämlich
ihre Liebe zur Kaffeehauskette Starbucks. Seit Jahr und Tag versucht sie mich in entsprechende Filialen abzuschleppen, und seit
Jahr und Tag versuche ich sie davon zu überzeugen, dass so ziemlich jede japanische Kaffeehauskette viel besseren Kaffee ausschenkt als Starbucks. Aber es nützt nichts.

Bereits im Eingangsbereich des Gonpachi Nishiazabu werden
Kill-Bill-DVDs und Fotos ausgestellt, und es dringt einem der
Kill-Bill-Soundtrack ins Ohr. »So ein Zufall«, dachte ich, »dass der
gerade jetzt läuft, wo wir kommen.« War natürlich kein Zufall, wie
wir später feststellten. Der läuft in Dauerschleife.

Das Restaurant ist in mehreren Stockwerken rondellartig
aufgebaut, ebenerdig in der Mitte ist eine Arena mit Schauko-
chen. Die vielsprachig angebotene Speisekarte bietet vor allem
Izakaya-Kost, also kleine Kneipenhäppchen. Entgegen bisweilen gehörter Beschwerden ist das Essen nicht zu teuer, allerdings
auch nicht zu gut. Ich möchte meine Hand nicht dafür ins Feuer
legen, dass man in jedem kleinen Oma-und-Opa-Izakaya besser
isst. In den meisten allerdings wohl schon. Japanerinnen und Japaner sind bei Personal wie Kundschaft in der Minderheit. Der
Kill-Bill-Soundtrack kann einem schnell über werden. Nachdem
man das zugegebenermaßen bemerkenswerte Interieur gewür-
digt hat, gibt es nicht mehr viel Bemerkenswertes. So ist meine
Erinnerung an den Abend ein ungemütlicher Nebel aus mäßi-
gem Essen, charakterlosem Industriebier, aufgeregten Gästen
aus dem anglofonen Ausland und repetierender musikalischer
Untermalung. Ich weiß noch, dass die Freundin und ich uns darüber unterhielten, wie viel Freude Facebook und Starbucks ihr

bereiteten. Ich versprach ihr, meine damalige Facebook-Ablehnung noch mal zu überdenken, aber in der Starbucks-Sache würde ich standhaft bleiben.

Und ich erinnere mich, wie sie mir etwas Gutes tun und etwas ganz Besonderes bestellen wollte. Etwas, das ihre Englischkenntnisse überforderte. Also winkte sie die Bedienung herbei und plauderte kurz japanisch mit ihr. Kurz darauf schwenkten beide wieder auf Englisch um, die Bedienung ging bedienen, und die Freundin schaute etwas unzufrieden aus der Wäsche.

»Meinetwegen hättet ihr ruhig japanisch sprechen können«, sagte ich. »Ich komme schon mit, und selbst wenn nicht: Ich lasse mich gern überraschen.«

Säuerlich sagte meine Freundin: »Die konnte kein Japanisch.«

Ich empfinde die Bereitstellung englischsprachigen Services und englischsprachiger Speisekarten keineswegs als eine Zumutung oder gar als ein Anzeichen fehlender Authentizität. Eher als ein Anzeichen redlichen Geschäftssinnes, den sollte man Geschäftsleuten, die Gastwirte ja wohl sind, nicht ankreiden. Beschäftigt allerdings ein japanisches Restaurant in Japan Personal, das nicht mal auf Anfrage japanisch spricht, dann gibt einem das schon zu denken. Die Stimmung war nicht mehr ganz so gut (unsere, die um uns herum war Oktoberfest-gut), und wir waren beide froh, als wir übereinkamen, den Ort wieder zu verlassen.

Hinterher gingen wir noch einen Kaffee trinken. Ich war geschwächt, mein Widerstand gebrochen, also gingen wir zu Starbucks. Dort unterhielten wir uns prächtig, konnten bereits nach erstaunlich kurzer Zeit über den versauten Abend lachen. Die Starbucks-Filiale entpuppte sich als ein deutlich authentischerer japanischer Ort als das Gonpachi Nishiazabu. Schließlich baute ich sie in meinen Roman ein, das Kill-Bill-Restaurant fand keinerlei Erwähnung. Und so wollen wir es auch hier fortan halten.

Haben Sie dieses Restaurant gesehen? Metcha Tanmen, kurz
vorm Verschwinden

Kill Bill 3: Wo ist meine Infernosuppe?

Um noch einmal auf dieses Kill-Bill-Restaurant zurückzukommen: Erst nach der Niederschrift dieses Kapitels, das an dieser Stelle längst zu Ende sein sollte, schwappte die Berliner Diskussion um Lokale in Deutschland zu mir herüber, in denen nur auf Englisch bedient würde. Konsens, so scheint mir: Wer dafür ist, ist weltoffen und weltklasse; wer dagegen ist, ist CDU.

Ich verstehe diese Diskussion nicht. Selbstverständlich sollte man überall auf der Welt von einem Gastronomieangestellten erwarten, dass er fähig ist, die Bestellung eines Einheimischen in dessen Landessprache aufzunehmen. Was gibt es denn da zu diskutieren? Ist das nicht oberstes *job requirement*, auf gut Deutsch gesagt? Das bekommt übrigens jedes bildungsferne südostasiatische Landmädel in nordrheinwestfälischen Thai-Imbissen ganz wunderbar hin. Von australischen Kunststudenten, oder was da in Berlin sonst so kellnert, dürfte es nicht zu viel verlangt sein.

Noch schlimmer als Berlin: Das erwähnte Nudelrestaurant Metcha Tanmen, selbstverständlich das beste der Stadt, ist nicht mehr. Offiziell hat es »vorübergehend geschlossen«, so jedenfalls hieß es in der Bekanntmachung, die eines Tages an der Tür baumelte. Sofort mehrten sich die Gerüchte, dass die Schließung alles andere als vorübergehend sei. Auf Gerüchte soll man nicht hören. Der Umstand allerdings, dass inzwischen das Gebäude komplett abgerissen wurde, verleiht den Spekulationen ein gewisses Gewicht. Ich denke dennoch nicht dran, das Lokal aus diesem Kapitel zu entfernen, nur weil es aus unserer Häuserzeile entfernt wurde. Sollen meine Worte ihm ein Denkmal sein. Und ein Mahnmal. Tokio ist im ständigen Wandel. Das ist kein klischierter Füllsatz, das ist täglich gelebte Realität.

Kapitel

13

Das beste Essen der Welten

Wer in Tokio nur japanisch isst, ist selber schuld. Tokio ist die Gourmet-Hauptstadt der Welt. Da muss man nicht meinem Wort vertrauen, man kann den Sternen des Guide Michelin glauben, denn in keiner Stadt der Welt wurden mehr davon verteilt als in der japanischen Hauptstadt. Paris und seine Anhänger sind darüber gar nicht erfreut, hört man mitunter. Doch Häme ist nicht angebracht; angesichts der Größenverhältnisse ist es eigentlich nicht verwunderlich, dass es in Tokio mehr Meisterköche gibt als in der Stadt der Liebe. Anstatt ein langes Gesicht zu ziehen, sollte man lobend anerkennen, dass ein so kleiner Ort wie Paris überhaupt irgendwelche Sterne bekommen hat. Man möchte sich zu ihm herunterbeugen und sagen: »Nun zeig doch mal deine Sterne ... also, das hast du ganz, ganz toll gemacht, Paris.«

Wo die vielen Ausländer wohnen

Als sich unsere Tokio-Umzugsabsichten verdichteten, hatten wir eine Very-Shortlist mit drei oder vier bevorzugten Stadtteilen angelegt. Darauf waren ausschließlich Vororte, die alltägliche Bedürfnisse effektiver befriedigten als touristische und von denen ich noch nie gehört hatte, bevor Junko und ich auf Wohnortschau gegangen waren. Als wir einheimische Bekannte mit einzelnen Kandidaten unserer Liste konfrontierten, war die Reaktion stets dieselbe, egal um welchen Ort es ging: »Ach, da wohnen ja jetzt viele Ausländer!«

Diese Feststellung wurde stets mit Strahlemiene vorgetragen, als sollte sie uns zu unserem Entschluss beglückwünschen. Meine Miene hingegen verfinsterte sich jedes Mal. Ich wollte ja nun gerade keiner von diesen Ausländern sein, die da wohnen, wo die anderen Ausländer wohnen: ein internationaler Supermarkt an jeder Ecke, womöglich noch eine Currywurstbude und eine deutsche Bäckerei, Expat-Stammtisch (zwei hässliche Worte zu kombinieren, macht sie auch nicht schöner, merke ich gerade) und Botschaftsnähe und um alles herum vielleicht noch ein Zaun mit Schäferhundpatrouille. Ich wollte Authentizität! Ich wollte dort leben, wo ich gar nichts verstehe, auf dass ich bald alles verstünde!

Durch schicksalhafte Fügung (Vetternwirtschaft) wurde es dann, wie gesagt, ohnehin keiner der Vororte, die wir in tagelangen Fußmärschen und Bahnfahrten ausgekundschaftet hatten, sondern das innerstädtische Meguro. Als wir meiner Schwägerin von unserer Entscheidung erzählten, rief sie erleichtert: »Meguro! Da wohnen ja jetzt viele Ausländer.«

Zusammenfassend kann man sagen: Sie sind überall! Die Ausländer! Mitten in Tokio und in den Randbezirken! Wohnen allerorten einfach so rum!

Tatsächlich sieht man auf den Straßen hier überdurchschnittlich viele Menschen, die man bei oberflächlicher Betrachtung für

Ausländer halten möchte. Selbstverständlich sollte man nicht allzu rassenlehrehaft an die Ausländerfrage herangehen; einen Ausländer erkennt man schließlich verlässlich lediglich an seinen Papieren, nicht an seiner Hautfarbe. Einem Großteil dieser mutmaßlichen Ausländer würde ich eine indische Herkunft attestieren. Ohne grob verallgemeinern zu wollen: Es mag an den vielen großen und kleinen IT-Firmen liegen, die hier ihre Hauptquartiere hingestellt haben. Eine andere Theorie: Es liegt an den vielen hervorragenden indischen Restaurants und Verpflegungsbuden, die unsere Bürgersteige säumen. Wobei das die alte Menschheitsfrage aufwirft: Sind die Inder wegen der indischen Restaurants da? Oder sind die indischen Restaurants wegen der Inder da?

Das geheime Lächeln des Rasoi-san

An der Meguro-dori, einer der Hauptstraßen unseres Viertels, hängt an einem Gebäude mit mehreren Bars und Restaurants ein Poster, auf dem ein ernster Mann mit Turban dem Betrachter ein Linsengericht präsentiert. Das Motiv wirbt für das Restaurant Rasoi, und wer sich vom ernsten Gesichtsausdruck nicht abschrecken lässt und das Restaurant besucht, wird zweierlei feststellen: Der Mann auf dem Poster ist der Betreiber leibhaftig, und im wirklichen Leben ist sein Gesichtsausdruck noch viel ernster. Vermutlich, weil er sein Handwerk so ernst nimmt. Angesichts der starken und zahlreichen Konkurrenz möchte ich nicht sagen, dass Rasoi-san (wir wissen nicht, ob er wirklich so heißt, doch wir haben ihn hinter seinem Rücken so getauft) das beste indische Restaurant von Meguro betreibt, doch es ist auf jeden Fall nominiert.

Ich komme so häufig am Rasoi vorbei, dass ich das Poster mittlerweile gründlich studiert habe, und stelle inzwischen fest, dass mein erstes Urteil zu hart war. Er guckt gar nicht so ernst. Sieht man ganz genau hin, umspielt ein leichtes, feines Lächeln seine Lippen, vielleicht aus bescheidenem wie berechtigtem Stolz auf das Linsengericht in seinen Händen. Wegen familiärer Umstände kommen wir leider nur selten dazu, sein Restaurant aufzusuchen. Dafür nutzen wir häufig den Lieferservice des Hauses, den Rasoi-san immer dann anbietet, wenn ihm danach ist. Eigentlich ist dieser Lieferservice viel mehr noch als der Restaurantbesuch die ultimative Rasoi-Erfahrung. Es klingelt, man schaut auf den Monitor der multimedialen und multifunktionalen Gegensprech- und Alarmanlage, und wen sieht man da? Einen hemdsärmeligen Lieferboy mit Baseballkappe? Nein, es ist Rasoi-san höchstpersönlich, und er macht ein Gesicht, als wolle er sagen: *»Ich habe hier etwas für Sie, und zwar: schlechte Nachrichten.«*

In Wirklichkeit sagt er nichts. Man selbst sagt dann übers Mikro: »Hai?«

Er sagt weiterhin nichts. Er steht nur da und starrt in die Kamera, und dieses Starren sagt: *»Ich stehe hier in meinem aus der Werbung bekannten Turban – was glaubst du, wer ich bin und was ich hier mache?«*

Rasoi-san ist nicht nur Chefkoch und Restaurantbetreiber, sondern auch Nachbar. Nicht selten radelt er mir entgegen, wenn ich nachts mal zum *convenience store* muss oder wenn ich morgens meine Tochter in den Kindergarten bringe. Die Frage, ob ich ihn grüßen soll oder nicht, treibt mir jedes Mal Schweißperlen auf die Stirn (genauso wie sein Curry). Manchmal meine ich, bei ihm einen flüchtigen Blick und ein leichtes Nicken in meine Richtung registriert zu haben. Dann frage ich mich bang: Habe ich ebenfalls in ausreichendem Maße geblickt und genickt? Nicht zu viel und nicht zu wenig? Und rechtzeitig?

Doch Rasoi-san ist längst weiter und denkt sich vielleicht: ,Der Typ könnte ruhig mal etwas freundlicher gucken, wo ich ihm schon ständig sein Essen bringe. Typisch deutsch eben. Aber was will man machen? Hier leben jetzt ja auch immer mehr Ausländer.'

Japan verdanke ich übrigens, dass ich indisches Essen über-haupt zu schätzen weiß. Meine ersten Versuche in Deutschland schwankten allesamt zwischen unbeeindruckend und gesund-heitsgefährdend, da kann man das eine oder andere Vorurteil ge-genüber einer Landesküche aufbauen. Ich muss ja nicht alles mö-gen, habe ich mir gedacht und mir vorgenommen, indische Restaurants für den Rest meines Lebens zu meiden. Eines Tages in Tokio allerdings war ich hungrig, aber nicht gut zu Fuß, denn ich hatte gerade einen längeren Dauerlauf hinter mir. Das nächste er-reichbare Restaurant war leider indisch, und nachdem ich ein paar Bissen gekostet hatte, strich ich das »leider« umgehend aus der Feststellung. Trotzdem wartete ich für den zweiten Versuch das nächste Mal ab, bei dem es nicht anders ging, weil das Gehen nicht ging. Es war nach meinem ersten Tokyo Marathon, und meine Füße trugen mich zur Abendessenszeit nicht sonderlich weit, nämlich nur bis zu einem unterirdischen Inder in der Nähe meines Hotels, wobei sich das Unterirdische lediglich auf seine Lage im Kellergeschoss eines Büroturms bezog. Es war wieder ganz vor-züglich, und diesmal beschloss ich, dass es kein glücklicher Zufall war: indisches Essen = gutes Essen. Unglückliche Zufälle waren eher meine Erstbegegnungen in Deutschland. Zwischenzeitlich habe ich auch in München den einen oder anderen ganz vorzügli-chen Inder ausgemacht, ich möchte also keineswegs alle deut-schen Inder über einen Kamm scheren. Und wahrscheinlich gibt es auch in Indien ganz vorzügliches indisches Essen. Müsste man mal ausprobieren.

Träumen von Italien (in Japan)

Bei Amerikanern versteht man ja oft einiges nicht. Zum Unver-ständlichsten allerdings, was mir in Japan gelegentlich aus ameri-kanischem Mund zu Ohren kommt, gehören die Klagelieder darüber, wie man in Japan partout keinen vernünftigen Hamburger und keine Pizza wie in New York bekäme. Dabei finde ich, dass gerade Pizza und Hamburger zu den Kernkompetenzen der japanischen Küche gehören. Die beste Pizza meines Lebens aß ich in Tokio. Die zweitbeste auch, genauso wie die drittbeste. Danach habe ich den Überblick verloren. Ich muss zugeben, dass bei der besten Pizza ein wenig das Dolce Vita die Geschmacksknospen beflügelt haben mochte. Ich umwarb gerade meine heutige Ehefrau, und sie schleppte mich ab in die kleine Pizzeria in ihrer Straße. Tom's Kitchen war ihr unscheinbarer Name. Die Speisen waren verdächtig günstig, mundeten aber unfassbar köstlich. Rückblickend mag es sein, dass eher die Frau an meiner Seite verantwortlich war für das Glück, das ich an unseren vielen Abenden bei Tom gar nicht fassen konnte, und nicht allein der Teig in meinem Mund.

Ich muss gestehen, dass ich vor unseren Tom-Abenden ohnehin gänzlich unbeleckt war in den höheren Weihen der Pizzakultur. Ich hielt es für den Gipfel der Weltläufigkeit, Chiliöl über eine Pizza zu geben. Bei Tom erfuhr ich erst, dass nicht alles auf der Welt feurig scharf und ölig am besten schmeckt, sondern dass man über manchen Pizzabelag besser Honig gibt. Selbstverständlich kam die Einsicht erst nach skeptisch deutschem Widerstand.

»Was ist da drin?«, fragte ich bezüglich des Honiggefäßes auf dem Tisch.

»Das ist Honig«, sagte meine Zukünftige.

»Wofür denn das?«

»Für die Pizza.«

»Nein, diese verrückten Japaner wieder!«

Bei Tom erfuhr ich außerdem, dass man helles Bier und dunkles Bier zu einem neuen Getränk kreuzen kann. Ich steckte damals noch tief in der deutschen Reinheitsgebotsmentalität, die einem kaum erlaubt, an mehr als eine Biersorte zu glauben, geschweige denn mehrere Arten vorurteilsfrei zu trinken oder sie gar zu mischen. Geht aber alles und bereichert das Leben ungemein. Das und die Liebe.

Ähnlich gute Erfahrungen wie in indischen und italienischen Lokalen machte ich in russischen, chinesischen, thailändischen und deutschen. Bei Letzteren muss man sich von allzu regional exklusiven Vorstellungen der deutschen Küche lösen. Vermutlich findet man in Japan eher ein Restaurant, das Labskaus UND Leberkäse auf der Karte hat, als in Deutschland. Ein Nachteil ist das nicht.

Je weniger asiatisch die Küche eines auf ausländische Speisen spezialisierten Restaurants ist, desto unwahrscheinlicher ist es, dort tatsächlich Personal entsprechender Herkunft anzutreffen. Die Thailänder und Inder Tokios sind in der Regel wirklich solche. Deutsche Bierhallen und feinere Adressen wie Zum Einhorn in Roppongi sind in der Hand japanischer Deutschlandbegeisterter, für italienische Wirtschaften gilt Entsprechendes. Mit einem dieser japanischen Meister der italienischen Küche und seiner Lebensgefährtin hatten meine Frau und ich einmal Freundschaft geschlossen. Der recht junge Mann hatte sein Handwerk in Italien gelernt und bereiste das Land weiterhin regelmäßig auf der Suche nach neuer Inspiration, neuen Zutaten, neuen Weinen. Sein Restaurant, das während unserer gemeinsamen Zeit den Standort wechselte, war zunächst sehr klein. Mehr als vier Tische können es nicht gewesen sein, in meiner Erinnerung tauchen mitunter auch mal nur zwei oder drei auf. Man wusste von dem Restaurant nur, wenn man davon wusste. Das Budget wurde lieber in Speis und Trank gesteckt als in die Werbung, und gastrojournalistische Berichterstattung bekommt man in Tokio ebenfalls nicht ohne finanzielles Dankeschön.

Der Wirt bekochte und betreute seine Gäste in mehreren Gängen, die simpel aussahen und komplex schmeckten. Jeder Gang vornehm klein, hinterher war man trotzdem pappsatt. Dann, zu vorgerückter Stunde, kam womöglich die Lebensgefährtin des Wirtes von der Arbeit, ihres Zeichens Opernsängerin. Ebenfalls in Italien angelernt und dort Fortbildungsdauergast. War sie nach Feierabend noch nicht völlig ausgesungen und guter Dinge, schmetterte sie für die Gäste eine Gratis-Arie zum Nachtisch und servierte Kaffee (Kapselkaffee eines Lebensmittelmonopolisten von zwielichtigem Leumund – der einzige Stilbruch dieses feinen Etablissements).

Das hätte meinetwegen immer so weitergehen können. Ging es aber nicht, es kam besser. Zunächst. Das Paar und das Restaurant zogen in ein größeres Haus, in dem noch weniger Platz für Gäste war. Der größte Teil des Hauses war der Familienplanung vorbehalten, in einem Zimmer stand ein einziger Tisch zur Gästebewirtung. Intimer geht es nicht, optionale Arie weiterhin inklusive. Einmal versuchten wir spontan unser Glück (das neue Haus, eine weitere zunächst glückliche Fügung, war nur wenige Ecken von unserem entfernt). Wir klingelten und der sonst so adrette Chefkoch begrüßte uns unrasiert im Trainingsanzug. Er hatte heute keine Gäste erwartet. Er bekochte uns dennoch.

Gern würde ich heute noch dort sitzen und von Italien träumen. Deutsche träumen ja gern von Italien, das musste ich bereits erfahren, als ich mit meiner Krimiserie um Inspector Yuka Sato einst auf Verlagssuche war. Nicht selten bekam ich zu hören, das alles sei schön und gut, aber die Deutschen träumten nun mal nicht von Japan. Sollte ich aus der japanischen Inspektorin einen italienischen Kommissar machen wollen, könne man darüber reden.

Inzwischen allerdings sitze ich nicht mehr dort. Wegen der Familie. Meiner Familie. Weil Junko und ich so angetan waren, hatte sich der Kundenkreis des Restaurants in Windeseile um andere Mitglieder unseres Clans erweitert. Irgendwann bekam sich ein Mitglied unserer Familie mit einem Mitglied des Wirtspaares in die Haare. Es wurde getuschelt, an Esstischen und in sozialen Netzwerken. Junko und ich waren unschuldig und unbeteiligt, doch Familie ist Familie. Da sind Italiener und Japaner sich nicht völlig unähnlich.

Immerhin gibt es in Tokio keinen Mangel an guten italienischen Restaurants. Dann sitze ich halt woanders und träume von Italien. Dennoch vermisse ich manchmal die Arien und vielleicht sogar den verurteilenswerten Kapselkaffee. Wann bekommt man ihn schon gesungen serviert?

Kapitel

14

Ichi, ni – g'suffa

Ich möchte eine unbequeme Wahrheit aussprechen. Ich bin mir gar nicht sicher, ob ich der Einzige bin, der sie erkannt hat, oder ob andere sie ebenfalls kennen, jedoch verschämt schweigen. Vielleicht aus Angst, fortan am Tresen ausgegrenzt zu werden. Hier kommt's: Orion ist völlig überbewertet.

Der Orion-Schwindel

Nicht das Sternbild am Himmelszelt, das ist vermutlich genau richtig bewertet, sondern das Bier aus Okinawa. Zum ersten Mal trank ich es in einem thailändischen Kellerrestaurant im Tokioter Buchhandelsviertel Jimbōchō, einer kunterbunten Partyhöhle mit hervorragendem, scharfem Essen und ausgelassener Stimmung.

Zur scharfen Suppe bekam man, wie es in Japan nicht selten Sitte ist, ein großes Erwachsenenlätzchen umgehängt. Mit einem Erwachsenenlätzchen behängt schlechter Stimmung zu sein, ist nahezu unmöglich. Zum Essen ließ ich mir eine Dose Orion bringen, ich hatte es noch nicht gekostet. Es mundete mir sehr. Nun hatte ich durch die scharfe Suppe eh kaum noch funktionierende Ge-

Gaijin-Andi im Glück: mein erstes Orion (links unten)

schmacksnerven, und so eine zünftige positive Grundstimmung kann einem schon mal das Urteilsvermögen vernebeln. Kaum war ich wieder auf der Straße, war einer derer aus mir geworden, die sich bei jeder Gelegenheit eine Dose Orion bringen ließen und gern kundtaten, dass dies das Bier sei, das es jetzt zu trinken gelte. Das It-Bier, an dem Japan genesen würde.

Bis ich merkte: Es ist eigentlich ein rechtes Standardbier. Es tut nicht weh, macht aber auch keine Laune. Es mag die Laune unterstützen, die bereits vorhanden ist, so wie es Standardbiere nun mal tun, doch darin erschöpfen sich seine Fähigkeiten. Möchte man den Reiz Orions ergründen, ist seine Herkunft sicherlich der Schlüssel. Okinawa ist strandparadiesischer Urlaubsort auf der einen Seite, bemitleidetes politisches Sorgenkind mit starker amerikanischer Militärpräsenz auf der anderen. Weit südlich von den japanischen Hauptinseln gelegen, haben die Bewohner Okinawas oft das Gefühl, von der Landesregierung in der fernen Hauptstadt mit ihren Problemen alleingelassen zu werden, nicht in jeder Hinsicht ganz zu Unrecht. Wer Orion trinkt, zeigt sich solidarisch mit einem marginalisierten Teil Japans und bedient zugleich die eigene Strandurlaubssehnsucht. Beides sei jedem gegönnt. Schöner wäre es nur, würde das Bier auch noch nach was schmecken. Der Indie-Pose dient die Dose ebenfalls nicht mehr, denn inzwischen wird Orion von der Krakenbrauerei Asahi landesweit vertrieben. Dort ist es in Gesellschaft zahlreicher hauseigener Biere, die ganz genauso schmecken wie Orion, also genauso unspektakulär.

Man sollte nicht meinen, ich wettere gegen das japanische Bier im Allgemeinen. Das fiele mir nie ein; ich wettere allenfalls gegen das allzu unkritische Befolgen von Modeerscheinungen. Treffe ich Japaner zum ersten Mal, kommt die Bierfrage garantiert. Erst wird der Mitleidsblick aufgesetzt, dann: »Vermissen Sie denn gar nicht das deutsche Bier?« Oder die Variation: »Was vermissen Sie denn aus Deutschland am meisten?« Kommt die Antwort nicht innerhalb von Sekundenbruchteilen, wird ausgeholfen: »Das Bier?«

Diese Frage stört mich überhaupt nicht, denn zum Thema Bier habe ich ein ausgesprochenes Sendungsbewusstsein, so deutsch bin ich gern. Also hole ich ein ums andere Mal aus zu meinem Sermon: I wo, das deutsche Bier sei ja gar nicht so gut, wie die Deutschen es sich einreden. Japan habe die deutlich besseren Industriebiere und die lebendigere Craft-Beer-Szene ohnehin. Dazu bekomme ich die Laute des Erstaunens und der Zustimmung zu hören, mit denen der höfliche Japaner jedes Gespräch garniert und seinen Gesprächspartner für ein paar Sekunden so verlässlich wie unverbindlich in das warme Gefühl lullt, das gerade Gesagte sei so ziemlich das Interessanteste, was jemals irgendwer irgendwo auf der Welt von sich gegeben habe. Hätte ich wider meine Überzeugung das genaue Gegenteil behauptet – deutsches Bier Weltgenesung, japanisches Bier fermentierte Kuhpisse –, hätte die Reaktion genauso geklungen. Widerspruch, Zweifel und Konfrontation gehören nicht zur Standardausstattung des Konversationsinstrumentariums.

Deutsches Bier vermisse ich nicht. So ich deutsche Getränke vermisste, wären das Wein und Schnaps. Nicht, dass ich ein großer Schnapstrinker wäre. Gerade das ist ja der Punkt. Wenn ich mir doch mal einen genehmige, sollte der auch ein außerordentliches Erlebnis sein. Nicht, dass es in Japan keine außerordentlichen Erlebnisschnäpse gäbe. Aber bei deutschen kenne ich mich besser aus, und ich bin heutzutage weder in der Verfassung noch in der Laune, mich so lange durchzuprobieren, bis es klappt. Bleiben wir an dieser Stelle lieber beim Bier.

Der Oktober ist nicht genug

Ahnungslose Auswärtige reiben dem Bayern gern die Erkenntnis unter die Nase, das Oktoberfest fände ja größtenteils gar nicht im Oktober statt, sondern im September. Sie tun das in einem Tonfall glucksender Belustigung und Überlegenheit, als hätten sie gerade einen Missstand aufgedeckt, der in Bayern jahrhundertelang unentdeckt geblieben ist oder totgeschwiegen würde. Ein ums andere Mal erklärt dann der geduldige Bayer, dass kein Anlass zur Sorge bestehe, der Name käme eben daher, dass man in den Oktober hineinfeiere. Ich habe dieses Schauspiel schon in beiden Rollen aufgeführt, erst als fehlgeleiteter Spötter, dann als geduldiger Erklärer. Dabei hatte ich stets ein gespaltenes Verhältnis zum Oktoberfest, und mit gespalten meine ich: schlecht. Harald Juhnke wird das Bonmot zugeschrieben: Ich hasse Silvester, da saufen auch die Amateure. Ich ziehe mit und erhöhe um Oktoberfest. Mein erstes Oktoberfesterlebnis hatte ich, bevor ich überhaupt jemals die Wiesn betreten hatte, nämlich, als ein Rückkehrer am Münchner Hauptbahnhof nahe der U-Bahngleise von einer Rolltreppe auf mich herabreiherte. Danach wurde es nur unwesentlich besser.

In Tokio allerdings gehe ich recht gern aufs Oktoberfest. Glücklicherweise, denn man kommt kaum drum herum. In Japan gibt es rund 30 verschiedene Oktoberfeste, die meisten davon in Tokio, und alle sinnvollerweise in den verlässlich warmen Monaten platziert. Da kann es schon einmal vorkommen, innerhalb weniger Wochen zwei Oktoberfeste in derselben Stadt zu besuchen. 2015, während meiner gewissenhaften Elternzeit, bin ich kurz hintereinander im Hibiya Park und im Komazawa Park in den Genuss gekommen (in beiden Parks war es bereits die zweite derartige Veranstaltung innerhalb eines Kalenderjahres).

Der Genuss mag ein fragwürdiger sein, denn selbstredend zeigt sich die deutsche Küche hier nicht immer von ihrer appetitlichsten Seite, und ich befürchte auch nicht immer von ihrer authentischsten. Ich könnte schwören, bei meiner Currywurst war Bockwurst unter dem Curry. Anständiges Essen mag freilich bei einem Oktoberfestbummel nicht von allerhöchster Priorität sein. Beim Bier geht es authentischer zu, zumindest authentisch deutscher, nicht unbedingt authentisch bayrischer. Ich weiß nicht, wie viele Maß Kölsch auf dem Münchner Oktoberfest erfolgreich verkauft werden. Das Markenreinheitsgebot sieht man ebenfalls nicht so eng. Als ich an der Beck's-Bude für eine Begleitung ein alkoholfreies Bier bestellte, bekam ich tatsächlich ein alkoholfreies Radler von Paulaner. Daraufhin erklärte ich meiner japanischen Gesellschaft, dass das in Deutschland auf keinen Fall möglich wäre. Dass die Brauereien dort wie verfeindete Yakuza-Clans seien, die jeden Wirt einen Kopf kürzer machten, der trotz Treueschwur das Bier eines anderen ausschenkt.

Es stellte sich heraus, dass meinen japanischen Bekannten das einigermaßen egal war. Sie freuten sich an relativ gutem Bier, fragten nicht woher, mampften fröhlich Currybockwurst und rangen sich ein paar Komplimente dazu ab (»Interessant!«), schaukelten zu »Ro-sa-mundäää!« und ließen sich pünktlich alle 30 Minuten von der japanischen Zeremonienmeisterin im Dirndl animieren: »Mina-san – guten Tag!!!« Deren hauptsächliches Anliegen war es selbstverständlich, auf die Verkaufsstände mit Oktoberfestandenkenartikeln hinzuweisen.

Wer auf den japanischen Oktoberfesten ein Weilchen nüchtern bleibt (allzu betrunken wird man angesichts der Preise eh nicht), wird schnell ein unheimliches Déjà-vu-Erlebnis haben: immer und überall die gleichen Buden, die gleiche Musik, die gleiche bayrische Showband mit Originaloktoberfestgütesiegel (jetzt weiß man wenigstens, was diese Band den Rest des Jahres macht). Und wenn man ganz genau hinsieht: dasselbe Personal in den Buden, dasselbe Posterdesign, dasselbe Programmheft. Es gelang mir ohne Weiteres, einen übrig gebliebenen 100-Yen-Coupon vom Hibiya Park im Komazawa Park einzulösen. Ja, im Grunde sind diese vermeintlich verschiedenen Oktoberfeste doch ein einziges. Sie sind eine Marke, die Starbucks-Version von German Gemütlichkeit. Haben die Buams und Madels ihre Zelte in Komazawa abgebaut, ziehen sie weiter zur nächsten japanischen Grünfläche (Nara, geschlussfolgert anhand des Tourneeplans auf der Homepage der Band Die Kirchdorfer).

»Mina-san – guten Tag!!!« (In etwa: »Damen und Herren – konnichiwaaa!«)

Ich hatte nie ein gesteigertes Bedürfnis, mit dem Zirkus davon-zulaufen. Doch vielleicht laufe ich eines Tages mit dem Oktoberfest davon. Ich lasse mich in 100-Yen-Coupons bezahlen und ernähre mich von Bockwurst und alkoholfreiem Radler, wenn ich genügend Coupons gesammelt habe. Ich habe keine Gewissensbisse, den Ja-panern ein einseitiges Bild vom Deutschen an sich zu vermitteln. Die sollen sich lieber an den freundlichen Bierbankschunkler hal-ten als an den deutschen Supermarktkassierer oder Busfahrer.

Wenn nie gebetete Gebete erhört werden

»Die brauen hier Bier mit Reis. Mit Reis!«

Klingt nach einer japanischen Begebenheit, ist aber eine Be-schwerde aus deutschem Mund, die mir einmal in den USA zu Oh-ren kam. Ich war jung und führungsbedürftig, doch nicht gar so

jung, dass ich noch kein Bier trinken durfte (in Deutschland zumindest, in den USA musste ein bisschen geflunkert werden). Tatsächlich war ich gerade in genau dem Alter, in dem man als junger
Mann meint, ein besonderes Talent für das Biertrinken entwickelt
zu haben, vielleicht mehr als jemals jemand zuvor. Der, der da so
bitterlich höhnte, während er das Kleingedruckte auf dem Etikett
einer amerikanischen Bierflasche studierte, war ein Reisegefähr-
te, ein paar Jahre älter als ich, aus der angesprochenen Lebenspha-
se jedoch ebenfalls noch nicht heraus. Selbstverständlich sah ich
zu ihm auf und brabbelte ihm alles nach, also sinngemäß: »Reis,
das muss man sich mal vorstellen, so ein Quatsch, welch Travestie!« Oder: »Deutsches Reinheitsgebot, deutsches Reinheitsgebot
über alles!«

Heute weiß ich, dass der einzige Quatsch in dieser Angelegenheit das deutsche Reinheitsgebot ist, ein Marketinggag aus dem
frühen 20. Jahrhundert. Man merkt: Ich habe mich unter neue
Führung begeben und brabbele heute den Craft-Beer-Gurus alles
nach. Als Craft-Beer-Trinker hat man es gut in Japan: Auch wenn
der Marktanteil verschwindend gering scheint (unter einem Prozent), so findet man doch ein anständiges Angebot in fast jedem
convenience store in Tokio und ein mehr als anständiges in Spezial-
geschäften und in den Lebensmittelhandlungen der schickeren
Kaufhäuser. Über 220 handwerkliche Brauereien gibt es in Japan,
deshalb gibt es keinen Grund, auf die Craft-Beer-Fälschungen der
großen Brauereien wie Kirin oder Suntory reinzufallen. Die haben
neben ihren Industriegetränken inzwischen auch Reihen für den
etwas feineren Geschmack. Deren primäres Ziel ist es allerdings
keineswegs, Bierliebhabern eine Freude zu bereiten, sondern dafür Sorge zu tragen, dass die echten Craft-Brauereien gefälligst nie
über die Einprozenthürde kommen und die Kunden schön dablei-
ben, wo sie schon immer waren. (Einige Analysten indes sehen in
den explosiven Expansionen einzelner Craft-Brauereien trotz des
schrumpfenden Biermarktes ein Zeichen dafür, dass das gute Bier

bald schon auf einen Marktanteil von bis zu vier Prozent kommen könnte.)

Nachdem wir uns in Tokio häuslich niedergelassen hatten, fand ich in der Zeitung einen interessanten Artikel über örtliche Craft-Beer-Bars. Ich riss ihn heraus und bewahrte ihn auf, als Anregung, was ich unternehmen könnte, sollte ich abends mal Zeit

Bier mit Eiswürfeln – eine der verzichtbareren Saisonideen der japanischen Industriebrauereien

haben. Wenig später fand ich einen weiteren Artikel zum selben Thema, mit dem ich dasselbe tat. Und noch einen und noch einen. Wie es sich herausstellte, gibt es jede Menge Craft-Beer-Bars in Tokio. Wie sich außerdem herausstellte, habe ich niemals Zeit für sie. Da müsste schon eine in meiner unmittelbaren Nachbarschaft aufmachen.

Groß ist meine Freude, als sich endlich offenbart, was aus dem leer stehenden Gebäude direkt neben Hanas Kindergarten wird, in dem schon seit Monaten die Handwerker Staub aufwirbeln: »Another8 – Craft Beer & Sake« steht da eines Tages ans Fenster geschrieben. Ein Ableger einer beliebten Bar aus Kyoto. Eine Craft-Beer-Bar gleich neben dem Kindergarten der eigenen Tochter? Das ist ja so, als wäre ein Gebet erhört worden, das ich nie gebetet habe.

Was zunächst praktisch klingt, ist natürlich eher unpraktisch: Ich gehe nicht morgens nach dem Kindabgeben schnurstracks in die nächste Kneipe und bestelle mir einen Triple-Hop. Die hat nämlich morgens noch gar nicht auf. Leichtfertiger Jux beiseite, ich würde das auch dann nicht tun, wenn sie rund um die Uhr geöffnet hätte. Nachmittags, wenn ich Hana abhole, ist sie weiterhin verschlossen. Macht auch nichts, denn der Nachmittag ist ebenso wenig die Zeit, in der ich mich gern Erwachsenenvergnügungsgetränken hingebe. Und ich werde meine Tochter kaum aus taktischen Gründen gegen Aufpreis bis zum Abend im Kindergarten lassen, nur damit ich hinterher mit ihr einen trinken gehen kann. Diese Vater-Tochter-Aktivität verschieben wir auf ein paar Jahre später. Wenn wir dann so weit sind und ich Hana zum Bierchen abhole, dann hoffentlich nicht mehr aus dem Kindergarten. Es sei denn, sie ist Kindergärtnerin geworden. Dagegen wäre nichts einzuwenden; Kindergärtnerinnen sind die Idole meines Alltags.

Doch zurück aus der spekulativen Zukunft in die konkrete Gegenwart. In der komme ich erst dazu, Another8 zu besuchen, als Besuch da ist. Es handelt sich um Besuch aus Deutschland. Besuch also, dem man was anderes beziehungsweise was Besseres als im-

mer nur Reinheitsgebot bieten möchte. Das Another8 stellt sich
als eine dieser Bars ganz in Weiß und mit – schluck – Vinyl-DJ heraus. Es ist trotzdem recht gemütlich, weil es so dunkel ist, dass
das szenige Ambiente nicht weiter auffällt. Die Getränke werden
am Eingang bestellt. Sollte der Abend gelingen und die Biere mehr
werden, ist man angehalten, das benutzte Glas für die nächste Runde wieder an den Tresen mitzubringen. Beziehungsweise den Plastikbecher; die neue Trinkglaskultur, die dankenswerterweise um
die neue Braukultur herum entsteht, ist im Another8 noch nicht
angekommen. Sei's drum, gutes Bier schmeckt auch aus schlechten
Behältnissen. Meist bestellt man in solchen Bars immer etwas, was
man hinterher nie wieder trinken möchte. Viele Craft Biere sind
halt so besonders, dass einmal reicht. Es muss nicht mal böse gemeint sein. Dieses eine Mal hält man auf alle Ewigkeit in Ehren.

***

Das muss man allerdings wissen. Meine erste Erfahrung mit Craft
Beer machte ich ebenfalls in Tokio, Jahre zuvor, in einer der vielen
Wirtschaften von Baird Beer, einer von einem amerikanisch-japani-
schen Ehepaar geführten Brauerei. Auf ihrer Website weist sie als Al-
lererstes darauf hin, dass es bei ihren Bieren nicht darauf ankäme, jedem x-beliebigen Schluckspecht zu gefallen. Meine erste Erfahrung
war keine gute, doch das lag an mir, wie ich in retrospektiver Selbst-
kritik zugeben muss. Ich war geistig und geschmacklich noch zu nah
am Reinheitsgebot, um allzu starke Abweichungen vom Reinheits-
einheitsgebräu positiv verarbeiten zu können. Ich mochte an diesem
Abend weder das Bier noch die Gesellschaft, die für mein Missfallen
nichts konnte, es fehlte lediglich die Kompatibilität. Das Bier konnte
durchaus etwas für mein Missfallen, fand ich damals, ich hatte
schließlich noch keinen Geschmack. Meine schlechte Laune steiger-
te sich, nachdem ich auf der Herrentoilette ein prall gefülltes Portemonnaie gefunden hatte. Ich identifizierte den Herrn, dem das

Portemonnaie abhandengekommen war, anhand des Lichtbilds auf
einem der Ausweisdokumente in der Geldbörse und brachte ihm das
gute Stück an den Platz. Ich erwartete mitnichten eine finanzielle Beteiligung am Inhalt des Fundstücks, auch keinen Zungenkuss oder
Heiratsantrag. Jedoch fand ich, dass ein Wort des Dankes nicht zu
viel verlangt wäre. Stattdessen bekam ich bloß den verständnislosen,
stumpfen Blick eines Trunkenboldes, der schon den einen oder anderen Schluck über den Spaß hinaus getrunken hatte. Nur langsam
kämpfte sich unter der Stumpfheit ein Funkeln hervor. Es war leider
kein freudiges Funkeln, sondern ein angriffslustiges. Es war deutlich,
dass der Trunkenbold irgendwo im dichten Nebel seiner Trunkenheit
eins und eins zusammenzählte und zum Schluss kam, dass es ungefähr
eins oder drei oder so ergeben müsse. Kurzum: Er stellte entgegen aller entlastenden Indizien den Verdacht auf, ich hätte ihm die Börse
höchstselbst entwendet und wollte nun höhnen und mit meinem die-
bischen Geschick aufschneiden. Er war zum Glück zu betrunken, um
eine echte Gefahr für andere darzustellen. Und die Trunkenbolde, die
er seine Freunde nannte, waren zu betrunken, um das Spannungsfeld
zu bemerken, das zwischen ihm und mir knisterte. Ich wollte ohnehin gerade gehen.

Wo es schon um verlorene und gefundene Wertsachen geht,
möchte ich etwas einflechten, was nicht (oder nicht zwingend und
direkt) mit Bier zu tun hat. Ich komme so langsam in das Alter, in
dem man sein Smartphone gelegentlich und versehentlich an öffentlichen Orten liegen lässt. In meinem ersten Komplettjahr in
Japan ist mir das zwei- oder dreimal passiert, wer erinnert sich
schon so genau. Ich mache mich zwar gern lustig über die Smart-
phoneverwachsenheit der jungen Leute, aber natürlich bin ich genau wie sie, nur nicht so jung. Sollte meines wirklich mal permanent abhandenkommen, würde ich wohl trotz meiner tiefen
Abneigung gegen den Jargon der Gosse den einen oder anderen
Kraftausdruck wählen, um das Ausmaß meiner Unbill zu illustrie-
ren. So weit muss es allerdings nicht kommen. Mir hat zwar nie-

mals jemand mein Smartphone hinterhergetragen wie ich einmal jemandem eine Geldbörse. Doch jedes Mal, wenn ich Stunden später panisch an den Ort zurückkehrte, an dem ich es einzustecken vergessen hatte, lag es noch immer genau dort, als wäre nichts gewesen. Bereits bei meinen ersten Reisen war mir aufgefallen, dass Japanerinnen und Japaner gern Sitzplätze in Cafés und Stehplätze in Bahnsteigwarteschlangen markierten, indem sie einfach ihr Hab und Gut dort ließen und sich verdünnisierten. Ich war beeindruckt und beglückt, meinte gleichwohl, dass ich so viel Vertrauen in meine Mitmenschen nie würde aufbringen können; dafür sei ich zu herkunftsgeschädigt.

Geht aber alles, stelle ich heute fest. Inzwischen bringe ich im Café zuerst meinen Laptop in den zweiten Stock, damit er ohne mich schon mal an meinem Lieblingsplatz hochfahren kann, während ich im ersten Stock in aller Seelenruhe bestelle.

Doch zurück an die Theke. Die Biere von Bairds Beer trinke ich inzwischen recht gern. Zu Hause und in Restaurants (zuletzt fand ich sie auf der Karte des Edellokals, in das Junko und ich uns anlässlich unseres Hochzeitstags selbst eingeladen hatten), nur in die brauereieigenen Wirtschaften hat es mich nie wieder verschlagen. Da bin ich irgendwie blockiert. Leider ist ausgerechnet die Filiale, in der sich die kleine Schnurre zugetragen hatte, die, die meiner Wohnung am nächsten liegt, lediglich einen mittellangen Ausnüchterungsspaziergang entfernt. Sicher erwarte ich nicht, dass ich dort auf den dumpfen Trunkenbold stoße, der da noch immer sitzt und seit Jahren auf Rache sinnt. Es gibt immer genügend Orte, an denen man ohne Erinnerungslast sein Craft Beer trinken kann.

***

Zum Beispiel im Dodo House. The Dodo House ist die Craft-Beer- und Craft-Wine-Bar, die just zu der Zeit aufgemacht hat, als ich mein Glück noch kaum fassen konnte, dass mit Another8 eine

Craft-Beer-Bar aufgemacht hatte, die weniger als zehn Minuten von meiner Haustür entfernt war. The Dodo House ist weniger als fünf Minuten von meiner Haustür entfernt. Fast täglich wird Neues und Originelles an die Zapfhähne angeschlossen, ob blaues Sommerbier oder herbstliches Süßkartoffel-Ale. Alles schmeckt, zumindest einmal. Besonders gute Kunden bekommen schon mal einen ordentlichen Schluck gratis, um Kandidaten für die nächste Getränkekarte auszuwählen.

Ein bisschen befürchte ich, dass wir in einer Craft-Beer-Blase leben, die eines Tages platzt, wie schon manch andere Blase in Japan geplatzt ist. Noch feiern wir, als sei es 1989, doch irgendwann wachen wir auf und stellen fest, dass es schon 1990 ist. Ich weiß zu schätzen, dass ich zwei bis drei richtige Craft-Beer-Bars in der unmittelbaren Nachbarschaft habe, darüber hinaus einige weitere, die auch ein bisschen crafty sind, und etliche mehr, wenn wir den Nachbarschaftsbegriff ein wenig erweitern. Aber manchmal frage ich mich: Wer soll das alles trinken, all die Triple-Hops, Chocolate Stouts und Wasabi Ales?

Und dann antworte ich mir: Das werden weiterhin die trinken, die es jetzt schon trinken. Und die werden sicherlich kommende Generationen anspitzen und immer so weiter, bis es den Ausdruck »Craft Beer« nicht mehr gibt, weil alles Bier Craft Beer geworden ist. Craft Beer ist schließlich kein Bubble Tea. Nicht etwas, wovon man eines Tages sagt: Wie konnte ich nur? Wer einmal mit gutem Bier angefangen hat, hat keinen Grund, zu mittelmäßigem Bier zurückzukehren. Ach, ich trinke auch heute noch hin und wieder ein Yebisu Premium oder ein Kirin Ichiban Shibori. Möchte ich mich volksnah geben, sogar ein Asahi Super Dry. Um die Geschmacksknospen zu reinigen oder zum vulgären Durstlöschen. Für den schnellen, gierigen, großen Schluck ist ein kostbares handwerkliches Bier nun wirklich zu schade.

***

Es gibt Lebensabschnitte, da lässt man sich von keinem alternden Buchautor reinreden, da setzt man beim Bierkonsum vor allem auf Quantität. Wir wollen das nicht verurteilen, wahrscheinlich muss das so sein. Nun sind dies gemeinhin die Lebensabschnitte, in denen es um die Quantität im Portemonnaie qualitativ nicht allzu gut bestellt ist. Wie angenehm, dass es in Tokio jede Menge günstige Alternativen zur Craft-Beer-Schnöselei gibt.

Wo man sich in der teuersten Stadt der Welt am günstigsten die Lichter ausschießt

Erst war Tokio die hässlichste Stadt der Welt, was gar nicht stimmte, und jetzt soll sie auch noch die teuerste sein? Stimmt natürlich ebenfalls nicht, wie bereits erörtert wurde. Gleichwohl gehört Bier zu den teureren Alltagsaspekten Japans. 2016 wurde angekündigt, Bier würde bald günstiger, weil Steuern gesenkt wurden, die in erster Linie für die hohen Bierpreise verantwortlich waren. Von einer tatsächlichen Preissenkung war dann allerdings nichts zu merken. 2017 kam schließlich die Meldung, Bier würde doch nicht günstiger, sondern teurer, weil die Preise für die Zutaten gestiegen seien. So wurde 2017 zu einem rechten Albtraumjahr für einen gemütlichen Feierabend vor dem Fernseher. Wegen unzureichender Kartoffelernte wurden auch noch die Kartoffelchips seltener und teurer.

Wer lieber außer Haus trinkt, dessen Geldbeutel hat natürlich ohnehin nichts zu lachen. Nicht wenige Bars erheben eine feste Sitzplatzgebühr, was letztendlich nichts anderes ist als Eintrittsgeld, Verzehr nicht inklusive. Dafür muss man immerhin kein Trinkgeld bezahlen – meistens. In einem der vielen Craft-Beer-Zeitungsartikel, die ich allzu optimistisch aufbewahrt hatte, echauffierte sich die Verfasserin darüber, dass sie beim Verlassen einer ihr zuvor sympathischen Bar feststellen musste, dass an der

Kasse ein fettes, unverschämtes Trinkgeldglas aufgestellt war. Ich
teile ihren Unmut. Servicegebühren sind in Japan bereits im Preis
inbegriffen und die Gehälter in der Gastronomie gelten als anständig. Da muss man nicht jede ausländische Marotte übernehmen,
nur um sich einen internationalen Anstrich zu geben. Genau das
vermute ich nämlich hinter der schleichenden Zersetzung der japanischen Niemals-Trinkgeld-Regel. Da sagt dann am nächsten
Morgen ein Japaner zu seinem Kollegen: »Weißt du, wo ich gestern war? In einer ganz ausgeflippten Bar! Und weißt du, was ich
dort gemacht habe?«

»Nein, sag schon!«

»Ich habe Trinkgeld gegeben!«

»Oh, wow, wie in Amerika! Da muss ich auch hin!«

Ein kürzlicher Besuch in einem Café in unserer Nachbarschaft
scheint meinen Verdacht zu bestätigen. Das Café ist von außen
schlecht einzusehen, die Fenster sind hoch, die stets geschlossene
Tür ist aus massivem Stahl. Ich musste über ein Jahr in der Gegend
wohnen, um meinen ganzen Mut zusammenzunehmen und die
Tür endlich aufzustemmen. Ich hatte die Befürchtung, der Ort
könnte zu hip für mich sein. Andererseits möchte ich schon wissen, was in meiner Nachbarschaft hinter geschlossenen Türen so
vor sich geht.

Das Café stellte sich als gemütlich und freundlich heraus und
war dennoch ein bisschen so, wie ich es mir vorgestellt hatte. Es
gab *event spaces* und *co-working spaces*, doch die meisten der jungen
Leute, die hier zu Gast waren, arbeiteten nicht, sondern versan-
ken mit ernster Miene in ihren Lektüren und in den überaus weichen Oma-Sitzmöbeln. Ich trank ganz bodenständig einen Filter-
kaffee auf Tonic Water mit Minze. Als ich ihn, wie in Japan üblich,
beim Verlassen des Lokals an der Kasse bezahlen wollte, sah ich es
mit eigenen Augen: ein Trinkgeldglas. Dieses Glas war, im Gegensatz zu allen anderen erklärungsbedürftigen Einrichtungen des
Cafés, komplett auf Englisch beschriftet.

Eine andere Theorie, warum hippe Gastwirte sich inzwischen Trinkgeldforderungen trauen: nicht um Japanern internationales Flair zu bieten, sondern um Ausländern das Leben zu erleichtern. Wenn man von klein auf indoktriniert wurde, dass man Trinkgeld zu zahlen hat, dann streift man das nicht so einfach ab. Auch ich hatte bei meinen ersten Japanbesuchen enorme Probleme damit, nicht mal auf den kleinsten Rest Wechselgeld verzichten zu dürfen. Aber ich habe gelernt, und heute kommt mir das internationale Pochen aufs Trinkgeld absurd vor. Ich hoffe, dass Japan in dieser Hinsicht der Verwestlichung Einhalt gebieten kann, dass vielleicht sogar der Westen einmal etwas von Japan lernt. Ich bin wohlgemerkt überhaupt nicht gegen eine anständige Bezahlung gastronomischen Personals, das genaue Gegenteil ist der Fall. Ich finde nur, dass das Aufgabe des Arbeitgebers sein sollte, nicht des Gastes. Ebenso wenig geht es mir um die Schonung meiner eigenen finanziellen Ressourcen. Sollte Deutschland das Trinkgeld abschaffen und stattdessen den Festpreis für Speis und Trank hochschrauben, hätte ich nichts dagegen. Mich stört lediglich dieses alberne Ritual aus gönnerhaftem »Stimmt so!« und übertriebenem Dankbarkeitstheater.

Ich habe im Hipster-Café selbstverständlich kein Trinkgeld gegeben. Stattdessen wehmütig für immer Abschied genommen, denn genau wie die erwähnte Journalistin möchte ich solche Orte gar nicht erst unterstützen. Ich ärgerte mich noch immer ein bisschen über dieses Erlebnis, als ich am Abend wieder im Dodo House saß und meinen Zwischenabsacker trank. Als ich meine Rechnung bezahlte, merkte ich zum ersten Mal, dass mir eine Sitzgebühr berechnet worden war. Dass meine Rechnungen stets geringfügig höher ausfielen, als ich das berechnet hatte, hatte ich bis dahin der Wirkung des Bieres auf meine Rechenleistung zugeschrieben. Ich studierte beim Rausgehen noch einmal die Karte und fand tatsächlich den kleinen Hinweis auf die Gebühr. Selbstverständlich ärgerte ich mich. Bis mir auffiel: Ich kann nicht gegen beides sein. Ich kann nicht gleichzeitig dagegen sein, dass japanische Schankwirte mit ihrer Tradition der Trinkgeldabstinenz brechen und dass sie ihre Tradition der Sitzgebühr beibehalten. Also habe ich mich entschlossen: Trinkgeld nein, Sitzgebühr gern. Zu guter Letzt ist mir das Dodo House wichtiger als das Hipster-Café. Ein starres Beharren auf Traditionen nur um der Traditionen willen steht zwar keiner Kultur gut zu Gesicht. Andererseits muss man Funktionierendes nicht krampfhaft ändern.

Nun haben wir uns bei diesem Thema länger aufgehalten als geplant, also schnell in die Billigkneipen, die hier eigentlich Thema sein sollten. Zum Beispiel in die 300-Yen-Bar, wenn es in jeder Hinsicht billig sein darf. Von ihrer Sorte gibt es inzwischen einige, gleich zwei davon finden sich ausgerechnet unweit der nicht in jeder Hinsicht billigen Einkaufsmeile Ginza.

In einer 300-Yen-Bar kostet alles 300 Yen. Bezahlt wird mit Coupons, die man beim Betreten kauft; man sollte sein Trinkverhalten also möglichst präzise vorausplanen. 300 Yen ist nun nicht gar so ein großartiges Angebot, wie es klingt: Die Gläser sind hier schon kleiner als anderswo. Dennoch kommt man auch nach Einbeziehung der Mengenverhältnisse zum Schluss, dass man hier etwas günstiger trinkt als in der üblichen Ginza-Bar. Sitzgebühren sind keine vorgesehen, weil sitzen nicht vorgesehen ist. Die *standing bar* ist ebenfalls eine alte Tradition Japans. Ansonsten wird man in der 300-Yen-Bar nicht allzu viel Japanisches finden, zumindest nicht unter der Kundschaft. Es ist ein Hort für Reisende und andere Auswärtige, die für richtige japanische Bars noch zu gehemmt sind. Ich weiß das, weil ich selbst lange genug einer von ihnen war.

Später arbeitete ich mich dann hoch in die 500-Yen-Bar, wo es die größeren Gläser gibt und Sitzgelegenheiten, auf denen sogar japanische Gäste sitzen. Vielleicht war das der Ort, an dem ich gelernt habe, meine Abneigung gegen Nostalgie im Allgemeinen und die Achtzigerjahre im Besonderen zu bezwingen und endlich meinen wahren Gefühlen freien Lauf zu lassen. In der 500-Yen-Bar in Sangenjaya, wo ich 2010 eine dreimonatige Auszeit von Beruf und Deutschland nahm, war es Usus, Wunschmusikvideos aus dem Wunschmusikvideokatalog der Bar auf einen Zettel zu schreiben, ihn diskret der Bedienung zuzustecken, und dann wurde das Wunschmusikvideo irgendwann über die Audio-Video-Anlage des Lokals gespielt. Und diese Wunschmusikvideos waren ausschließlich Musikvideos aus den Achtzigern.

Ich haderte in jenen Tagen mit dem Altern, was mir erst rückblickend völlig bewusst wurde. Wer sich partout nicht mit dem Fortschreiten seines Alters anfreunden will, der spuckt besonders demonstrativ auf die Nostalgie. Als ich nun in der 500-Yen-Bar von Heaven 17 und Yazoo umspült wurde, ließ ich irgendwann allen Widerstand fahren und bekannte einfach: Verflixt und zugenäht, ist das gut! Geben wir es doch zu: Die Achtziger waren das letzte Jahrzehnt, in dem sich Mode noch was traute und Popmusik von Leidenschaften und Sehnsüchten erzählte, ohne dabei ironisch oder intellektuell oder anderweitig feige zu sein. Bald schrieb ich am Tresen emsig Wunschzettel voll und zählte emsig 500-Yen-Münzen ab. Und wären das Leben und ich nicht weitergezogen, säße ich dort noch immer.

Teil 4

Leben & lassen

Von Menschen und Maschinen, Wurst und Käse,
Rechtem und Linkem und mittendrin

Kapitel

15

Die abgebrochene Karaoke-Trilogie

Mit Karaoke habe ich nichts am Hut. Außer, wenn Alkohol im Spiel ist. Oder eine Frau. Nachfolgend Begebenheiten aus dem wilden Jahr 2009, als ich noch bedenkenlos mit unverheirateten Frauen Gedichte lesen und Privatkabinen aufsuchen konnte. Alle Namen wurden geändert.

Die Königin der westlichen Vororte

Midori singt zweimal die Woche im Ramen Square NY in Tachikawa den Bossa Nova. Warum ein japanischer Themenpark für chinesische Nudelsuppen (Ramen) die Stadt New York im Namen führt, weiß sie auch nicht. Mich wundert allenfalls, dass mich so was gar nicht mehr wundert.

Die Kleinstadt Tachikawa gehört zum Großraum Tokio. Sie liegt entlang der Chūō-Eisenbahnlinie, die die Stadtbahnhöfe mit den westlichen Vororten verbindet und darüber hinaus bis ins knapp 400 Kilometer entfernte Nagoya führt. Von Shinjuku Station im Tokioter Stadtkern, dem offiziell wuseligsten Bahnhof der Welt, erreicht man Tachikawa in etwa einer halben Stunde, wenn man will. Tachikawa ist ein angenehmer Wohnort mit passablem Freizeitangebot, aber berühmt für so gut wie nichts. Es sei denn, man hat ein überdurchschnittlich ausgeprägtes Faible für chinesische Nudelsuppe oder eine stark spezialisierte Vorliebe für japanisches Zeichentrickfernsehen. Eine futuristische Anime-Serie über übersinnlich begabte und maschinell aufgemotzte Teenager spielt in einer fiktiven Kleinstadt westlich von Tokio. Für einige Hintergrundzeichnungen stand das reale Tachikawa Modell, wodurch es zu einem Wallfahrtsort für Fans der Serie geworden ist, die sich im Internet darüber austauschen, von welchem Fleck man welchen Ort am besten fotografieren sollte, um den Look der Serie am originalgetreusten nachzuempfinden.

Zu den beliebten Motiven gehört der Laufsteg, der den verblüffend modernen und großen Bahnhof mit dem Einkaufs- und Vergnügungszentrum Arearea verbindet. Darin befindet sich mit dem Ramen Square NY ein weiterer Wallfahrtsort, allerdings nicht für die Anime-Gemeinde, sondern für die Freunde der Nudelsuppe. Nudel-Blogger aus aller Welt haben begeistert darüber gebloggt. Unter einem Dach finden sich hier verschiedene Nudellokale, spezialisiert nach Gewürzen und anderen Zutaten. Herumgebaut sind die Lokale um einen Platz mit Bestuhlung und einer Bühne, auf der Midori und ihre bis zu vierköpfige Band das *Girl from Ipanema* und andere klassische Verzehrbegleitmusik zum Besten geben. Unter den Zuhörern sind nicht nur Nudel- und Easy-Listening-Zugeneigte, auch ein paar Obdachlose sagen nicht Nein zu überdachten Gratissitzgelegenheiten mit Musik. Wenn einer zu deutlich schnarcht, muss Trommler Julio halt etwas lauter trommeln.

An der Außenfassade von Arearea ist ein großer Bildschirm angebracht, auf dem zur Kundenanlockung Liveaufnahmen aus dem Inneren des Gebäudes gezeigt werden. Nicht selten sieht man dort Midori überlebensgroß über Tachikawa schweben, wie sie ins Mikrofon säuselt oder routiniert das Schüttelei bedient, stilecht im kleinen schwarzen Cocktailkleid.

Dabei ist sie im echten Leben das, was neutrale westliche Beobachter liebevoll als antikapitalistische Ökotante bezeichnen würden. Das heißt derweil nicht, dass sie gern – oder überhaupt jemals – in Jutesack und Asche ginge. Sie sieht stets aus wie aus der Fotostrecke gepellt, ob hippe Streetwear bei Tag oder konservative Abendgarderobe bei Nacht. Nur Geld ausgeben für Klamotten sieht sie nicht ein, deshalb trägt sie das auf, was die Bewohnerinnen des Ausländerwohnheims, in dem sie arbeitet, nicht mehr wollen. Unglaublich, was die Leute wegschmeißen, findet Midori. Und man muss ihr recht geben, jedes Treffen mit ihr ist wie eine aktuelle Modenschau. Inklusive der Verspätungen, die aber immerhin mit der Lektüre regelmäßiger, smileygespickter Textmitteilungen über den Zwischenstand der Kleiderfindung und der angepassten *estimated time of arrival* kurzweilig überbrückt werden.

Ihre alternative Lebensführung ist nicht das Einzige, was sie von den meisten Japanern unterscheidet. Die meisten Japaner, die mir über den Weg laufen, flehen: »*Was auch immer Sie tun – schreiben Sie bloß nichts über mich!*« Midori hingegen ist begeistert, als sie erfährt, dass ich ein Buch über Japan geschrieben habe und mit dem Gedanken an eine Wiederholungstat spiele: »Schreib was über mich!« Ihre vorauseilende Bereitwilligkeit zur Berichterstattung begründet sie dabei haargenau so wie all die anderen Japaner ihre Zurückhaltung in dieser Angelegenheit: »Ich bin ja nicht berühmt!«

Im Gegensatz zu den meisten anderen Japanern hätte Midori es jedoch werden können. In jungen Jahren (jetzt ist sie in ihren Dreißigern, doch sieht sie der japanischen Tradition entsprechend deutlich jünger aus) war sie bei einer großen Plattenfirma vorsingen, was sofort zu unterschriebenen Verträgen und einem Gästebett in der Wohnung einer namhaften Popsängerin führte, die ihr fortan Mentorin sein sollte. Aber Midori kam gerade noch rechtzeitig auf den Trichter, dass frei sein wichtiger sei als berühmt sein. So reiste sie lieber in der Welt herum, studierte unter anderem in Stuttgart Anthroposophie und die Musik der Fantastischen Vier und entdeckte dank katholischer Kirchenbesuche ihre Spiritualität.

***

Kennengelernt hatten wir uns nicht beim Singen, sondern beim Kartenlegen. Midori ist multitalentiert. Neben der Singerei verwaltet sie ein Wohnheim, malt mit behinderten Kindern, malt ohne behinderte Kinder, schreibt Gedichte und Zeitungsartikel, macht Ausstellungen und Lesungen und sagt die Zukunft voraus. Und das alles mit Leidenschaft und auf professionellem Niveau. Ich muss zugeben, dass ich nie in meinem Leben einen Menschen so häufig unterschätzt habe wie Midori in der Frühphase unserer freundschaftlichen Beziehung. Das lag an ihrem Schlafzimmerblick, den man je nach Erregungslage sexy oder belämmert finden kann. Ich bekam nur schwer den Papagei aus jener *Frasier*-Folge aus meinem inneren Ohr, der immerzu kräht: »*Süß, aber doof!*« Ich kann das heute frank und frei zugeben, denn ich weiß ja nun, dass hinter dem Blick weder Verheißung noch Leere lauert, sondern ein hellwacher Verstand. Die ist nicht so, die guckt nur so.

Das anfängliche Nicht-für-voll-Nehmen, das vermutlich auf Gegenseitigkeit beruhte, hatte eine weitere Ursache in gewissen kommunikativen Anlaufschwierigkeiten. Wir waren einander vorgestellt worden, weil ich aus Deutschland komme und sie schon mal in Deutschland gewesen war. Dort hatte sie ein paar Brocken Deutsch aufgeschnappt, zum Beispiel »Gemüse«. Ich meinerseits

hatte im Laufe meiner Reisen ein paar Brocken Japanisch aufgeschnappt, zum Beispiel »Hallo«. Als wir uns einmal auf dem Wo-
chenmarkt ihrer Heimatstadt Kokubunji, einer weiteren Haltestelle entlang der Chūō-Linie, über den Weg liefen, kam es somit
zu einem für unsere Verhältnisse wasserfallartigen Geplauder mit
astreinem Themenbezug:

»Hallo!«

»Gemüse!«

Offiziell können wir zwar beide Englisch, haben aber unterschiedliche Theorien, wie Englisch geht. Inzwischen haben wir
unsere eigene Geheimsprache entwickelt, doch als Midori mir bei
unserer Erstbegegnung die Karten legte, war auf beiden Seiten viel
Gestammel und wenig Erleuchtung.

Stattgefunden hatte diese Begegnung in Kunitachi. Man darf
sich nicht wundern: Es handelt sich um eine weitere Kleinstadt in
der Präfektur Tokio, zu erreichen mit der Chūō-Linie. Midori ist
die Königin der westlichen Vororte. Dort passiert nichts, ohne dass
sie ihre Finger im Spiel hätte. Kunitachi zeichnet sich in erster Linie durch einen Bahnhofsvorplatz aus, der in der Kirschblütensaison ganz besonders eindrucksvoll von Kirschblüten umringt ist. In
zweiter Linie zeichnet sich Kunitachi dadurch aus, dass jeder entle-
gene Trampelpfad von einer trägen Fußgängerampel reglementiert
wird, nur auf der mehrspurigen und pausenlos befahrenen Hauptstraße ist man ampellos dem Schicksal ausgeliefert. Zebrastreifen,
das sollte der Auswärtige wissen, sind in Japan nicht Signal für Autofahrer, dass sie auf Fußgänger achten sollen, sondern umgekehrt.
Ich war eingeladen zu einer Ausstellung von Midoris Bildern im Ja-
ran-jaran-goya, einem improvisierten Minicafé einer örtlich bekannten Biobäuerin. Hier gibt es gesunden Kuchen und starken
Kaffee, und wenn jemand Kopfschmerzen hat, wird eine Stimmga-
bel auf einen Bergkristall geschlagen. Man sollte solchen Kreisen
nicht verfallen, ein unverbindlicher Besuch alle paar Jahre ist derweil gestattet. Schlechten Menschen begegnet man anderswo.

Neben Midori im Erdgeschoss stellten zwei weitere Künstlerinnen im engen, gemütlichen Obergeschoss des Cafés ihre Kunstwerke aus. Eine malte coole junge Menschen bei Nacht im Pop-Art-Manga-Stil, den man von japanischen Künstlern erwarten mag. Von ungefähr kommen diese Erwartungshaltungen halt nicht. Die andere kombinierte auf originelle Weise gefundene Objekte wie Kinderspielzeug, Geschirr, Pflanzen und Plastikessen. Im Gegensatz zu Midori sprachen die beiden gar keine Brocken anderer Sprachen als Japanisch, sie freuten sich aber sehr über meine internationale Aufmerksamkeit. Erste Gespräche sind ja auch nicht schwierig mit ein paar Brocken Japanisch: »Die Bilder sind schön, der Kuchen schmeckt gut, ich bin Andreas.«

»Sie sprechen aber gut Japanisch!«

Schwieriger wird es erst, wenn der Name genannt, der Kuchen gegessen und das künstlerische Interesse bekundet ist. Dann müssen die Themen vertieft werden, abgesehen vielleicht vom Thema Kuchen. Doch da war ich schon längst wieder die schmale Holztreppe hinuntergeflüchtet, zu Midori. Sie bot neben dem Blick auf ihre Pastellmalerei mit Naturmotiven als Zusatzleistung noch Tarot-Legung und -Lesung für 300 Yen pro Sitzung, ungefähr zwei Euro. Das sei viel zu billig, sagte ich ihr schon damals und danach noch viele weitere Male, Selbstvermarktung allerdings gehört nicht zu ihren vielen Stärken, geht ihr vielleicht gar gegen das Ideal. Auch in die CDs ihrer Band, die sie nicht nur von Hand brennt, sondern außerdem eigenhändig aufwendig verpackt und bemalt, steckt sie viel mehr Arbeit, als sie sich beim Verkaufspreis zurückerstatten lässt.

Heimliche Poesie und schräge Kammermusik

Midori und ich treffen uns mitunter, um über Gedichte zu sprechen. Klingt verdächtig, ist aber so. Da läuft nichts zwischen uns außer Poesie, und doch müssen wir uns heimlich sehen, denn ihr

Lebensgefährte ist ein temperamentvoller südamerikanischer Schlagzeuger. Ein netter Kerl, ich habe ihn mal kennengelernt. Aber Midori meint, ich würde ihn erst richtig kennenlernen, wenn er herausbekäme, dass wir zusammen Gedichte lesen.

Die Gedichte, die wir lesen, sind ihre eigenen. Sie schreibt sie auf Japanisch und Deutsch, beziehungsweise in einem Remake der deutschen Sprache, das oft viel besser ist als das Original. So hat Midori das Zahlwort »zwillinge« erfunden, was viel poetischer ist als ein schnödes »zwei«. Bei ihrer Formulierung »die zwillingen Sterneschnuppen« finde ich auch das fast korrekte Wort »Sterne-schnuppen« mit dem Bonus-E viel umwerfender als das Original. Ich habe selbst bereits ein paar japanische Schriftzeichen erfunden, die es gar nicht gibt. Die Leistung wurde mir in Tests leider nie anerkannt.

Wir verstehen uns zwar mittlerweile menschlich wie sprachlich ganz gut, hin und wieder kommt es aber doch zu Missverständnissen, die die Arbeit am Text langwierig gestalten. So frage ich: »Ist der Hase in dem Gedicht eine Anspielung auf das Märchen vom Hasen und Igel?«

»Hase und Igel kenne ich nicht. Aber es bezieht sich schon auf so eine Art Märchen. Ariss.«

»Ariss?«

»Ariss.«

»Ariss kenn ich nun nicht ... Ein japanisches Märchen?«

»Ach, das kennst du bestimmt! Mit dem Kaninchenloch! Ariss!«

»Hab ich nie gehört ...«

»Doch! Mensch! Ariss im Wunderland!«

Mein Fehler. Zur Zerstreuung sprechen wir dann auch gern über andere Themen. Wir sitzen auf Holzklötzen in einem Biorestaurant in Kokubunji, essen Gemüse und trinken hausgemachtes Ginger Ale, und ich erzähle von meinem Projekt, alle Stichpunkte auf der Liste typisch japanischer Erlebnisse, die mir bislang verwehrt geblieben sind, abzuhaken. Viel ist das nicht mehr, aber ein paar Ersterlebnisse habe ich weiterhin vor mir. Besteigung des Berges Fuji, zum Beispiel, oder ein vielleicht noch schlimmeres Versäumnis: Ich klage Midori, dass ich jahrelang bettele, dass mal einer meiner japanischen Freunde mit mir Karaoke singen ginge. Aber ich kenne nur zu feine Pinkel.

Da schnappt sie sich ihre Handtasche und sagt: »Okay, gehen wir! Ist nachmittags sowieso billiger.«

Midori ist die einzige japanische Person, die ich bewusst nicht gefragt hatte. Die singt ja sowieso, hatte ich gedacht, ist schließlich eine Professionelle. Da ist Karaoke mit Sicherheit unter ihrem Niveau. Hatte ich falsch gedacht. Für Midori ist das Karaoke-Zentrum zweites Wohnzimmer. Üben muss schließlich jeder Profi mal.

Aber so habe ich freilich nicht gewettet. Ich meinte: Irgendwann mal möchte ich das machen, abends, wenn ich beschwipst bin und mich ganz toll finde. Nicht bei Tageslicht, nüchtern, kurz nach dem Mittagessen, träge und voller Selbstzweifel. Doch ich habe keine Wahl. Midori hat in einer Stunde ein Vorstellungsgespräch. Es wäre ja gelacht und sie keine echte Japanerin, wenn da nicht noch Platz für eine halbe Stunde Karaoke wäre.

Möglicherweise ist es nicht das erste Mal, dass ich überhaupt Karaoke singe. Könnte sein, dass da mal was auf einer Party in Bremen war. Aber ich habe an den betreffenden Abend keine klare Erinnerung, und die *oral history* widerspricht sich von Historiker zu Historiker. Außerdem ist Karaoke in Japan eh anders. Man blamiert sich nicht vor einer Meute Wildfremder bis auf die Knochen, sondern, in meinem Fall, vor nur einer Person, die man schon locker eineinhalbmal im Leben gesehen hat und die zweimal die Woche beruflich vor Publikum singt.

Wir gehen zur örtlichen Filiale von Big Echo, einer Kette von Karaoke-Zentren, deren Häuser mit dem auffälligen roten Schild man in jeder Stadt, die ein bisschen größer ist als ein Kuhkaff, mit derselben Selbstverständlichkeit findet wie Starbucks oder Irish

Pub. Karaoke findet in Kabinen statt, die auf Zeit gemietet werden. Nach westlichem Moralkodex, vielleicht auch nur nach meinem eigenen, haben Vergnügungen in gemieteten Privatkabinen, die im Halbstundentakt abgerechnet werden, grundsätzlich etwas Verdorbenes. Während wir durch die zugleich schummrigen und sterilen Korridore von Big Echo auf der Suche nach unserer Zelle schleichen, muss ich schwer an mich halten, um nicht ins Telefon zu rufen: »*Ehrlich, Mama, wir machen nur Hausaufgaben, sonst nichts!*« Hoffentlich kommt kein temperamentvoller südamerikanischer Schlagzeuger vorbei.

Unsere Kabine beinhaltet ein schmutzabweisendes Kunststoffsofa, einen Couchtisch mit Musikkatalogen und Speisekarten, mehrere Lautsprecher, eine Klimaanlage und selbstverständlich eine Karaoke-Maschine plus großem Fernseher, auf dem Fernsehmenschen quiekend neue Produkte anpreisen, wenn gerade kein echter Mensch singt. Die Speisekarten interessieren uns nicht, denn wir haben schon gegessen, und als Getränke haben wir Softdrinks mitgenommen, die es im Foyer umsonst gibt. Sollte uns trotzdem irgendwann nach Sushi, Hühnerkeulen, Himbeereis oder Wodka sein, können wir uns jederzeit etwas per Haustelefon bringen lassen. Zwei Mikrofone und ein Fernbedienungspult haben wir in einem Körbchen, das uns am Empfang überreicht worden war, selbst mitgebracht.

Midori stellt es auf einmal so dar, als sei das Ganze meine Idee gewesen, deshalb soll ich anfangen.

Ich bin nicht mal halb durch das (in der Originalversion) fetzige *Bullet With Butterfly Wings* von Smashing Pumpkins, da verlässt sie kommentarlos und fluchtartig das Zimmer. Es war trotzdem schön, sie kennengelernt zu haben. Wir hatten auch gute Minuten, bevor das Karaoke zwischen uns trat. Womöglich singe ich als Nächstes mit Morrissey: *No true friends in modern life!*

Aber es ist halb so schlimm, sie ist im Nullkommanichts zurück mit einem Tamburin und zwei Rumbarasseln. Ein Glück, dass sie daran gedacht hat. Gute Laune ohne Rumbarasseln ist einfach keine gute Laune, das war schon immer mein Lebensmotto.

Apropos Morrissey: der Sinatra meiner Generation, ohne jede Frage und Diskussion. Man soll sich bei Karaoke nicht mit Minderheitengeschmack brüsten, sondern Evergreens schmettern, deshalb durchsuche ich die Datenbank mit der Großbuchstaben-Fernbedienung nach THE SMITHS, finde allerdings nur *How Soon Is Now?*. Vielleicht der feinste Song der Band überhaupt, aber eben einer, der textlich so auf den Punkt gebracht ist, dass kaum Text übrig blieb. Also nicht gerade ein Karaoke-Kracher, wie man ihn sich von The Smiths wünscht. Trotzdem soll der es sein. Die englischen Worte samt fortlaufender Mitsing-Markierung erscheinen auf dem Fernseher, zur Hilfe mit lautmalerischer Umschrift in japanischen Schriftzeichen, dahinter völlig zusammenhanglose Videoaufnahmen von grobschlächtigen Motorradrockern, die über Landstraßen brettern und bestimmt ganz andere Lieblingsbands haben.

Mein höchstwahrscheinlich erstes Karaoke

Wenn man in echt nie singt, in Gedanken derweil ständig, ist es schrecklich, wenn man sich tatsächlich singen hören muss, glasklar und ohrenbetäubend laut in Surroundsound. Besonders, wenn man keinen im Tee hat. Es ist leider nicht mal die alte Leier von der eigenen Stimme, die einem von Natur aus zuwider ist. Es ist viel schlimmer. Wohin ist all die Leidenschaft auf dem Weg vom Herzen in den Lautsprecher verschwunden? Warum klinge ich wie irgendein grober Karaoke-Proll, dem dieses sorgfältig ausgewählte Lied auch nicht mehr bedeutet als *Dschinghis Khan* oder *Paradise City*? Ich bin doch was Besseres! Bin ich aber nicht, hört man ja, eher niedriger. Da ist keine Betonung, kein Gefühl, noch nicht mal hörbarer Spaß, obwohl ich ein gewisses Vergnügen bei allem Selbstekel durchaus empfinde.

Eine eigenwillige Version von *Friday I'm In Love* aus der manisch-poppigen Phase von The Cure gerät kaum feinfühliger, das Gelungenste bleibt Midoris perkussive Begleitung. Dass sie auch das mit dem Singen viel besser hinbekommt, reibt sie mir unter anderem mit Green Days *Boulevard Of Broken Dreams* und dem Discokracher *Can't Take My Eyes Off You* unter die Nase.

Wenn Midori im Ramen Square NY honigsüße Standards haucht, die niemanden beim Nudelessen stören dürfen, merkt man schon, dass sie nicht ganz untalentiert ist. Erst beim hemmungslosen Gassenhauerschmettern in der Privatkabine kommt allerdings das ganze erstaunliche Stimmvolumen zum Erklingen, das in diesem zierlichen Körper steckt.

Sie singt viel von Madonna. »Bist du etwa Madonna-Fan?«, möchte ich wissen.

»Nein, die Lieder sind bloß einfach zu singen.«

Kommt mir zwar nicht so vor, aber trotzdem: Nimm das, Madonna.

Midoris *La Isla Bonita* hätte so schön werden können, wie alles, was sie anstimmt, wenn ich nicht frech mitgesungen hätte.

Aber ich will nicht immer nur zerstören. Ich muss beweisen, dass ich im Grunde meines Herzens ein vermittelbarer Musikliebhaber bin. Unsere halbe Stunde läuft bald ab, aber im Geiste stelle ich bereits eine Liste von Nummern zusammen, an denen ich mich unbedingt versuchen muss. Nach dem Karaoke ist vor dem Karaoke.

***

Dieser Text war ursprünglich als Teil eins eines Epos namens *Die Karaoke-Trilogie* gedacht. Ich erspare mir jedoch die ausführliche Beschreibung meiner beiden weiteren Karaoke-Versuche und belasse es beim Gesamturteil: Es wurde nicht besser. Hat aber Spaß gemacht.

Kapitel

16

Convenience Culture

Z wei Errungenschaften der japanischen Zivilisationsgeschichte üben auf ausländische Besucher die größte Faszination aus: die Hygienetoilette und der *convenience store*, abgekürzt *konbini*. Wie vieles, was sich zum Urjapanischen entwickelt hat, sind *convenience stores* keine japanische Erfindung, wurden dort allerdings perfektioniert. Etliche der Ladenketten, die hier operieren, kommen namentlich noch aus den USA, beispielsweise Lawson oder 7-Eleven. Inzwischen sind die japanischen Zweige vieler dieser Unternehmen komplett eigenständig, und die Wunderwelten, die sich in ihren Geschäften dem aufmerksamen Kunden öffnen, sind mit der trostlosen Zweckmäßigkeit der äquivalenten Geschäfte im Ursprungsland nicht zu vergleichen. Der vorbildliche japanische *konbini* ist Supermarkt, Schreibwaren- und Elektronikhandel, Spirituosenfachgeschäft, Copy- und Coffee-

shop, Drogerie, Buchladen, Eisdiele, Apotheke, Postamt, Kredit-
institut und kommunaler Treffpunkt in einem und wahrscheinlich
noch einiges mehr. Momentan kommt ein *konbini* auf rund 2.300
Einwohner, insgesamt sind es ungefähr 55.000 Läden im Land.
Tendenz steigend, trotz zurückgehender Bevölkerungszahl.

Der Drogeriemarkt der vier Jahreszeiten

Wir erinnern uns: Die Japaner sind seltsam stolz auf den Umstand,
dass es in Japan vier Jahreszeiten pro Jahr gibt: Frühling (ah!), Sommer (oh!), Herbst (huch!) und Winter (wow!). Diese vier Jahreszeiten kann man nicht nur an Flora und Wetter ablesen, sondern
auch am Angebot der *convenience stores*. Am liebsten gehe ich zur
Jahreszeitenhuldigung in die Filiale der Kette Mini Stop, die nur
wenige Gehsekunden von meinem Hauseingang entfernt ist.
Doch es liegt nicht allein an der Bequemlichkeit. Als ehemaliger
und nach wie vor innerer Marathonläufer hätte ich gar nichts dagegen, ein Stückchen weiter zu 7-Eleven zu schlurfen, obwohl der
Weg bestimmt bis zu zwei Minuten in Anspruch nähme, schlurfte
man langsam. Selbst der Sunkus (unglückliche japanische Um-
schreibung des englischen Wortes ‚thanks‘), bei viel Verkehr in
drei Minuten zu erreichen, wäre mir nicht zu weit. Oder der My
Basket, der zwischen 7-Eleven und Mini Stop liegt. Und hätte ich
mal richtig viel Zeit, käme sogar der andere, größere 7-Eleven infrage, der geschlagene fünf Minuten entfernt liegt, vorausgesetzt
man macht eine kurze Rast auf der Brücke über dem Fluss Meguro, um an der Promenade den Kirschblüten (Frühling!), den grünen Baumkronen (Sommer!), dem Laub (Herbst!) oder den kahlen
Ästen (Winter!) beim Existieren zuzusehen. Und wenn man schon
mal so weit gegangen ist, könnte man auch gleich zum Aeon-Markt
nebenan gehen. Ich bin also, wie jeder Tokioter, im Bereich der
Convenience bestens versorgt. Selbst wenn ein Store abbrennt

und einer zumacht, blieben mir vier weitere. Märkte an der vulgären Hauptstraße und in den Lobbys einschüchternder Bürogebäude nicht mitgerechnet.

Ich aber gehe in den Mini Stop, möchte ich wissen, welche Jahreszeit gerade ist. Das kann man dort zum einen schnell daran ablesen, welche Saisonprodukte gerade am prominentesten platziert sind. Heuschnupfenmedizin? Aha, Frühling. Mückenspray und Kakerlakengift? Es muss Sommer sein. Erkältungsmittel und Halloween-Accessoires? Der gnädige Herr Herbst kündigt sich an. Erkältungsmittel plus Weihnachtskuchen? Endlich Winter!

Doch darin erschöpft sich das kalendarische Angebot keineswegs. Eine der Kernkompetenzen des Mini Stop ist das Softeis. Darin ist Mini Stop »Meister«, das steht auch auf Deutsch dort so geschrieben. Langweilig wär's, gäbe es zu jeder Jahreszeit dasselbe Eis. Mit dem Frühling kommt das Erdbeereis, der Sommer bringt diverse Melonensorten. Mein Favorit ist der Herbst, wenn es endlich Eis mit Süßkartoffelgeschmack gibt. Ich bin kein Freund der gemeinen Kartoffel und der Süßkartoffel schon gar nicht. Aber als Softeis – köstlich. Im Winter wird wahrscheinlich weniger Eis gegessen, doch ganz verzichten sollte man nicht. Schokolade gibt es zur Auswahl oder Apfelsine oder den kastanienbasierten Cremekuchen Mont-Blanc. Oder etwas ganz anderes. Selbstverständlich ist jede Jahreszeit zu lang für nur einige wenige Eissorten, und gewisse Standards sind immer im Angebot. Die kann man in der Faust mit auf die Straße nehmen, oder man kann sie gleich in der engen Sitzecke des Ladens verspeisen.

Was müssen das für arme Tröpfe sein, dachte ich anfangs, die sich in einen *convenience store* setzen, um Eis zu essen, Kaffee zu trinken, Hausaufgaben zu machen, zu schlafen, oder was Kunden da sonst regelmäßig tun. Dafür gibt es schließlich Cafés, und zwar nicht zu wenige. Nicht lang nachdem ich das gedacht hatte, war ich selbst einer der Konbini-Sitzer und fand's wunderbar. Eine kleine Verschnaufpause nach dem Einkauf, ein kurzer Tapeten-

Herbstzeit ist Süßkartoffelspeiseeiszeit

wechsel nach einem konzentrierten Tag in den eigenen vier Wän-
den. In Japan gelten gewisse Teile des öffentlichen Raums als Er-
weiterung des daheim begrenzten persönlichen Raums, und der
konbini ist eben einer dieser Bereiche. Einige Seiten meines Ro-
mans *Yakuza Requiem* habe ich in einem *konbini* nahe dem Haus
meiner Schwiegereltern geschrieben, weil das einzige richtige

Café des Ortes ständig überfüllt ist. (So ständig, dass ich inzwischen der festen Überzeugung bin, der Ort könnte ein zweites richtiges Café vertragen. Eine Geschäftsidee braut sich zusammen.) Geschlafen habe ich in einem *convenience store* noch nicht, ich möchte es für die Zukunft aber nicht ausschließen.

Manche mögen es kalt

Bei meinen ersten zwei oder drei Japanreisen habe ich sehr viele kalte Spaghetti gegessen. Weil ich dachte, die müssten so sein. Ich verstand schließlich kein Wort von dem, was das Ladenpersonal mir sagte und mich fragte, deshalb habe ich einfach immer alles abgelehnt, denn ich hielt mich für schlau und wollte mir nichts andrehen lassen. Zum Beispiel nicht, dass einfach einer daherkäme und mir die Spaghetti warm machte.

Denn dafür sind sie natürlich gedacht, die oft endlosen Reihen zubereiteter Nudel- und anderer Gerichte, die die Kühlregale der *konbini* zieren. Als Zierwerk wiederum sind sie eben nicht gedacht, sondern zum Verspeisen, und zwar am besten warm. Deshalb wird an der Kasse gefragt, ob sie vom Kassierer schnell aufgewärmt werden sollen, freilich ohne versteckte Nebenkosten. Man kann das ablehnen und zu Hause selbst machen. (Einige weniger serviceorientierte Läden bieten auch Mikrowellen zum Selbstbedienen.) Oder man kann die Gerichte auf dem Hotelzimmer kalt verzehren, weil man völlig unbedarft ist. Es spricht vermutlich für die Konbini-Cuisine, dass mir lange Zeit nicht aufgegangen ist, dass ich irgendetwas falsch machte. Schmeckt auch kalt.

Wohlgemerkt war mein Verschmähen des warmen Essens nicht der einzige Konbini-Fauxpas, den ich mir in meiner Konbini-Karriere geleistet habe. Kaffee gibt es dort ebenfalls, heißen und kalten. Die japanische Sitte, regulär gebrühten Bohnenkaffee mit Eiswürfeln zum Eiskaffee zu erklären, erstaunt mich zwar nicht mehr. Anhänger des kalten Kaffees bin ich derweil nie geworden. Aber so einen heißen Kaffee lass ich mir gern mal schmecken. Inzwischen waren mir die Kaffeeautomaten in vielen *konbini* aufgefallen. Mir war nur nicht aufgefallen, wie man sie bedient. Schien allerdings nicht weiter schwierig, für jede Kaffeeart war ein Knopf vorhanden. Also drückte ich ungehemmt drauf, und es kam genau der Kaffee raus, den ich wollte. Leider ohne Becher. Ich rannte heulend nach Hause und erzählte meiner Frau davon. Die tröstete mich und erklärte mir, wie es richtig geht: Kaffee an der Kasse bestellen, man bekommt einen leeren Becher ausgehändigt. Den stellt man in den Automaten. Der Rest läuft dann wirklich so, wie ich mir das vorgestellt hatte. Wer übrigens auf die japanische Variante des Eiskaffees steht (also kalter Kaffee), der bekommt in der Kühltruhe Becher mit Eiswürfeln, die er dann an der Maschine selbst überbrühen kann.

Multifunktionsbüro mit Kantine

Ich erinnere mich ohne große Nostalgie an viele lange Tage, die ich als junger Mensch schwitzend und fluchend in sogenannten Copyshops verbrachte. Selfpublisher halt, ganz alte Schule, wir kannten es ja nicht anders, damals. Heute wissen die Digitalnativen wahrscheinlich gar nicht mehr, was ein Copyshop ist, man kann schließlich dank Multifunktionsgerät alles zu Hause machen, wenn man nicht ohnehin der reinen Lehre der Papierlosigkeit anhängt. Eine Segnung, eigentlich. Fand ich lange. Heute gehe ich lieber wieder in den Shop und frage mich: Warum sollte ich es zu Hause tun, wenn ich es genauso gut bei Mini Stop, 7-Eleven oder Family Mart machen kann? Dann kommt man mal raus, und man hat zu Hause mehr Platz für wichtigere Dinge als Multifunktionsgeräte, zum Beispiel Uhrensammelboxen, Horrorvideos, Trockenfrüchte. Platz ist in japanischen Wohnungen be-

grenzt, das ist in unserer nicht anders. Gar so dramatisch, dass für
ein Druckermonstrum keine Stelle mehr frei wäre, ist es nicht,
aber man muss schon Prioritäten setzen. Die Maschine in meinem
Mini Stop ist leicht zu bedienen und liefert hervorragende Qualität. Kostet das nicht Geld, jeden Scan und jeden Druck einzeln zu
bezahlen? Selbstverständlich kostet das Geld, genau wie zu Hause
auch. Ob Hardwareanschaffungskosten und ständige Neubestü-
ckung mit Markentoner und Papier unterm Strich günstiger kämen als der Gang in den *konbini*, bezweifle ich. Für das öffentliche
Multifunktionsgerät gilt dasselbe wie für Verkaufsautomaten: Der
Glaube, dass Waren und Dienstleistungen aus dem Automaten
teurer sein müssen als im Austausch mit Menschen aus Fleisch
und Blut, hat sich in Japan nicht durchgesetzt. Die Preise sind
nicht zu vergleichen mit denen der Münzkopiergeräte, die in deutschen Supermärkten und Postämtern mitunter zu finden sind.

Sogar faxen könnte ich in meinem Mini Stop. Musste ich bisher nicht, ich will aber nicht beschreien, dass der Fall niemals ein-
treten wird. Eigentlich ist das Faxgerät eine Technologie, die ich
schlicht übersprungen habe zwischen Briefmarkenlecken und
Modempfiff. Die Faxe, die ich in meinem Leben verschickt habe
(jedes Mal mit der Frage: »Welche Seite noch mal nach oben?«),
lassen sich an den Fingern einer Hand abzählen. Gut, vielleicht
nimmt man die zweite noch dazu, aber mehr waren es ganz bestimmt nicht. In Japan unvorstellbar, denn in Japan wird weiterhin
munter gefaxt. Als ich im Elektronikhandel unser Festnetztelefon
aussuchte, kam ich mir eigentlich schon recht rückständig vor, so
etwas in der Ära der Ultramobilität überhaupt anzuschaffen. Der
Verkaufsberater im Laden fragte sofort, ob ich das Faxgerät extra
möchte oder als Kombi. Als ich antwortete, dass ich gar kein Faxgerät möchte, dachte der gute Mann, es lägen Verständigungspro-
bleme vor, vielleicht linguistische. Je länger ich darauf beharrte,
kein Faxgerät kaufen zu wollen, desto verzweifelter wurde er, dass
ich ihn offenbar nicht verstünde. Seine Sprache nicht, vielleicht

sein Land und sein Volk nicht. Er war erst beruhigt, als ich ihm versicherte, ich hätte bereits ein Faxgerät, das ich weiterverwenden würde.

Tatsächlich bin ich sicher, dass meine Frau das eine oder andere alte Faxgerät in dem Lagerraum eingelagert hat, den sie vor ihrem vorübergehenden Umzug nach München angemietet hatte und in den wir seit Jahren nicht mehr hineingesehen haben. Gut möglich, dass Faxen bei jungen Männern mit Bärten und jungen Frauen mit Hornbrillen bald wieder weltweit *en vogue* ist, wie Vinyl, VHS-Kassetten und Nintendo-Klassiker. Japan ist vorbereitet.

Wie ich ein glücklicher gläserner Mensch wurde

Als meine werdende Frau und ich zum ersten Mal gemeinsam einen *konbini* verließen, fragte sie mich: »Stimmt etwas nicht?«

»Alles bestens. Was soll denn nicht stimmen?«

»Du warst nicht gerade sehr nett zu der Verkäuferin.«

»Ich habe doch danke gesagt ...«

»Aber du hast nicht gelächelt und ihr nicht in die Augen gesehen ...«

»Moment! Das habe ich mir bei den Einheimischen abgeguckt! Die machen das genauso! Die sagen oft noch nicht mal danke!«

»Ich schon. Und zwar freundlich, mit Lächeln und Blickkontakt.«

Selbstverständlich hatte Junko recht. Welche rhetorische Frage fahren Eltern stets auf, wenn der Nachwuchs die Erlaubnis zu einer besonders idiotischen Modeerscheinung durchboxen möchte (»... aber das machen jetzt ALLE!«)? Genau: »*Und wenn ALLE von einer Brücke springen ...?*«

Nur weil ein Großteil der Japaner den Angestellten im *konbini* nicht herzlicher behandelt als den Verkaufsautomaten draußen vor der Tür, heißt das nicht, dass man sich ein Beispiel an der muffigen Mehrheit nehmen muss. Man sollte Teil der munteren Minderheit werden. So wird sie jeden Tag ein bisschen wachsen und vielleicht bald keine Minderheit mehr sein. Es lohnt sich, denn im Grundsatz ist der *convenience store* ein freundlicher Ort. Obgleich die Läden zu turbokapitalistischen, gesichtslosen Großunternehmen gehören, sind die Menschen, die dort arbeiten, und die Menschen, die dort einkaufen, ganz normale Menschen mit Gesicht und Gemüt, und der *konbini* nimmt in der Nachbarschaft tatsächlich die Rolle ein, die in goldenen Erinnerungen von der Kindheit auf dem Dorf der Tante-Emma-Laden hatte. (Diese Erinnerungen hat auch jeder, der nie auf dem Dorf gelebt hat. Schuld ist wahrscheinlich die Lutschbonbonwerbung im Fernsehen.) Man kennt sich irgendwann, und das Personal legt die Scheu ab, mit den Kunden auf vertrauliche Art zu interagieren. Ich war relativ erschrocken, als mich die junge Dame an der Kasse eines Abends fragte: »Na, heute kein Bier?«

Erschrocken war ich gleich aus dreierlei Gründen. Zum einen war ich derartige Lässigkeit und Vertrautheit von japanischem Verkaufspersonal nicht gewohnt. Da wird zwar immer viel geredet, aber meist handelt es sich um auswendig gelernte Phrasen und die sorgfältige Benennung der Einkäufe, damit kein Irrtum aufkommt. Zweiter Grund des Erschreckens: Kaufe ich wirklich jeden Abend Bier? Dritter Grund: Was geht die das eigentlich an?!

In der letzten Angelegenheit beruhigte ich mich sofort wieder. Was anderswo leicht anklagend klingen mag, kann in Japan bloß harmloser Smalltalk sein. Getrunken wird immer, von jedem, ein soziales Stigma ist damit nicht verbunden. Man sollte das vielleicht enger sehen, tut man aber nicht, also meint die Verkäuferin es nicht böse, nicht mal ein bisschen. Sie meint es gut. Außerdem stimmt es nicht, dass ich dort jeden Abend Bier kaufe. Manchmal kaufe ich auch woanders oder bestelle online. (Außerdem: Ich trinke eher gut als viel, ich teile mit meiner Frau, und wir haben mehr oder weniger regelmäßige, mehr oder weniger viele Alkoholfreitage, was eine ziemliche Entbehrung ist, denn ein genießbares alkoholfreies Bier wurde in Japan noch nicht erfunden. So. Nicht, dass ich vor irgendwelchen frechen Verkäuferinnen oder neugierigen Lesern irgendwas zu rechtfertigen hätte.)

Und dass sie mich einfach so außerhalb der Routine anquatschte, bedeutete selbstverständlich nur eins: Ich war nun offiziell Teil der Nachbarschaft. Nachdem der Schock überwunden war, fühlte ich mich geehrt und gerührt.

Es dauerte dann nicht mehr lang, bis mich die nächste Mini-Stop-Verkäuferin schräg anquatschte. Es war ausgerechnet die einzige, die kein steter Ausbund an kundenobsessiver Freundlichkeit ist, sondern fast nach deutscher Kassiererinnensitte ihr Betragen von ihren Launen lenken lässt, als seien ihre Kunden daran schuld. Immerhin war sie einigermaßen freundlich, als sie eines Tages ein wenig kokett quengelte: »Sie kaufen hier jeden Tag ein! Jetzt nehmen Sie endlich eine Punktekarte!«

Ich wollte aber keine Punktekarte. Wenn ich eine gewollt hätte, dann eine mit einem Marvel-Superhelden-Motiv, wie es sie im Medienleihhaus Tsutaya gab. Tatsächlich liebäugelte ich mit denen. Ich konnte der Verkäuferin allerdings schlecht sagen, dass für mich nur eine Punktekarte mit Wolverine drauf infrage käme, weil ich erst zwölf Jahre alt bin. Ohnehin wäre das nicht die ganze Wahrheit gewesen. Die ganze Wahrheit ist komplexer.

Seit dem weltweiten Aufkommen des Punktesammelns beim Einkaufen lehne ich mich dagegen auf. Zumindest seit seinem ganz großen Durchbruch. Gegeben hatte es Rabattmarken und Ähnliches selbstverständlich schon vor meiner Zeit, und mit ungefähr zwölf Jahren sammelte ich emsig Supie-Punkte aus den Superheldencomics des Ehapa Verlages, die ich schließlich im Supie-Shop gegen ein Wonder-Woman-Türposter eintauschte.

Supie-Punkte würde ich auch heute noch sammeln, ansonsten sträube ich mich gegen die moderne Treueprämienkultur. Zum einen, weil es mir eine allzu durchschaubare kundenbindende Maßnahme ist, zum anderen, weil dabei häufig Daten gesammelt werden. Gegen Datensammlungen hat der Deutsche ja einen offenbar angeborenen Würgereflex. Es ist wohl die Angst vorm gläsernen Menschen – plötzlich fällt man hin und zerbricht in tausend Scherben.

Natürlich ist das Quatsch, und mein Kopf weiß das, selbst wenn mein Herz hadert. Anstatt innovativen Unternehmen Ätschibätschi-Steine in den Weg zu legen, sollten staatliche Institutionen und nicht staatliche Bedenkenträger Zeit und Energie lieber darauf verwenden, Bürgerinnen und Bürger darüber aufzuklären, dass sie nicht jedem Internetonkel jeden Datensatz anvertrauen müssen, wenn sie nicht wollen. Wenn Googlefacebookamazon meine Daten sammeln, um mir relevantere Werbung anzuzeigen, dann sehe ich darin jedenfalls kein Ärgernis. Relevante Werbung ist mir lieber als irrelevante. Am liebsten wäre mir gar keine Werbung, aber so blauäugig, an eine werbefreie Welt zu glauben, bin ich nun auch wieder nicht.

Man ahnt es: Ich konnte meine Ablehnung nicht lange aufrechterhalten. An dem Morgen, an dem die manchmal miesepetrige Kassiererin es aufgegeben hatte, mich bequatschen zu wollen, bequatschte ich sie: »... und eine *pointo kaado* (point card) bitte!«, sagte ich am Ende meiner Artikelwahl und am Anfang des Bezahlvorgangs.

Es gab ein großes Hallo, und nun bin ich stolzer Besitzer einer WAON-Karte. Ich bin begeistert, dass ich alle Ebenen des Wort- und Buchstabenspiels im Namen dieses Unternehmens ganz ohne fremde Hilfe vollkommen entschlüsselt habe (glaube ich). *Wan* ist das, was im Japanischen der Hund sagt, wenn der deutsche Hund *wau* sagt. Daher das süße Hundemaskottchen. Klingt außerdem ein bisschen wie das englische *one*, also No. 1. *Wa*, *o* und *n* sind die letzten Buchstaben des japanischen Silbenalphabets – leicht zu merken. *Wa* heißt außerdem *Harmonie*, und *on* wird bisweilen wie im Englischen benutzt. Also: Die Harmonie ist eingeschaltet.

Oder so. Vielleicht überinterpretiere ich auch. Jedenfalls habe ich
jetzt diese Karte. Und vielleicht hole ich mir Wolverine auch noch.
Ist ein anderes Unternehmen und in anderen Läden gültig. In denen ist mir noch niemand blöd gekommen wegen meiner Karten-
losigkeit. Doch ich rechne jetzt jederzeit damit.

Und wenn der *convenience store* meine Daten nun an den Staat
verkauft?

Dann weiß der eben um meine Snackgewohnheiten. Na und?

Und wenn ... und wenn ... und wenn jetzt ein Radikaler an die
Macht kommt, der Kartoffelchips mit Zitronengeschmack zu einem Verbrechen erklärt und alle ihre Konsumenten erbarmungs-
los jagen lässt?

Dann überdenke ich meine Einstellung zur Datensammelei.
Aber erst dann.

***

Punktsammelkarten sind keineswegs die einzige Methode, im
konbini zu sparen oder gar etwas geschenkt zu bekommen. Irgendeine Tombola ist immer. Man kauft über einem bestimmten Wert
Waren ein, und schon darf man seine Fingerchen in einen dunklen
Pappkasten stecken und Lose ziehen, gesponsert von Kinofilmen,
Popgruppen oder Fernsehereignissen. Bereits als ich zum allerersten Mal teilnahm, durfte ich ein Gratispfefferminzspeiseeis mit
nach Hause nehmen. Nicht ganz meine Sorte, doch das ist neben-
sächlich. Seitdem hört meine Glückssträhne nicht auf. Ich möchte behaupten, dass die Gewinnlose, die ich bislang gezogen habe,
die Nieten deutlich überwiegen. Anfangs hatte ich aus Ironie-
gründen jeden Gewinn abgelichtet und sozialmedial mit der Welt
geteilt. Das habe ich bald gelassen, weil es anfing, in der unglaubli-
chen Häufung wie Prahlerei auszusehen. Oder wie Betrug. Ich
schwöre: Es geht alles mit rechten Dingen zu. Ich habe endlich
mein Talent im Leben gefunden.

Irgendeine Tombola ist immer. Heute präsentiert von Nogizaka46, der von AKB48 selbst lancierten AKB48-Konkurrenz-Band.

Letzte Woche hatte meine Gewinnsträhne ihren vorläufigen Höhepunkt erreicht – sechs Preise in drei Tagen: zwei Becher Instantnudelsuppe, eine Tüte Instantbratnudeln, eine Tüte Tintenfischsnacks, eine Dose Bier und eine Dose Energiegetränk. Davon die ersten vier an einem einzigen Tag (es war ein größerer Einkauf gewesen). Vielleicht fange ich irgendwann doch mit Pachinko an.

Wenn es ein bisschen billiger sein darf

Ist der deutsche Ein-Euro-Laden eher eine traurige Angelegenheit und sein Besuch selten anders als wirtschaftlich motiviert, so ist sein japanisches Pendant eine segensreiche Einrichtung für Arm und Reich. Der 100-Yen-Shop ist nicht nur billig, sondern auch praktisch. Nicht selten entspinnen sich in unserem Haushalt derartige Dialoge:

»Schatz, kaufst du bitte schnell noch ein Stück Evakuierungsseil, eine Reisepasstasche, zwei Biergläser, dreierlei Arten Geschenkpapier, eine Seifenblasenpistole, Batterien für das Fieberthermometer und ein Karnevalskostüm?«

»Wo bekomme ich das denn alles auf die Schnelle?«

»Im 100-Yen-Shop.«

Und wenn Schatz dann zurückkommt, hat er natürlich nicht nur das Beantragte in der großen Tüte, sondern auch noch ein paar skurrile Backformen, eine Micky-Maus-DVD, Knabberzeug, einen Tischwimpel mit einem putzigen Waschbären, einen Scherzwegweiser mit dem Wort »Beach« und genau den Strohhut, den er schon immer haben wollte, was ihm aber gerade erst bewusst geworden ist. Man muss einen 100-Yen-Shop nicht aufsuchen, um etwas Bestimmtes zu kaufen. Am befriedigendsten ist der Besuch, wenn man sich ohne Voreingenommenheit vom 100-Yen-Shop seine Wünsche diktieren lässt.

Man muss nicht mal etwas besonders Billiges suchen, wenn man in den 100-Yen-Shop geht. Don Quijote, eine der beliebtesten Ketten, hat bereits Don Quijote Platinum eröffnet. Für alle, denen ein 100-Yen-Shop einfach zu billig ist. Schnäppchenangebote in Hülle und Fülle findet man dort ebenfalls. Nur gibt es in der Lebensmittelabteilung nicht nur Chips und Tütensuppe, sondern auch den Whisky für den etwas anspruchsvolleren Gaumen. Der darf dann auch mal etwas mehr als 100 Yen kosten.

Kapitel

17

Besser leben mit der Lüge

Die englischsprachige Tageszeitung *The Japan Times* befragt mitunter Menschen auf der Straße zu aktuellen oder zeitlosen Themen. Die meisten der Befragten sind Ausländer, vereinzelt kommen Japaner zu Wort. Einmal wurde gefragt, ob man der Aussage zustimmen würde, die japanische Gesellschaft sei vor allem auf dem Fundament von Höflichkeit und Gastfreundschaft gebaut. Die fast einhellige Antwort der Ausländer war deprimierend berechenbar: Ja, aber. Ja, aber diese Höflichkeit sei ja total oberflächlich und die Gastfreundschaft noch viel oberflächlicher.

Wie, bitte schön, soll Höflichkeit denn sonst sein? Höflichkeit ist per Definition oberflächlich. Sie meint das Betragen bei Hofe, also das Einhalten eines Regelwerks. Regeln sind immer äußere und somit oberflächliche Phänomene, keine Spiegel innerer Wahrheiten. Im Englischen wird es noch deutlicher, kommt »polite« doch aus derselben Ecke wie »polieren«. Poliert wird stets nur die Oberfläche, nicht das Wesen der Dinge.

Höflich ist man in Japan vor allem bei geschäftlichen Transaktionen. Für mich bedeutet das: beim Einkaufen. Mit anderen geschäftlichen Transaktionen habe ich nichts am Hut. Eines meiner schönsten Einkaufserlebnisse hatte ich, als im Supermarkt eine Kasse defekt war. »Das gibt es in Japan also auch«, dachte ich mit einer Mischung aus Belustigung und Konsternation. Das, was danach kam, gab es in Deutschland nicht. Meine Waren, die bereits an der Kasse lagen, wurden von einem Mitarbeiter allesamt heruntergenommen und im Laufschritt zu einer anderen Kasse gebracht. Als die Kunden von der neu eröffneten Kasse erfuhren, stürmten sie nicht alle wie tollwütig dorthin, sodass die vormals Letzten nun unverdient die Ersten wären, sondern nahmen ordnungsgemäß in der neuen Schlange wieder den Platz ein, den sie schon in der alten hatten.

Ich möchte gar nicht verhehlen, dass ich in Deutschland selbst zu den tollwütigen Rennern gehörte. Und warum war das so? »*Weil das alle so machen!*« Dass es alle auch besser machen können, sieht man an Japan.

Laut japanischem Leitsatz ist der Kunde nicht König, sondern Gott. Für so einen Gott kann es mitunter schon recht anstrengend werden, wenn seine Untertanen es sich partout nicht nehmen lassen wollen, ihm zu Diensten zu sein. Einmal wollte ich mich nicht lumpen lassen und meiner Frau ein Geburtstagsgeschenk kaufen. Es sollte nach Möglichkeit etwas origineller sein als das Unoriginellste aller Geschenke, der Gutschein. Ich wollte es aber auch nicht übertreiben, deshalb entschied ich mich für die zweitunoriginellste Variante: ein Kataloggeschenk. Ich bin mir nicht sicher, ob diese Art des Schenkens in Deutschland unbekannt ist oder ob sie mir dort nur nie untergekommen ist. In Japan jedenfalls erfreut sie sich größter Beliebtheit. Man kauft einen Katalog, in dem lauter attraktive Produkte abgebildet und erklärt sind, und der Beschenkte darf sich eines davon aussuchen. Bezahlt ist es bereits durch den Kaufpreis des Kataloges, den der Schenkende entrichtet hat. Alle Produkte in einem Katalog für 10.000 Yen, beispielsweise, kosten also jeweils 10.000 Yen. Der Preis des Kataloges bezieht sich somit nicht auf das bisschen Papier und Inhalt, sondern ist eine vollständige Vorauszahlung für das Geschenk, das sich der Empfänger aussucht. In der Regel weiß jener freilich nicht, was der andere für den Katalog ausgegeben hat. Bestellt wird per Formular. Gültig sind die Kataloge eine gewisse Zeit lang ab Geschenkübergabe. Überprüfen lässt sich dieses Datum selbstverständlich nicht, das läuft auf Vertrauensbasis, was in einigen Gesellschaften wohl besser funktioniert als in anderen.

Ich habe keine Skrupel, meiner Frau ein Kataloggeschenk zu machen, denn sie selbst hatte mir zuletzt ebenfalls eines gemacht, worüber ich mich sehr gefreut habe. Es war von einer Craft-Brauerei, deren Erzeugnisse ich sehr schätze. Also wollte ich meiner Frau einen Katalog aus einem Schöner-wohnen-mit-Schnickschnack-Laden mitbringen, den sie sehr schätzt. Ich habe nichts gegen das Wohnen mit Schnickschnack, selbst wenn meine Auffassung von schönem Schnickschnack und die meiner Frau mitunter auseinanderklaffen (könnte ihr mal jemand erklären, dass an meiner Replik des silbernen Killerballs aus dem Filmklassiker *Das Böse* die widerhakenbewährten Klingen dran sein *müssen?*). Gefühlte Stunden verbringen wir mitunter in diesem Laden und kaufen dann doch nichts. Und genau das ist ja der Sinn von Geschenken: Jemandem etwas zukommen zu lassen, das er gern hätte, obgleich er sich nicht überwinden kann, dafür eigenes Geld auszugeben.

Ich war so froh über meine brillante Geschenkidee, dass sich mein Beinkleid beim Betreten des Ladens sofort in eine Spendierhose verwandelte. Von drei möglichen Katalogen wählte ich den teuersten. Die Verkäuferin verschwand mit ihm in ihrem geheimen Reich, und als sie zurückkam, hatte sie den unverpackten Katalog nach wie vor in der Hand und eine Trauermiene im Gesicht. »Leider haben wir den nicht mehr«, sagte sie, legte ihn auf den Tisch und tätschelte ihn, als müsse er nun eingeschläfert werden.

»Dann nehme ich genau den«, sagte ich und tätschelte ihn meinerseits, als wollte ich ihn adoptieren.

»Das ist leider nur ein Ansichtsexemplar ...«

»Das macht mir nichts aus, und ich zahle selbstverständlich den vollen Preis. Falls meiner Frau die Ansichtsspuren auffallen, nehme ich das auf meine Kappe.« Ganz so elegant drückte ich es in Japanisch nicht aus, gleichwohl war es das, was ich meinte. Ich wusste, dass dieses Ansinnen aussichtslos war. Doch ich wollte es wenigstens versuchen, bevor ich in genau die Situation hineinschlitterte, die ich mit der Wahl eines Kataloggeschenks vermeiden wollte. Denn zweierlei hatte für dieses Geschenk gesprochen: Ich konnte damit nicht großartig falsch liegen und ich vermied langwierige Beratungsgespräche auf Japanisch. In anderen Worten: Ich wäre mit dem Einkauf schnell fertig und hätte noch Zeit, den Restaurantgutschein einzulösen, den ich für ein Lokal in der Umgebung hatte und der nicht mehr lange gültig war. Ich bin kein Gutschein-ist-geil-Typ, aber ich lasse jede Ausrede gelten, ein neues Restaurant kennenzulernen.

Mein Japanisch reicht aus für einfache Transaktionen, oberflächliche Beratung und sehr kleinen Smalltalk, immer vorausgesetzt, ich bin die treibende Kraft des Gespräches. Geht die Konversation allerdings über die Themen hinaus, die ich mir zurechtgelegt habe, gerate ich leicht in Panik und verstehe nicht mal mehr das, was ich seit Jahr und Tag verstehen sollte. So wie jetzt. Die Dame redete ohne Punkt und Komma auf mich ein, und ich konnte nur den Satz stammeln, der seit Jahr und Tag die Niederlagen in meinem Leben markiert: »Japanisch ist ein bisschen schwierig für mich.«

Was macht man, wenn die Landessprache für den Gesprächspartner ein bisschen schwierig ist? Man wiederholt alles Wort für

Wort, nur lauter und langsamer. Das half tatsächlich, ich verstand nun ungefähr 30 Prozent von dem, was mir gesagt wurde. Leider hatte ich dadurch noch immer kein klares Bild von dem, was sie mir auszumalen versuchte. Der wichtige Teil der Informationen war wohl in den anderen 70 Prozent enthalten. Am liebsten hätte ich gesagt: *»Dann nehme ich halt den billigeren Katalog und kauf ihr noch 'ne Tafel Schokolade dazu.«* Aber die Frau ließ mich nicht zu Wort kommen. Wahrscheinlich hätte sie diesen faulen Kompromiss auch gar nicht zugelassen.

Stattdessen nickte ich die ganze Zeit und sagte ständig »Hai!« und »Wakarimashita!«, also »Ja!« und »Kapiert!«, weil man das eben so macht, dachte ich.

Und das machte ich so lange, bis ich wirklich ein Schlüsselwort verstand. Es handelte sich um den Namen eines anderen Schnickschnackgeschäftes, eines Konkurrenzladens, gar nicht allzu weit von diesem, auf der anderen Seite des Bahnhofs. Ich war bereits dort gewesen. Ich war bereits in jedem Schöner-wohnen-mit-Schnickschnack-Laden der Stadt, glaube ich. Und so langsam setzte sich aus diesem Informationsteil das gesamte Puzzle zusammen. Ich verstand, dass dieser Katalog nicht etwa ein exklusiver Katalog dieses Schnickschnackladens war, sondern ein Katalog einer Schnickschnackfirma, deren Produkte in diesem Laden angeboten wurden, aber eben nicht nur in diesem.

Jetzt führte die Verkäuferin Pantomime mit einem Telefonhörer vor. Sie wollte wohl anfragen, ob es in meinem Interesse wäre, würde sie in diesem Laden anrufen, um zu fragen, ob die noch so einen Katalog hätten. Ich konnte jetzt ja wohl schlecht nein sagen, also sagte ich: »Ja bitte.«

Es gab zur unbändigen Freude der Verkäuferin einen verkäuflichen Katalog im anderen Geschäft. Sie reichte mir eine Geschäftskarte eben jenes Geschäftes, auf deren Rückseite eine Kartenskizze zum besseren Auffinden des Ladens war. Damit auch wirklich nichts schiefgehen konnte, zog sie den zurückzulegenden

Weg noch einmal mit Kugelschreiber nach. Dann wollte sie meine Telefonnummer wissen.

Das mit meiner Telefonnummer ist so eine Sache. Jeder kennt bestimmt diese hoffnungslosen Zeitgenossen, die sich partout ihre Handynummer nicht merken können und dann so was sagen: *»Ich ruf mich so selten an, hö hö!«*

Ich bin einer von denen. Und es stimmt doch: Ich kenne alle möglichen Nummern auswendig, nur nicht die, die ich nun wirklich niemals anrufe (außer wenn ich mein irgendwo verlegtes Handy per Summton suchen muss, was bei genauerer Überlegung eigentlich gar nicht so selten vorkommt). Fragt mich jemand nach meiner Telefonnummer, bekomme ich also immer einen kalten Schweißausbruch. Wer kennt denn seine eigene Telefonnummer nicht? Kinder im Vorschulalter. Entmündigte Greise. Entscheider, Influencer, Mover und Shaker – solche Leute kennen ihre Telefonnummern.

Das Klügste wäre, ich trüge immer einen kleinen analogen Zettel bei mir, auf den ich die Nummer notiert hätte. Die Anfertigung eines solchen Zettels nehme ich mir auch jedes Mal vor, wenn ich in eine dieser peinlichen Vorschulkindersituationen gerate. Doch sobald die Situation vorbei ist, vergesse ich die Wahnsinnsidee wieder. Bis zum nächsten Mal. Und was mache ich beim nächsten Mal? Genau dasselbe, was ich immer mache: Ich fummele in meinem Handy nach meinem E-Mail-Client (sagt man noch »Client«?) und rufe eine neue leere Nachricht auf. Dort sehe ich dann meine E-Mail-Signatur, und aus der kann ich meine Telefonnummer ablesen.

Klappt immer, nur an diesem Tag nicht. Ich hatte nämlich gerade meinen E-Mail-Client gewechselt, und offenbar vererben sich Signaturen über Clients nicht. Also steuerten meine Finger mit steigender Nervosität den Ordner für gesendete Objekte an, denn dort würde sich bestimmt ein gesendetes Objekt finden lassen, das ich digital signiert hatte.

Fand sich aber nicht. Ich bin schließlich kein Entscheider, Influencer, Mover oder Shaker, der jedes Lulli-Objekt mit topwichtiger Komplettsignatur versieht (Entscheider, Influencer, Mover und Shaker versenden wahrscheinlich gar keine Lulli-Objekte).

Der Client fragte mich, ob ich weitere Nachrichten herunterladen wollte.

Die Verkäuferin sah mich mit einem Blick an, der seufzte: *»Ach, er hat leider gar nichts von dem verstanden, was ich ihm gesagt habe. Jetzt will er mir eine E-Mail schreiben!«*

Ich gab es auf und deutete an, dass wir es ohne mobile Erreichbarkeit lösen müssten. Sie wollte meine Nummer selbstverständlich nicht, weil sie mal mit mir ausgehen wollte (sie konnte auch nichts von dem Restaurantgutschein in meinem Portemonnaie wissen), sondern um sie dem anderen Laden mitzuteilen, damit er Weisung erteilen könne, sollte ich auf dem Weg verloren gehen. Da bestand allerdings keine größere Gefahr, denn ich kannte den Laden ja. Ich kenne jeden Schnickschnackladen der Stadt, denn ich bin mit einer Frau verheiratet. Ich hinterließ schriftlich meinen Namen, das immerhin bekam ich in der Landessprache noch gebacken, und ging meinen Weg allein.

Ich kam an, ich wurde sofort erkannt und mit dem versorgt, was ich wollte. Ich verstand ungefähr 50 Prozent von dem, was die neue Schnickschnackverkäuferin mir erzählte, ein Fortschritt. Zu guter Letzt waren wir alle glücklich, weil wir uns so gepflegt gegenseitig die Hucke vollgelogen hatten. Die Verkäuferinnen hatte mir vorgelogen, es gäbe kein größeres Glück für sie auf Erden, als mir zu einem fabrikneuen Exemplar genau des Geschenkes zu verhelfen, das ich für meine Frau auserwählt hatte. Ich hatte ihnen vorgelogen, dass das genau in meinem Interesse war, obwohl ich während des Prozederes lieber auf eine weniger aufwendigere Alternative umgeschwenkt wäre. Letztendlich freute ich mich natürlich, dass niemand es so weit hatte kommen lassen.

Ein bisschen unglücklich war ich allenfalls wegen des Restaurantgutscheins; ich musste ihn verfallen lassen. Zum einen, weil inzwischen nicht mehr viel Zeit bis zu meiner nächsten Verpflichtung war. Zum anderen, weil ich fürchtete, der Gutschein wäre vielleicht an Bedingungen geknüpft, die mir nicht bewusst waren und die erst lang und breit erklärt werden müssten. Einmal pro Tag reicht.

Ehrlicher lügen

So wie es in der Natur der Höflichkeit liegt, oberflächlich zu sein, so wenig sollte es erstaunen, dass Gastfreundschaft etwas anderes ist als Busenfreundschaft. Bei der Gastfreundschaft ist einer der Gast und einer der Gastgeber, es gibt also eine unüberwindbare Hierarchie. Man könnte trefflich drüber streiten, ob in dieser Hierarchie der Gast oder der Gastgeber den höheren Rang einnimmt. Letztendlich ist diese Frage jedoch unerheblich: Hierarchie ist Hierarchie, und echte Freundschaft gibt es nur zwischen Gleichgestellten.

Auf die Frage nach der Höherstellung von Gast oder Gastgeber mag der Japaner antworten: der Gast. Vielleicht tut er das nur aus Höflichkeit und denkt dabei das Gegenteil. Damit wären wir beim Prinzip von *honne* und *tatemae*, auch bekannt als das private und das öffentliche Bewusstsein. Grob gesagt bezeichnet *tatemae* das, was man sagt, und *honne* das, was man denkt. Ausländer zeigen gern mit dem Finger drauf und rufen: Das ist doch nichts anderes als Lügen!

Ganz genau. Na und? Dass man nicht immer ganz ehrlich ist, um sich selbst oder andere zu schützen, kommt in einer zivilisierten Gesellschaft nun mal vor, hüben wie drüben. Ist die umsichtige Lüge nicht sogar das, was die Zivilisation von der Barbarei unterscheidet?

Sicherlich wird eine Lüge nicht durch einen wohlklingenden Euphemismus zu einer schützens- und bewundernswerten Kulturtechnik geadelt. Dennoch erscheint mir das Benennen und Anerkennen von *honne* und *tatemae* als Fakt ehrlicher als das verschwiegene Lügen in anderen Kulturen.

Gruselige Typen aus dem In- und Ausland

Letzte Woche war es mal wieder so weit. Ich stand in einem mäßig gefüllten Zug der Yamanote-Linie auf dem Weg von Shinjuku nach Meguro, den Blick im Buch und tunlichst bemüht, meinen Mitreisenden keine allzu große Last zu sein. Mir war bereits aufgefallen, dass das fröhliche Geschnatter der Clique junger Damen in meinem Rücken verstummt war, als ich das Abteil betreten und mich in ihre relative Nähe gestellt hatte, der Abstand so respektvoll wie möglich. Irgendwann fand eine doch die Sprache wieder und flüsterte:»Gruseliger Typ ...«

War ich gemeint? Nicht auszuschließen. Solche Erlebnisse dürfte jeder in Tokio lebende Ausländer kennen, womöglich sogar die meisten aufmerksamen Touristen. Viele nehmen es sehr persönlich, nutzen es als Aufhänger für Leitartikel und Internetforumsbeiträge über den alltäglichen Rassismus in Japan. Ich bemühe mich stets nach der Unschuldsvermutung vorzugehen: Vielleicht meinte das Mädchen einen anderen Passagier, vielleicht griff es lediglich das zuvor verstummte Gespräch wieder auf, in dem es möglicherweise um irgendeinen gruseligen Typen ging, Japaner durch und durch, der momentan ganz und gar nicht anwesend war. Vielleicht war durchaus ich gemeint, allerdings nicht aus ethnischen Gründen, sondern weil ihr meine Mütze oder meine Visage nicht passte oder mir irgendwas Gruseliges aus der Nase hing.

Oder die Leitartikler und mein Instinkt haben recht, und ich wurde tatsächlich gerade rassistisch beschimpft, wenngleich nicht ins Gesicht. Das Einzige, was man weiß, ist, dass man es nicht weiß. Ich will mich nicht über jeden Zweifelsfall beklagen. Das tun andere bereits zur Genüge. Stehen morgens auf und beginnen mit dem Klagen, und sie hören erst wieder auf, wenn sie nachts ihre Köpfe zum Schlafe betten. Sie klagen über die fremde Zahnpasta, den ungewohnten Aufschnitt und natürlich über die tagtägliche Diskriminierung an jeder Ecke, zu jeder Stunde. Vor allem beklagen sie, dass dieses Land Japan ist und nicht etwa Fernostdeutschland.

Bei Ausländern wird bekanntlich gern verallgemeinert, das möchte ich auch tun. Also: Es gibt solche und solche Ausländer. Zwei Sorten halt. Zum einen solche, die keine andere Wahl haben, als irgendwo Ausländer zu werden, weil in ihren Heimatländern existenzbedrohende Verhältnisse herrschen. Zweitens solche, die um der Neugier oder der Karriere willen ins Ausland gehen, also aus freien Stücken (Liebe ist bei Neugier mitgemeint). Beide Sorten sind prinzipiell gute Sorten, die jedes Recht der Welt haben oder haben sollten, dort Ausländer sein zu dürfen, wo sie es sein wollen. Sie sollen auch ruhig ihre Meinungen über ihre Wahlheimaten frank und frei kundtun, selbst kontroverse.

Und dennoch, wenn mir unter meinen Artgenossen die Giftigen und die Weinerlichen mal wieder zu viel werden, dann kommt mich die Lust an, den Neugier- und Karriereausländern, und wirklich nur denen, ganz unverbindlich vorzuschlagen: Wenn es euch hier nicht gefällt, geht doch nach Hause.

Damit, wie gesagt, meine ich mitnichten, dass sie kein Recht auf Beschwerde hätten. Und schon gar nicht möchte ich bestreiten, dass es Rassismus in Japan gibt. Es gibt ihn, wie es ihn eben in anderen Ländern auch gibt. Dagegen gehört die Stimme erhoben, wie in allen anderen Ländern ebenfalls. Hört man allerdings den vehementesten Beschwerdeführern unter den in Japan lebenden Ausländern zu, könnte man den Eindruck gewinnen, in Japan grassiere der Rassismus schlimmer als im Rest der Welt. Bekommt man es nur oft genug gesagt, glaubt man am Ende noch daran. Lange Zeit hatte ich selbst den Eindruck, Japan hätte ein größeres Problem mit Rechtsextremen als Deutschland. Das relativierte sich, als in Deutschland eines Tages die Wutbürger (Sie wissen schon: Nazis und solche, die es werden wollen) in großer Zahl aus ihren dunklen Löchern in die sogenannte Mitte der Gesellschaft krochen. In Japan waren sie bereits dort, sie demonstrierten munter und vertraten Menschenverachtendes mit einer Selbstverständlichkeit, die ich aus Deutschland so nur von historischen Schwarz-weiß-Aufnahmen kannte, oft erschreckend unwidersprochen (dies eher eine Frage der Mentalität als ein Zeichen von Zustimmung). Zusammenrottungen allerdings von den Dimensionen, die man später unter der Ägide von Pegida, Legida und Was-weiß-ich-egida gesehen hat, hielt und halte ich in Japan für unvorstellbar. Der Großteil der Japaner teilt rechtsextreme Ansichten nicht; das ergeben immer wieder entsprechende Umfragen. Nett wäre, wenn der Großteil der Japaner es hier und da kundtun würde, ohne dass man extra nachbohrt.

(Man verzeihe mir den kleinen Exkurs, aber ich bin wirklich schockiert von der politischen Entwicklung in Deutschland und Nachbarländern in den letzten Jahren. So wie meine Großeltern noch vom Krieg erzählen konnten, so kann ich von Zeiten erzählen, in denen die Wahlergebnisse rechtsextremer Parteien stets gemeinsam mit den Ergebnissen von Lila Liste und der Yoga-Flieger-Partei unter »Sonstige« geführt wurden, weil sie einzeln kaum messbar waren. Wenn man das den jungen Leuten heute erzählt – die glauben es nicht. Dass es heute schon ein Anlass für linke Straßenfeste ist, wenn Rechtsradikale bei einer Wahl nicht die absolute Mehrheit erreichen, erscheint mir bizarr.)

Der Mensch neigt dazu, die eigenen Erfahrungen ins Tausendfache zu multiplizieren. Wie man manchmal im Restaurant unvorteilhaft platziert wird. Wie in der voll gestopften Bahn der Platz neben einem verlässlich frei bleibt. Wie der zornige *salary man* mit der Überkämmfrisur hinterm Rücken unverblümt Schimpfworte zischt, in der Annahme, der Gemeinte verstünde ihn eh nicht. Habe ich auch alles schon erlebt. Werde ich sicherlich auch noch häufiger erleben. Ist das Grund zur Beschwerde? Aber hallo, selbstverständlich. Ist es anders als das, was nicht ganz hellhäutige und nicht ganz langnasige Menschen in diversen europäischen Ländern tagtäglich erleben? Ich glaube kaum. Eher ist es harmloser. Immerhin muss hier keiner Angst haben, dass ganze Stadtteile von schwer bewaffneten Skinheadbanden ausländerbefreit werden. Der japanische Rassismus ist im Ton oft extrem scharf, doch bleibt es beim Ton. Große Klappe, nichts dahinter.

Laut unzähligen Klageschriften gehört es zu den offenbar größten Verletzungen, die Ausländer hier erfahren, dass Japaner sie bei der ersten Begegnung ganz unverfroren auf Englisch ansprechen. Ich muss festhalten: Mir passiert das so gut wie nie. Oh, was habe ich schon gebetet, regelmäßiger auf diese schlimme Art diskriminiert zu werden! Der Affront der ungefragten englischen Ansprache ist ein Dolchstoß mitten ins Herz (beziehungsweise Ego) mit doppelt gewetzter Klinge: Zum einen wird dem Nichtjapaner unterstellt, kein Japanisch zu verstehen. Zum anderen wird jedem Ausländer unterstellt, er verstünde Englisch. Gern hätte ich derart zarte Haut, um diese kleine Höflichkeit als Beleidigung aufzufassen und mich von ihr verletzt zu fühlen.

Apropos Haut: Viele Ausländer meckern in Japan sogar dann, wenn sie ausdrücklich nicht diskriminiert werden. In vielen Bädern ist der Zutritt mit sichtbaren Tätowierungen untersagt. Von alters her sind in Japan nur Gangster tätowiert; zunächst war es eine Bestrafung, später wurde es trotzig-stolze Tradition der Zunft. Seit in anderen Ländern das Tätowieren genauso selbstverständlich zum Pubertieren gehört wie Ausschlag und Stimmbruch, mehren sich in Japan die Beschwerden von Zugereisten und Touristen, dass sie nicht in die heiße Quelle oder den Gemeindepool gelassen werden, obwohl sie gar keine Mitglieder der

Yamaguchi-gumi seien, sondern lediglich in ihrer Jugend eine gewisse Vorliebe für Tentakel und Schmetterlinge hatten, von der sie damals annahmen, dass sie nie, nie, niemals vorübergehen würde. Ähnlich klagen Angehörige der indigenen Völker Australiens, für die Tätowierungen Teil ihrer Kultur sind. Japan kontert mit seiner Kultur. Ob man diese Verbote nun für überholt hält oder als notwendig erachtet, eines ist klar: Wenn Kevin und Chantal wegen Arschgeweih abgewiesen werden, liegt keine Diskriminierung vor, sondern das Gegenteil – sie werden genauso behandelt wie waschechte Japaner.

In *onsen*, heißen Quellbädern, die nackt bestiegen werden wollen, lässt sich in dieser Angelegenheit wenig machen. Freibäder zeigen sich häufiger kompromissbereit: Mit bedeckten Tätowierungen darf man sich im Wasser tollen. Für Ganzkörpertätowierte herrscht also in japanischen Badeanstalten Burkini-Pflicht.

Zuletzt versuchten einige Körperkunst- und Badekulturbegeisterte, über Crowdfunding Badeeinrichtungen an den Start zu bringen, in denen Tätowierte gern gesehen wären. Keine schlechte Idee angesichts des boomenden Tourismus und der Tatsache, dass sogar Japaner sich zunehmend der Modetätowierung öffnen. Dass seit Jahrzehnten ungebadete Gangster diesen Häusern die Türen einrennen werden, ist indes nicht ganz auszuschließen.

***

Echte und eingebildete Diskriminierung hin oder her – die Menschen, die einem in Japan tagtäglich mit echter oder bloß höflicher Freundlichkeit begegnen, sind exorbitant in der Überzahl gegenüber denen, die zischen und meiden. Leider liegt es in der Natur des Menschen, Negativerlebnisse nachhaltiger zu erinnern. Ich merke es an mir selbst. Gestern, als ich das Töchterlein zum Kindergarten führte, kollidierte sie beinahe mit einem eiligen Angestellten. Die Schuld traf eher ihn als sie, sie waren beide in derselben Richtung auf derselben Straßenseite unterwegs, nur er eben schneller als ein artgerecht tapsiges Kleinkind. Nach meiner Auffassung hat in solchen Situationen die erwachsene Partei, also hier der eilige Angestellte, die größere Verantwortung in Sachen Kollisionsvermeidung. Der Landesetikette entsprechend entschuldigte ich mich bei ihm für sein Missgeschick. Nichtsdestotrotz brummelte er etwas, was juristisch wohl nicht den Tatbestand der Beleidigung erfüllte, dennoch von unangemessener Grobheit war. Da war ich innerlich gleich wieder auf 180: Diese hektischen, groben Spießbürger in diesem Land! Wissen genau, wann sie wo zu sein haben, haben den effizientesten und verlässlichsten öffentlichen Personennahverkehr der Welt und trotzdem: Immerzu nur rennen, rennen, rennen. Ohne Rücksicht auf kleine Kinder und gute Manieren. Ich kochte noch immer ein wenig, nachdem ich auf dem Rest des Weges nacheinander vier Menschen begegnet war, die mich freudestrahlend gegrüßt, vereinzelt gar in freundliche Kurzgespräche verwickelt hatten. Es handelte sich um Eltern anderer Kinder des Kindergartens meines Kindes, zwei Mütter und zwei Väter, sie hatten mich von Anfang an als einen der ihren akzeptiert. Als ich hinterher in einem meiner Arbeitscafés saß, bei einer guten Tasse Kaffee und angenehmer Musik, ließ ich die Ereignisse noch einmal Revue passieren. Ich war heute Morgen einem Arschloch begegnet. Und vier tollen Menschen. Haben das Land und seine Gesellschaft wirklich verdient, dass ich sie an ihrer Minderheit fragwürdiger Elemente messe? Abgesehen davon, vielleicht hatte sogar das mutmaßliche Arschloch nur einen schlechten Tag. Hat jeder mal.

Hält man nicht mitunter selbstreflexiv inne, sind es immer nur die vereinzelten Arschlöcher, die auffallen. Die Freundlichen werden von den Beschwerdeführern schlicht nicht gezählt. Dagegen lege ich Beschwerde ein.

Kapitel

18

Alles (nur leider kein) Käse

Der Deutsche als jemand, der sich im Ausland über die Qualität des Brotes beschwert, ist als internationales Klischee so weit verbreitet, dass es wieder in Deutschland angekommen ist und sich die Deutschen in ihrer Beschwerde verschämt ein wenig zurückhalten. Andere Länder, andere Teigmasse, was will man machen. Eher beschweren sich Deutsche, die sich partout undeutsch geben wollen (also verkrampft unverkrampft), über die Deutschen, die sich über ausländische Brote beschweren. Da war ich Vorreiter. Ich fand das Beharren auf staubtrockenes und steinhartes Grau- und Schwarzbrot in jungen Jahren äußerst albern, für mich durfte es gern tagein, tagaus ungetoastetes Toastbrot sein.

Das hat sich geändert.

Wie Japan mich das Deutschsein lehrte

Als Teenager war für mich, wie für viele Teenager meiner Generation, Amerika das, was später Japan für mich wurde. Heute fangen die Teenager gleich mit Japan an, scheint mir. Schön für sie! Hätte mein Schicksal nur eine oder zwei Weichen anders gestellt, schriebe ich heute vielleicht an einem Buch namens *Happy Houston – unterm Cowboyhut wird im Quadrat getanzt*. Kam mir in meiner Jugend irgendein Antiamerikaner mit dem Totschlagargument: »Würg, in Amerika gibt es doch nur so Labberbrot!«, dann konterte ich: »Papperlapapp, das Labberbrot ist toll!«

In Japan gibt es ebenfalls nur Labberbrot, und ich sage es in mehr als einer Hinsicht auf gut Deutsch: Es ist ein Kreuz mit dem Labberbrot. Selbst wenn ich in meinen Flegeljahren meinte, tägliches Toastbrot könnte mir nichts anhaben, würde mir im Gegenteil wohl bekommen, so habe ich es natürlich nie langfristig ausprobieren können. Eigentlich bekommt man ja nirgends schlechtes Brot in Deutschland, da kann man sich noch so querstellen.

Schon während meines ersten mehrmonatigen Aufenthalts in Tokio knickte ich vor dem alternativlosen Labberbrot ein. Erst schwenkte ich um auf Müsli, was ich nicht mag, dann aß ich einfach gar kein Frühstück mehr (was nach Meinung progressiver Mediziner keineswegs so indiskutabel ist wie nach Meinung konservativer Mediziner). Heute habe ich keine Schwierigkeiten damit, die Wahrheit auszusprechen: deutsches Bier, deutsche Autos, deutscher Fußball, deutscher Hip-Hop – alles völlig überschätzt. Aber deutscher Wein und deutsches Brot – unbesungene Meisterwerke. Und wenn nicht gänzlich unbesungen, dann doch viel zu selten und viel zu leise besungen.

Ebenso das gute, alte Doppelfenster. Die Deutschen sind sehr stolz darauf, Isolierung ist eines ihrer Lieblingswörter. Ich pfiff darauf lange so, wie ich auf die deutsche Brotverherrlichung gepfiffen habe. Das ist nun vorbei.

Vergessen wir *honne* und *tatemae*, vergessen wir das Schlürfen beim Essen und die Zier vorm öffentlichen Naseputzen – der größte kulturelle Graben zwischen Deutschen und Japanern tut sich beim Verhältnis zu Fenstern auf. Unsere Fenster in Meguro sind ständig verhangen, wie die meisten Fenster Japans. Das stört mich nicht weiter, man sähe ja eh nichts außer dem Haus ein paar Handbreit nebenan, einem traurig leerstehenden Friseursalon. Ich vermisse den Friseur, einen dicken Herrn mit Schnurbart, der stets selbst im Wartebereich seines Ladens saß und auf Kundschaft wartete. Er erfreute sich dabei an Soulmusik-Videoclips in reeller Lautstärke auf einem kleinen Fernseher und grüßte Hana und mich (vor allem Hana) freundlich, wenn wir an seiner Tür vorbeitanzten (vor allem Hana).

Jetzt ist er jedenfalls nicht mehr da, und unsere Gardinen können permanent geschlossen bleiben, wie meine Frau es gerne hat. Geöffnet werden Fenster ohnehin nicht; draußen ist es oft zu laut, und trotz Fliegengitter kommen irgendwelche cleveren Biester immer durch. Für frische Luft gibt es die Klimaanlage. Und die ist gleichzeitig Teil der Lösung wie Teil des Problems. In Japan lebt es sich recht luftfeucht. Kommt in den kälteren Monaten noch die Klimaanlage als Heizung dazu, sollte man hin und wieder doch die Gardinen lüpfen. Tut man es zu spät, sieht man das, was wir sahen, nachdem wir im ersten Jahr im neuen Heim monatelang unseren Fenstern keine Beachtung geschenkt hatten: Schimmel! Nicht vereinzelte kleine Fleckchen, sondern ein weißer, pelziger, flächendeckender Befall, dessen Härchen sich sanft im warmen Luftzug der Klimaanlage wogen. Wo der Befall herkam, war ebenfalls schnell ausgemacht: Wasser lief in Sturzbächen die Scheiben hinab. Innen.

Wir kauften verschiedene Mittelchen gegen Schimmel und Wasser, doch kein einziges half. Nicht alleine. Wir mussten sie alle in Kombination verwenden: Ein breites, schwammartiges Klebeband, das die Feuchtigkeit am unteren Scheibenrand aufsaugt (sieht furchtbar aus, sieht man hinter der Gardine aber eh nicht);

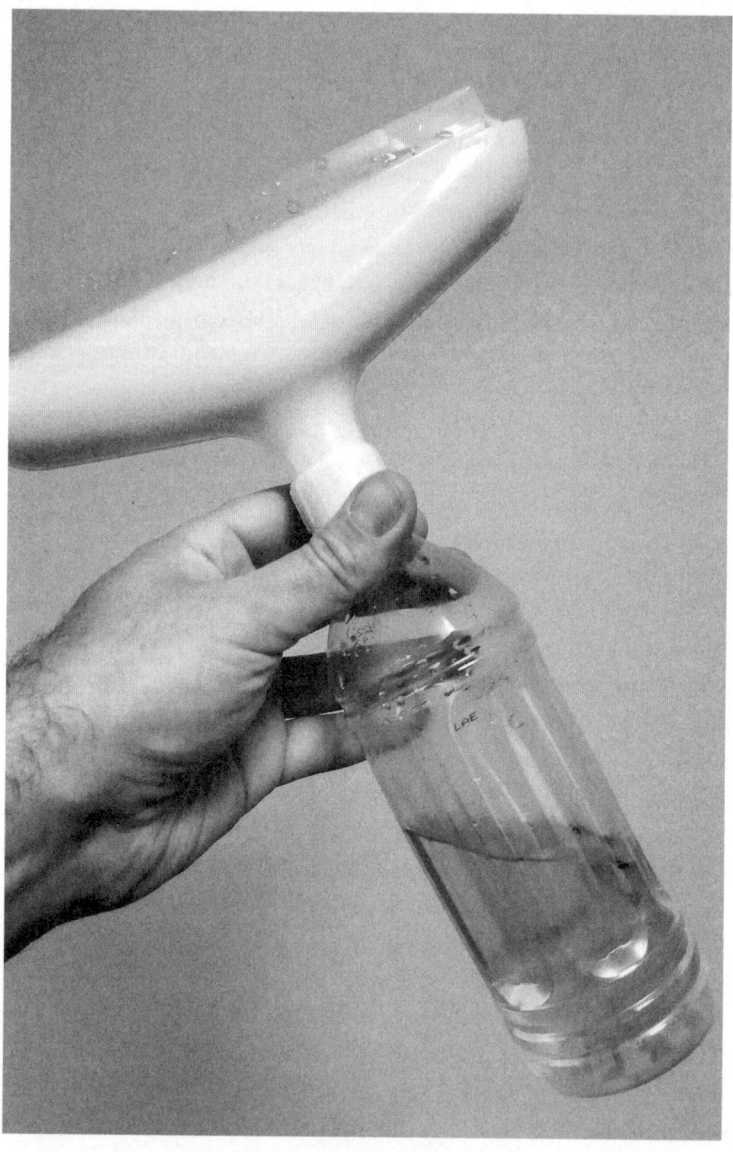

Trendgetränk in den kalten Monaten: Frisch geschabtes
Fensterscheibenwasser

das legendäre Allround-Alkohol-Anti-Alles-Spray, mit dem wir im Sommer auch die Kakerlakeninvasoren betäuben; und ein Scheibenschaber, der beim Scheibenschaben die Flüssigkeit in einer PET-Flasche sammelt.

Es war sehr interessant, all diese japanischen Erfindungen kennenzulernen. Allerdings hätten wir sie uns mit vernünftig isolierten Doppelfenstern sparen können. Und an manchen Tagen, während ich schabe und sprühe, werde ich nicht müde, das zu erwähnen.

Identitärer Käse?

Falls man sich doch mal an das Labberbrot gewöhnen würde, was sollte man schon drauftun? Etwa Käse? Welchen Käse?! In einer der gar nicht so wenigen englischsprachigen Ausländerzeitungen des Landes schrieb einmal ein Kolumnist, Japaner würden ihren Käse lediglich als feste Hamburgersauce betrachten. Ich bin eigentlich kein Freund von Meckerkolumnen, doch hier muss ich ausnahmsweise sagen: auf den Kopf getroffen. Japaner würden sich bei dieser Feststellung wahrscheinlich noch nicht mal allzu beleidigt fühlen und lediglich fragen: Als was denn sonst? An Schnittkäse gibt es in erster Linie zwei Sorten: Käse, der nach dem Schmelzen noch einen letzten Rest von Käsekonsistenz hat (allerdings wirklich nicht viel), und Käse, der nach dem Schmelzen seiner Unterlage ein eng anliegendes gelbes Gummikleid geworden ist. Es schmeckt weniger sexy, als es klingt.

In der Tat ist japanischer Käse hauptsächlich dazu gedacht, formschön zu schmelzen. Führende Käsehersteller müssen ständig ihre Rezeptur anpassen, wenn führende Mikrowellenhersteller ihre Modelle ändern, damit das Schmelzerlebnis für den anspruchsvollen japanischen Kunden stets dasselbe bleibt. Jeder Käse wird mit 160 verschiedenen Mikrowellen getestet. Wer meint, mit Käse hätte das nicht mehr viel zu tun, der hat recht. Ich hielt schon Käseverpackungen in der Hand, die damit protzten, ihre Inhalte enthielten bis zu fünf Prozent Käse.

Nun ist Tokio gottlob eine recht internationale Stadt. In etwas besser sortierten Supermärkten gibt es durchaus den eingeschweißten Schnittkäse, den man aus europäischen Kühlregalen kennt. Man findet ihn in Japan eher im Feinschmecker- als im Käseregal. Die Preise sind gehoben, jedoch zu verschmerzen. Ein bisschen schmerzt allerdings die Erkenntnis, dass der einstige Alltagskäse inzwischen zum Wochenendkäse geworden ist.

Es gibt sogar richtig guten Käse, doch dafür muss man sich in eine gehobene Weinhandlung bemühen. Dort bezahlt man für das Stückchen ungefähr so viel wie für die gehobene Flasche. Einmal hatte meine Schwiegermutter ausländischen Käse gekauft, als wir einen Besuch unsererseits angekündigt hatten. Kurzfristig mussten wir leider absagen, es war etwas Gesundheitliches dazwischengekommen. Als es allen wieder besser ging, rief meine Schwiegermutter an: »Soll ich heute vorbeikommen? Dann kann ich dir den Käse mitbringen.«

»Das ist nett«, sagte ich, »aber viel zu weit für ein Stück Käse. Wir holen unseren Besuch bestimmt bald nach.«

»Ich könnte dann auch mit Hana spielen.«

»Das ist ein besserer Grund.«

»Also komme ich und bringe den Käse vorbei.«

Meinerseits besorgte ich Brot in einer Filiale der französischen Kettenbäckerei Paul (um sich in Japan verständlich zu machen, sollte man es *poru* aussprechen). Ich hätte auch eine der deutschen Bäckereien in Tokio wählen können, etwa Himmel oder Frau Krumm. Nur sind deren Backwaren immer ein Glücksspiel bei recht hohem Einsatz. Manchmal kaufe ich dennoch dort, allerdings in erster Linie, weil es mich freut, mit einer Tragetasche durch die Stadt zu laufen, auf der »Himmel« oder »Frau Krumm« steht. Hinter Letzterer verbirgt sich eine berühmte japanische Tennisspielerin, die mit einem deutschen Rennfahrer verheiratet war, eben einem Herrn Krumm. Die Liebe zum deutschen Rennfahrer ist erloschen, die zum deutschen Brot ist geblieben. (Da ich die Motorsportarten allesamt nicht nur beiläufig uninteressant finde, sondern mir die ohrenbetäubende, monotone, unästhetische Raserei und ihr sittenloses Milieu mit Leib und Seele zuwider sind, weiß ich nicht nur nicht, wie Herr Krumm komplett heißt, sondern weigere mich sogar, es zu recherchieren. Wer in der Welt des Rennsports zu Hause ist, wird vermutlich eh wissen, wer gemeint ist.)

Am nächsten Morgen bereitete ich mir ein kleines Festfrühstück mit dem relativ akzeptablen Brot und dem edlen Käse. Ein bisschen Käse blieb übrig, drum gönnte ich mir zum Mittag eine weitere Stulle. Als ich schließlich die leere Käsefolie in den Mülleimer warf, fiel mein Blick auf das Preisschild: Ich hatte gerade ganz allein Käse im Wert von rund 30 Euro verputzt, im Rahmen zweier gar nicht allzu üppiger Mahlzeiten.

***

Es beißt die Maus keinen Faden ab: Als Deutscher ist man in Japan der Deutsche. Das ist am Tag der Ankunft so, wie es an dem Tag sein wird, an dem der von Alter und Tod ausgemergelte Körper den Flammen übergeben wird. Zwischen diesen beiden Schlüsselereignissen hat man zwei Möglichkeiten: Man bekennt sich zu seiner Herkunft und sagt hin und wieder so was wie: »Hm, deutsches Brot, lecker!«, oder man wird unglücklich. Denn das japanische Umfeld wird nie, nie, nie damit aufhören, deutsche Themen aus Deutschen herauszukitzeln.

»What do you think about Merkel?!«, war die erste gebellte Frage, die mir mein Konversationspartner in einem englisch-japanischen Debattierclub an den Kopf warf, dem ich einmal aus Einsamkeit beigetreten war, noch bevor er sich ordentlich vorgestellt hatte. Ich druckste herum, wollte mich nicht recht bekennen.

Merkel ist eine so erstaunliche Kanzlerin, ihren Weg von der medialen Witzfigur zur überzeugenden Mutter der Nation, ach was, der Europäischen Union, muss man anerkennen, ohne Ansehen der Parteizugehörigkeit. Aber ganz weghimmeln kann man die Parteizugehörigkeit nun auch wieder nicht. Also druckste ich und fühlte mich wie ein richtiger Japaner, der lieber keine Meinung äußert, bevor er Gefahr läuft, die allgemeine Harmonie zu gefährden, und sei es nur die eigene.

Dabei hatte ich mit der harmlosen Merkel-Frage eigentlich noch gehöriges Glück. Ein Japaner, den ich schon lange und meines Erachtens gut kannte, fragte mich eines Tages ganz unvermittelt im Plauderton: »Findest du eigentlich Hitler gut?«

Wenigstens druckste ich nicht herum, sondern rief erschrocken: »Natürlich nicht!«

Ich habe zwar meine Kleidung nicht gesinnungsprahlerisch mit den Insignien der Antifa verziert, und ich bin nicht der lautstärkste Anstoßer politischer Aktionen und Diskussionen. Doch ich war immer davon ausgegangen, dass meine aufrechte Haltung offensichtlich sei, dass man sie mir womöglich sogar an der Nasenspitze ansehen könne.

Mein Gesprächspartner erschrak ebenfalls ob meines Tons und lenkte schnell ein: »Nein, nein ... natürlich nicht, natürlich nicht ...«

Man muss auf der Hut sein. Als ich einmal mit einer japanischen Bekannten durch München spazierte und ich nicht auf jede Frage zu jüdischen Sehenswürdigkeiten eine Antwort wusste, fragte sie: »Magst du keine Juden?« Auch diese Frage in völlig unverfänglichem Tonfall, als wäre jede Antwortmöglichkeit gleichwertig akzeptabel. (Wahrscheinlich wäre meine Bekannte bei einer begeisterten Bestätigung von Antisemitismus meinerseits sehr wohl schockiert gewesen, soweit muss ich sie in Schutz nehmen, doch verzichtete sie zur Harmoniewahrung auf konfrontativen Ton.)

Ich faselte panisch etwas von »doch, doch« und »Woody Allen zum Beispiel ...«, und gleich fiel mir auf, dass es die Nazis genauso gemacht hatten: Nach eigenem Gutdünken entschieden, welche Juden ihnen genehm waren. Also schickte ich schnell hinterher, dass ich selbstverständlich alle Juden toll fände, nicht nur die brillanten und lustigen – was eben auch wieder Quatsch war, denn es gibt ja bestimmt durchaus blöde Juden; Religionszugehörigkeit schützt keineswegs vor Torheit. Ach, es war ein recht krauser, unwürdiger Vortrag.

Auf solche Fragen sollte man gut vorbereitet sein (besser als ich), gleichwohl tut man sich keinen Gefallen, den Deutschen in sich auf Nachfrage komplett zu verleugnen. Niemandem ist geholfen mit: »Äh ... also ... ich bin gar nicht so richtig typisch deutsch, ich bin ja eher links und so ... ich ess' auch lieber ausländisch und scharf ... Kartoffeln finde ich irgendwie spießig und Fußball total uninteressant ...«

Das enttäuscht nur die Fragesteller und beschämt den Befragten. Ein gelegentliches kleines Bekenntnis zur deutschen Identität hingegen schenkt dem Inneren Seelenfrieden und dem Äußeren Harmonie. Damit verrät man nicht gleich die Bewegung. Ein kleines Bekenntnis zu bissfestem Brot und Käse mit Geschmack, zum Beispiel.

Mehr als einmal wurde ich mit der Weisheit konfrontiert, man würde sich seiner alten Heimat patriotischer verbunden fühlen, lebe man erst mal in der Fremde. Eine ähnliche Binsenweisheit wie die, man würde im Alter zwangsläufig konservativer. Tatsächlich wird man im Alter lediglich undogmatischer und in der Ferne entspannter. Man sieht ein, dass gern Bratwurst essen und es zugeben nicht zwingend dazu führt, stramm am Fahnenmast zu stehen und auf den Marschbefehl zu warten.

Schau: Essen!

Bei einer der geheimen Zusammenkünfte der deutschen Gemeinde in Tokio ist mir ein Paar untergekommen, bei dem keine der beteiligten Parteien aus Deutschland kommt. Die beiden, Japanerin und

Japaner, haben allerdings berufsbedingt eine Weile in Deutschland gelebt und möchten sich ein wenig Deutschland in Tokio bewahren, weshalb sie sich gern mit Deutschen umgeben. Der Knüller (finde ich): Ausgerechnet in Bremen haben sie gelebt. Und ausgerechnet an Bremen haben sie ausgerechnet Brezelerinnerungen. Die Frau vermisst nämlich am meisten an Deutschland die großen Brezeln, die es auf der Rückseite des Bremer Hauptbahnhofs geben soll. Die kenne ich gar nicht, in meiner aktiven Zeit auf dem Bremer Hauptbahnhof war es mir wichtiger, wo es die nächste Dose Bier gab. Dennoch kann ich ihre Brezelsehnsucht nachvollziehen. Die Exemplare, die man in Japan mitunter findet, sind weich und gummiartig zugleich, sozusagen Weichgummi.

Der Mann der Brezel liebenden Japanerin hingegen vermisst die deutsche Wurst. Das wiederum kann ich nicht nachvollziehen, ich habe an japanischen Wurstwaren nichts auszusetzen, weder an Auswahl noch am Geschmack. Viele Kreationen haben sogar einprägsame deutsche Namen. Die populärste aller Supermarktkühlregalwurstserien heißt »Schau Essen«. Auch preislich wird man nicht gar so brutal an den Haken gehängt und ausgeblutet wie beim Käsekauf (das mag für die entsprechenden Nutztiere freilich anders aussehen).

Ich erwähnte im Vorübergehen schon den deutschen Wein. Ich möchte ihn ein weiteres Mal erwähnen, denn er hat die Erwähnung verdient. Andere Länder haben auch gute Weine. Ich würde sogar die verwegene These aufstellen, dass jedes Land, in dem Wein gekeltert wird, das eine oder andere Highlight in Flaschen abfüllt. Wäre ich gehässig, könnte ich anfügen: außer Japan. Doch das wäre wirklich gehässig (und wirklich gehässig bin ich nicht), weil es durchaus gelungene japanische Weine gibt, man muss nur sehr, sehr lange suchen. Ich bin noch nicht mal der Meinung, deutscher Wein sei der beste der Welt. Trotzdem ist er der, den ich in Japan am meisten vermisse. Denn genauso schwierig, wie es ist, einen guten japanischen Wein zu finden, so schwierig ist es auch, einen guten deutschen Wein in Japan zu finden. Es macht mir nichts aus, für einen Tengelmann-Wein Käfer-Preise zu bezahlen. Ist ja nur zu besonderen Anlässen, und ich kenne dieses Prinzip schon vom Käse. Enttäuschend ist es, wenn dann doch nur Penny-Qualität dabei herauskommt. In dem Nobelsupermarkt, in dem ich meine meisten Nobeleinkäufe tätige, war lange Zeit Glühwein das einzige, was im Weinregal mit der Beschriftung ドイツ (*doitsu*, Deutschland) zu finden war. In rauen Mengen, ganzjährlich, oft stark reduziert. Kein Wunder, wenn's im Juli verlässlich über 30 Grad im Schatten hat. Alternativ findet sich in den Deutschlandregalen häufig eine Travestie namens Schwarze Katz in unterschiedlichen Varianten. Der Name war mir schon untergekommen, bevor ich die erste Flasche mit eigenen Augen sah. In Japan gilt die Gleichung: deutscher Wein = Schwarze Katz. Die Hersteller brüsten sich damit, ihr Wein stünde auf fast allen Weinkarten der Welt. Außer in Deutschland, möchte man als Sternchentext anfügen. Möglicherweise ist die Schwarze Katz ganz allein schuld, dass der unverdient schlechte Ruf des deutschen Weins in der Welt so schwer auszumerzen ist.

Als ich mich eines Tages partout nicht entscheiden konnte, aus welcher Flasche ich der Dame des Hauses am Abend einschenken sollte, wählte ich die Schwarze Katz. Ein Drittel Verzweiflung, ein Drittel Ironie, ein Drittel Neugier. Fazit: Der Glühwein wäre besser gewesen. Und weniger lieblich.

Die Sache mit den Nüssen

Als ich meinen Lebensmittelpunkt komplett nach Japan verlagerte, hatte ich eigentlich schon ausreichend Erfahrungen im Lande gesammelt, um allzu drollige Fettnäpfchen auszulassen. Hatte ich gedacht. Und doch ertappte ich mich ein ums andere Mal dabei, wie ich um ein Haar meine Feierabendknabberei aus dem Regal für Haustiersnacks genommen hätte. Liegt wahrscheinlich daran, dass die Haustierabteilungen oft nah an den Kinderabteilungen sind (möchte gar nicht drüber nachdenken, was das zu bedeuten hat), die ich stets automatisch ansteure, so ich einen Lebensmittelladen betrete.

Was weiterhin verwirrt, so man von deutschen Supermärkten konditioniert ist, ist die Trennung von Chips und Nüssen. Wäre für mich eine Kategorie, Biersnacks halt, würde ich in derselben Ecke vermuten. In Japan allerdings zählt offenbar der gemeine Kartoffelchip nicht zu den Biersnacks, die Nuss hingegen schon. Deshalb sind Nüsse in unmittelbarer Nachbarschaft der Alkoholabteilung zu finden, Chips hingegen in der Nähe von Süßigkeiten. Das ist jedoch nicht das eigentliche Problem der Nüsse. Das eigentliche Problem ist der Salzmangel. Auch in Deutschland ist ein unguter Trend zur ungesalzenen Nuss auszumachen, in Japan ist man schon viel weiter. Ungesalzene Nüsse in unnötig großer Auswahl. Ständig bringe ich Nusstüten nach Hause, mache den Geschmackstest und stelle fest: verdammt, schon wieder ungesalzen!

Steht das denn nicht drauf?

Doch. Leider gibt es ca. 20.000 bis 40.000 Schriftzeichen, über die genaue Zahl streiten die Experten. Die Knabbernussindustrie erfindet nun immer wieder neue Arten, wie man »ohne Salz« ausdrücken kann. Viele kann ich identifizieren, aber manchmal falle ich noch rein.

Von gemischten Nüssen ist ohnehin abzuraten, selbst von gesalzenen. Ich mische meine Nüsse inzwischen selbst. Grund ist die Walnuss, die dümmste Nuss der gesamten Schließfruchtfamilie. In Deutschland gibt es sie nur zu Weihnachten, und trotzdem beschwert sich niemand, dass er übers Jahr verteilt nicht genügend Walnüsse bekäme. Seien wir ehrlich: Hat man noch Kinderhände und knackt zum ersten Mal eine dieser unhandlichen Riesennüsse, ist das ein großer Spaß, der sich möglicherweise ein paar weitere Jahre saisonal reproduzieren lässt. Der kindliche Knackspaß täuscht aber nur darüber hinweg, dass das Essen der Nuss keinerlei Freude bereitet. Japan hat nun offenbar einen permanenten Überschuss an Walnüssen, deshalb machen sie gefühlt 80 Prozent des Inhalts von Tüten mit gemischtem Nussknabberkram aus.

Aber nicht mit mir! Denn ich mische selbst. (Ich habe übrigens in meiner Verzweiflung auch versucht, selbst zu salzen. Aber es ist einfach nicht dasselbe wie industriegesalzen.)

Meine Hauptprobleme in und mit Japan sind also zu weiches Brot, zu wenig Käse im Käse und zu viele Walnüsse unter den richtigen Nüssen. Ich würde sagen: Damit kann man leben.

Kapitel

19

Ein defekter Roboter im Wunderland

Der Mensch, insbesondere der Mann, hat in der Adoleszenz häufig eine Phase, in der er sich in der Fiktion mehr mit dem Bösen als mit dem Guten identifiziert, also zum Beispiel das Imperium cooler findet als die Rebellen. Es ist ein bisschen Provokation mit im Spiel und ein bisschen echte Sehnsucht nach der Untugend, die seit eh und je leichter verführt als die Tugend. Im Erwachsenenalter gibt sich das bei den meisten; irgendwann weiß man, dass man Nazis keine schönen Augen macht. Bei mir war das jedenfalls so. Wenn überall in der womöglich nicht mehr lange freien Welt wieder Wutbürger tyrannische Götzen beklatschen, sollte man sich zum Guten bekennen und den banalen Versuchungen des Bösen tunlichst widerstehen, auch in der Fiktion.

Helden und Bösewichte in der Science-Fiction hin oder her – es gibt in diesem Bereich eine Erzählung, in der mir die Identifikation mit den Furchtbaren leichter fällt als die mit den Aufrechten, nämlich die Matrix-Filme. Ich erinnere mich gar nicht allzu genau an sie, doch ich weiß noch, dass ich mich im ersten Teil heimlich mit dem Typen identifizierte, der sich trotz besseren Wissens entschlossen hatte, weiter in der Matrix zu leben. Rotwein, Steak und edler Strumpf an schönen Beinen – selbst, wenn es nur eine Illusion ist, ist es unterirdischem Ausdruckstanz mit durchgeknallten Rasta-Hippies vorzuziehen. Ich hatte dafür Verständnis.

In Japan, vielleicht in Tokio im Besonderen, kann man sich häufig nicht des Eindrucks erwehren, in der Matrix zu leben. Das Leben ist bunt, das Elend bloß ein Gerücht, höre nicht darauf. Man möchte glauben. Soll man? Darf man? Natürlich nicht! Aber vielleicht ist nur manchmal dran zu glauben nicht so schlimm? Das bewusste Leben ist ein täglicher Kampf gegen den bunten Schein des Dauerwerbefeuerwerks in Straßen und Medien, der watteweichen Nachrichtenberichterstattung und vielleicht sogar der freundlichen Oberfläche des gesellschaftlichen Miteinanders, die mir ja eigentlich lieber ist als eine feindliche Oberfläche. Jeden Tag kann man diesen Kampf nicht gewinnen. Und vielleicht streckt man eines Tages für immer die Waffen und findet's wunderbar.

Fällt in Japan ein Sack Reis um

Wer nicht gut genug Japanisch versteht, um die Informationsversorgung komplett auf die Landessprache umzustellen, hat es gut. Die englischsprachigen Medien Japans mögen nicht die allerschärfsten Bluthunde im internationalen Pressestall sein, doch sie berichten um einiges kritischer und ausführlicher als die japanischen. Japanische Journalisten der großen Fernsehsender und Zeitungen haben einen selbstverständlichen und ständigen Zugang zu hochrangigen Politikern, von denen Journalisten anderer Länder nur träumen können. Den wollen sie nicht aufs Spiel setzen, was zu einer von Feigheit und Selbstzensur geprägten Hofberichterstattung führt. Der Premierminister und seine Gattin fördern heimlich rechtsextremistische Kindergärten? Die pazifistische Verfassung soll abgeschafft und Atombomben sollen angeschafft werden? Die Fernsehnachrichten berichten lieber davon, dass es heute wieder windig war. Ein Taifun, wie er ja durchaus mal vorkommt, muss gar nicht sein; »windig« reicht vollkommen aus für eine ausführliche Fernsehberichterstattung mit vielen Liveschaltungen, bei denen Menschen auf der Straße zu besagter Situation befragt werden, die dann mit verkniffener Miene und Hand am Hut sagen: »Stimmt genau, ganz schön windig heute!«

Die Verinnerlichung des Prinzips kommt schleichend, aber sie kommt. Als neulich der Wind den Plastikflaschensammelbeutel auf unserem Balkon umgeblasen hatte, hätte ich fast die Presse informiert: »Worauf warten Sie noch?! Schicken Sie sofort einen Übertragungswagen her, ehe der Wind auch noch den Blechdosensammelbeutel umweht!«

Immer häufiger ertappe ich mich sogar bei dem unerhörten Gedanken, dass das japanische Unterhaltungsfernsehen gar nicht so schlecht ist, wie ich es seit Jahr und Tag in Wort und Schrift mache. Es ist zwar großer Unsinn, aber wenigstens ist es zum größten Teil harmloser Unsinn. Diese ganzen Folter- und Nackedei-Gameshows, die laut deutschem Fernsehen im japanischen Fernsehen rauf und runter laufen, müssen von Sendern ausgestrahlt werden, die ich nicht reinbekomme. Der harmlose Unsinn, den mein japanisches Fernsehen zeigt, ist außerdem ein Unsinn, der seinen Protagonisten großen Spaß zu bereiten scheint. Irgendwann überträgt sich dieser Spaß selbst auf den verbiestertsten Ich-guck-nur-HBO-Serien-Fernsehzuschauer. Zuerst nur ein kleines bisschen. Und beim nächsten Mal ein bisschen mehr. Und dann hat die Matrix dich.

Wir sind die Roboter

Pan-to!
Wenn dieser gesungene Jingle erklingt und auf dem Fernseh-
bildschirm die gestikulierenden Hände der Panto-Frau aus dem
Kinderprogramm erscheinen, dann weiß man: Es ist wieder Pan-
to-Zeit! Zeit für die *panto*, also pantomimische Darbietung, des
Tages. Meistens macht die Panto-Frau Banane, Regenschirm,
Luftballon oder Roboter vor. Hana mag die Panto-Frau (ich hingegen finde, dass sie bei ihrer Darbietung zu viel quasselt, was ja eigentlich nicht der Sinn einer Pantomime ist, aber meine Frau sagt
dann immer, es sei halt für Kinder und ich solle mich nicht so anstellen). Nur vor der Roboternummer hat Hana Angst. Wenn die
kommt, möchte sie lieber ganz schnell etwas anderes sehen.

Zumindest war das die längste Zeit so gewesen. Eines Morgens
hatte sie sich entschlossen, Roboter großartig zu finden. Mit ab-
gehackten Bewegungen und wilden Kurzschlussdrehungen um
die eigene Achse machte sie die Panto-Frau nach und rief begeistert: »Hana auch Roboter!«

Es ist also anscheinend gar nicht schlimm, ein Roboter zu sein.
Das beruhigt mich, denn ich hatte kürzlich ein eigenartiges Erlebnis. Ich schlenderte durch den Ebisu Garden Place, dieses herrlich
sterile Einkaufs- und Genusszentrum, das nur eine Bahnhaltestelle von unserer Heimathaltestelle entfernt ist und das wir immer
aufsuchen, wenn uns im charmant rostigen Meguro nach ein bisschen herrlicher Sterilität ist. Plötzlich fühlte ich etwas in meinem
Ohr kribbeln. Ich wusste nicht recht, was es war. Es war wohl kein
Insekt, denn es war ja eher ein Kribbeln als ein Krabbeln. Es war,
als ob sich dort etwas löste oder gelöst hatte und sich nun in meiner Ohrmuschel frei bewegte.

Unangenehm berührt hatte ich sofort Ohrenschmalz in Verdacht. Die aurikulare Hygiene ist eine, die ich durchaus nicht ver-
nachlässige, aber man steckt halt nicht drin. Schnell begab ich

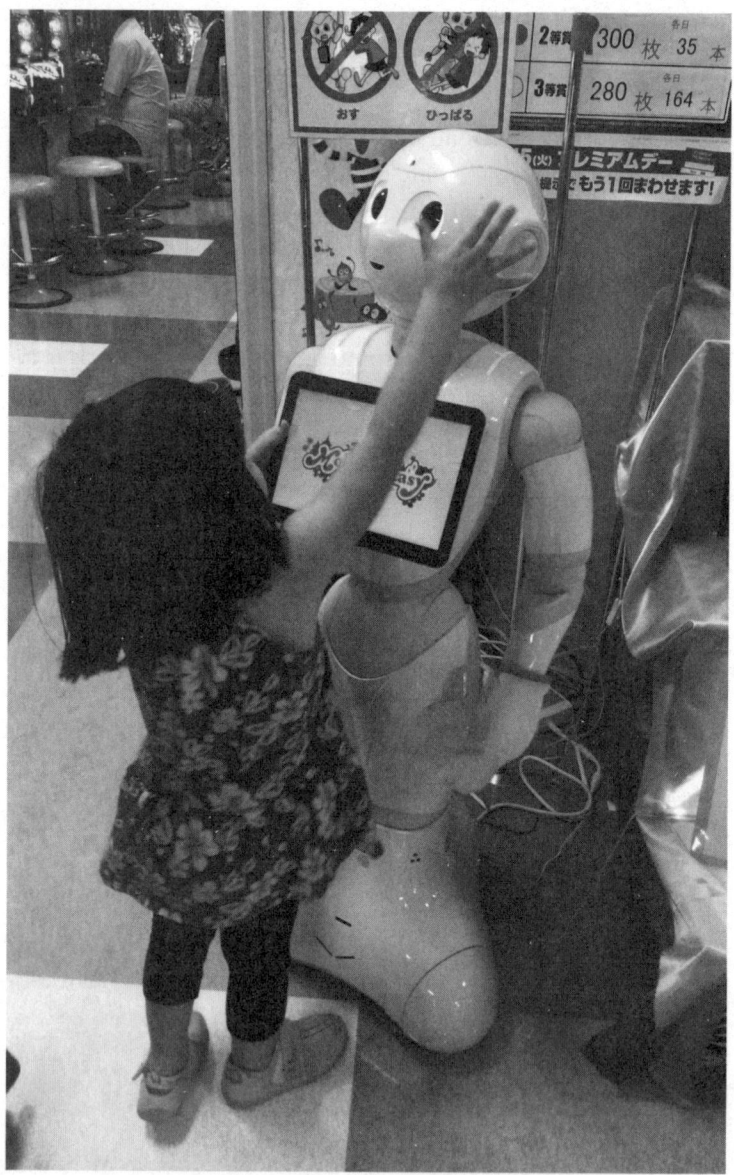

Jeden Tag will er gefochten sein: der Kampf Mensch gegen Maschine

mich an einen stillen Ort und legte den Kopf schräg, denn das Kribbeln hatte eine Intensität und eine Stelle erreicht, die einen unproblematischen Abgang nahelegten. Tatsächlich fiel etwas mit einem Klack zu Boden.

Es handelte sich um eine Schraube.

Nun stellt sich die Frage, wie die in mein Ohr kommen konnte. Aus einem technischen Gerät, möchte man meinen. Aber welches Gerät hat man schon so lange am Ohr, dass zwischen Gerät und Organ eine Schraube wandern könnte? Mit Telefonen telefoniert man nicht mehr im eigentlichen Sinne, und schwerhörig genug für ein Hörgerät bin ich nicht. Ich verfalle außerdem nur selten der frivolen Unsitte des mobilen Musikhörens, der Klang der Welt ist mir Musik genug.

Die Schraube muss also nicht von außen in mein Ohr gekommen sein, sondern von innen. Vielleicht bin ich längst ein Roboter, programmiert auf das Leben in meiner neuen Heimat. Vielleicht habe ich jetzt eine Schraube locker. Vielleicht ist die Schranke der Happy Road einmal zu oft auf meinen Kopf gekracht. Doch das macht nichts. Der, der die Schraube locker hat, merkt schließlich immer am wenigsten davon.

Anmerkungen & Danksagung

Nicht allzu lang nachdem mein erstes Buch *Gebrauchsanweisung für Japan* 2009 erschienen war, las ich daraus in einer öffentlichen Toilette in Düsseldorf vor (lange Geschichte). Dort stellte mir eine Vertreterin der lokalen Presse die erwartbare wie völlig berechtigte Frage, ob ich denn bereits an einem neuen Buch arbeitete. Schon damals gehörte es zu meinen Prinzipien, nicht über Bücher zu sprechen, die noch nicht vertraglich vereinbart sind. Weil aber die Journalistin nett und der Ort so gemütlich war, schmiss ich alle Prinzipien über Bord und antwortete: »Ich schreibe ein Buch über Tokio.« Und das stand dann leider auch so in der Zeitung.

Das vorliegende Buch ist nicht das Buch, das ich damals dann doch nicht geschrieben habe. Dennoch besteht zwischen beiden eine direkte, sehr lange Linie. Für ihre Geduld, ihre Hartnäckigkeit, ihre Anregungen und nicht zuletzt die erfolgreiche Vermittlung des Endresultats danke ich meiner Agentin Aenne Glienke. Philip Laubach vom DuMont Reiseverlag danke ich, dass er sich für dieses Projekt erwärmen konnte und Arbeitsbedingungen geschaffen hat, unter denen sich die Arbeit kaum wie Arbeit anfühlte. Der Redakteurin Gudrun Honke danke ich, dass sie meine Gedankengänge so krumm und schief gelassen hat, wie ich sie mag, ihre Formulierungen aber so geradegebogen und zurechtgezupft hat, dass möglicherweise auch andere sie nachvollziehen können.

Was ich über Japans Krähen weiß, weiß ich von Alec Jordan.

Schon lange habe ich mich nicht mehr bei meiner teuren Freundin Chie Asano bedankt. Wir haben uns nicht etwa entfremdet, sondern sind uns, im Gegenteil, so ähnlich geworden, dass auch sie inzwischen ihr Glück im Ausland gefunden hat, weshalb wir leider nicht mehr so häufig gemeinsam durch Tokios Straßen schlawinern können. Umso glücklicher macht es mich, in diesem Buch einmal mehr aus unserem geteilten Erlebnisfundus schöpfen zu dürfen.

Anders als andere Menschen hat mich die Person, die hier (wie bereits in *Matjes mit Wasabi*) Midori heißt, geradezu bedrängt, etwas über sie zu schreiben, und zwar gerne unter Klarnamen. Da unsere letzte Begegnung allerdings schon länger zurückliegt, habe ich mich doch entschlossen, ihren Namen zu ändern. Auch bei anderen real existierenden Privatpersonen habe ich auf Namensänderungen und andere Kunstgriffe zurückgegriffen, um ihre Identitäten zu verschleiern. Ich danke allen sehr, dass sie mein Leben bereichert haben und es vielfach weiterhin tun.

Selbstverständlich hat kein Mensch mein Leben und dieses Buch so sehr bereichert wie meine Frau Junko Katayama und unsere Tochter Hana. Ihnen danke ich aus voller Brust, genau wie unseren jeweiligen Eltern für ihre Unterstützung vor Ort und aus der Ferne.

Falls jemandem etwas vage bekannt vorkommt: Über vereinzelte, sehr wenige in diesem Buch geschilderte Ereignisse mag ich bereits an anderer Stelle berichtet haben, etwa in Liebhaberpublikationen in Kleinstauflage oder in meinem eigenen, nicht sonderlich reichweitenstarken Blog. Ich habe es nicht jedes Mal für nötig erachtet, radikal neue Formulierungen zu finden. Gleichwohl wurde alles neu durchdacht, gewissenhaft überarbeitet und kräftig optimiert.

Zu allerletzt noch eine traurige Mitteilung: Ein weiteres in diesem Buch gefeiertes Lokal hat inzwischen dichtgemacht. Wir wissen nicht, was aus dem ernsten Rasoi-san und seiner guten Currystube geworden ist. Gerüchten zufolge ist auch diese Schließung nur vorübergehend, und immerhin steht das Gebäude noch (keine Selbstverständlichkeit). Wir geben die Hoffnung nicht auf.

Tokio, im Dezember 2017

PAPERBACK, 280 SEITEN
ISBN 978-3-7701-8252-7
PREIS 14,99 € [D]/15,50 € [A]
AUCH ALS E-BOOK ERHÄLTLICH

Als Spion am Nil

4500 Kilometer ägyptische Wirklichkeit

von Gerald Drißner

Große Kulturgüter und großartige Strände – so kennt man Ägypten. Der überwiegende Teil des nordafrikanischen Landes jedoch ist anders. Die Menschen sind arm, folgen den alten Regeln und sind zutiefst religiös. Sie sind herzlich, humorvoll und liebenswert. Der Autor nimmt den Leser mit auf seine Reisen in fünfzehn Dörfer und Städte. Er fährt mit dem Minibus, der ihn in fast jeden Winkel des Landes bringt. Die Gespräche im Bus drehen sich um Gott, den ägyptischen Alltag, Korruption und abstruse Verschwörungstheorien. Die Fahrten münden mal in Pannen und nicht selten in einem Abenteuer. So erfährt der Autor, warum die meisten Ägypter noch nie die Pyramiden besucht haben und was eine deutsche Firma, die Autokennzeichen herstellt, mit dem korrupten Mubarak-Regime verbindet. Er besucht das Dorf im Nildelta, in dem der Terrorpilot des 11. September aufgewachsen ist, und die Stadt, in der die mächtige Muslimbruderschaft gegründet wurde. Er fährt in Gegenden, in denen die Revolution bis heute nicht angekommen ist, und wird dort von der Polizei auf Schritt und Tritt verfolgt.
Und immer wieder wird er bei seinen Reisen als Spion verdächtigt und landet deshalb fast in einem Militärgefängnis.

PAPERBACK, CA. 350 SEITEN
ISBN 978-3-7701-8256-5
PREIS 14,99 € [D]/15,50 € [A]
AUCH ALS E-BOOK ERHÄLTLICH

Empire Antarctica

Eis, Totenstille, Kaiserpinguine

von Gavin Francis

Übersetzt von Christina Schmutz und Frithwin Wagner-Lippok

Für Gavin Francis erfüllt sich ein Lebenstraum, als er die Arztstelle in Halley, dem Basislager einer britischen Forschungsstation, bekommt. Halley liegt völlig abgeschieden an der antarktischen Caird Coast und weit von allen bewohnten Kontinenten entfernt. An diesem äußersten Ende der Welt erlebt Francis im Kreis eines kleinen Forscher- und Technikerteams das ewige Schweigen der Eismassen und eine tiefe Einsamkeit – ohne Zerstreuung, ohne Abwechslung, ohne Spuren menschlicher Geschichte. Von konstant taghellen Sommertagen über den dreieinhalbmonatigen dunklen Winter führt er den Leser durch ein antarktisches Jahr. Er erlebt die physischen und mentalen Belastungen bei Temperaturen von minus 50 Grad Celsius, die Stimmungen, die das Leben im Eis auslöst, eine immerweiße Landschaft, in der die Legenden und Mythen von Polarforschern wie Shackleton, Scott, Amundson oder Admiral Byrd weiterleben. Auf seinem Außenposten im Eis verschaffen Gavin die Kaiserpinguine überraschenden Trost. »Empire Antarctica« ist eine bewegende Erzählung über die Dienstzeit eines Arztes auf dem einsamsten Kontinent unseres Planeten.

PAPERBACK, CA. 350 SEITEN
ISBN 978-3-7701-8250-3
PREIS 14,99 € [D]/15,50 € [A]
AUCH ALS E-BOOK ERHÄLTLICH

Die Suche nach Indien

*Eine Reise in die Geheimnisse
Bharat Matas*

von Dennis Freischlad

Über viele Jahre hinweg hat der Dichter und Künstler Dennis Freischlad in Indien gelebt, er hat sich als Übersetzer und Bibliothekar, Farmer, Koch und Hostelmanager verdingt. Nun begibt er sich auf einen weiteren Roadtrip durch *Bharat Mata,* Mutter Indien, um jenen indischen Geheimnissen nahezukommen, die zwischen Mensch und Mythologie einen einzigartigen Zugang zur Welt bilden. Auf der Suche nach Indien reist Dennis Freischlad auf abenteuerlicher Route mit seinem Motorrad vom tempelreichen Süden des Landes über das paradiesische Kerala und das schillernd-zerstörerische Mumbai bis in die Steppe des romantischen Rajasthan. Weiter geht es mit dem Zug in den Punjab, um schließlich an den Ufern des Ganges im mystischen Varanasi anzukommen, der heiligsten Stadt der Hindus.

Hinsichtlich Erfahrungen, Begegnungen und Intensität wird es eine Reise durch das »reichste Land der Welt«. Der Indienkenner schildert den Alltag, die Geschichte und Gegenwart der Inder in spannenden, poetischen und oft skurrilen Begegnungen und erzählt aus erster Hand von ihren Träumen und Realitäten, immerwährenden Katastrophen und Hoffnungen.

PAPERBACK, CA. 450 SEITEN
ISBN 978-3-7701-8257-2
PREIS 16,99 € [D]/17,50 € [A]
AUCH ALS E-BOOK ERHÄLTLICH

Wolkenpfad

Zu Fuß durch das Herzland der Inka

von John Harrison

Übersetzt von Christina Schmutz und Frithwin Wagner-Lippok

Der »Wolkenpfad« verläuft hoch über dem Rücken der Anden, durch raues Land. Kälte, Niederschläge und Höhe machen Harrison während seiner mehrmonatigen Fußreise vom Äquator bis zu den magischen Ruinen der Inka-Stadt Machu Picchu wahrhaftig zu schaffen. Die Menschen, auf die er in den Bergen trifft, haben kaum je einen Weißen gesehen. Harrisons Buch lässt die extremen Landschaften, die er unter den Vulkanen der Anden durchstreift, und die extremen Lebensbedingungen der Menschen ebenso lebendig werden wie die zahlreichen Ruinen des Inka-Imperiums am Weg, die er eingehend würdigt.
Er läuft den Camino Real ab, den Königsweg, auf dem einst die Staffelläufer der Inka aus allen Winkeln des Reiches Nachrichten zu den Herrschern beförderten. Das Gelände ist eine einzige Herausforderung, der Weg beschwerlich. Die vielen Unwägbarkeiten der Reise, die Ängste und die Einsamkeit, kaum einmal unterbrochen durch kurze Aufenthalte in Gebirgsdörfern, werden feinfühlig und spannend erzählt.

PAPERBACK, 252 SEITEN
ISBN 978-3-7701-8253-4
PREIS 14,99 € [D]/15,50 € [A]
AUCH ALS E-BOOK ERHÄLTLICH

DUMONTREISE.DE

Das verlorene Paradies

Eine Reise durch Haiti und die Dominikanische Republik

von Philipp Lichterbeck

Was tut man, wenn man während eines Vodou-Rituals in Haiti plötzlich zum Objekt der Zeremonie auserkoren wird? Was haben Sextouristen in der Dominikanischen Republik mit Kolumbus gemein? Warum ist Haiti eines der ärmsten Länder der Welt, obwohl Milliarden von Dollars in die winzige Nation gepumpt werden? Philipp Lichterbeck ist mehrere Monate durch die Dominikanische Republik und das erdbebenversehrte Haiti gereist. In Sosúa traf er einen Aussteiger, der die Menschheit mit seinen Raumschiffen retten will, in den dominikanischen Zentralkordilleren den Hexenjäger Bernardo Távarez und in Port-au-Prince zwei Bildhauer, die aus Schrott und Menschenschädeln Weltkunst montieren. Er war auf seiner Reise ganz unten: bei den Minenarbeitern, die den Halbedelstein Larimar schürfen. Und er war ganz oben: auf der Citadelle La Ferrière, dem »Machu Picchu Haitis«. Philipp Lichterbecks einundzwanzig Storys sind mal witzig, mal abenteuerlich, mal tragisch. Zusammengesetzt ergeben sie das Porträt einer Insel, auf der Schönheit, Kreativität und Witz neben Korruption, Gewalt und Ausbeutung existieren.

PAPERBACK, 380 SEITEN
ISBN 978-3-7701-8258-9
PREIS 14,99 € [D]/15,50 € [A]
AUCH ALS E-BOOK ERHÄLTLICH

DUMONTREISE.DE

*»Ein spektakuläres
Reportage-Buch«*
Stern

Mein russisches Abenteuer

*Auf der Suche nach der wahren
russischen Seele*

von Jens Mühling

Als der Journalist Jens Mühling in Berlin
den russischen Fernsehproduzenten Juri
kennenlernt, verändert sich sein Leben.
Juri, der deutschen Sendern erfundene Geschichten über Russland verkauft, sagt: »Die
wahren Geschichten sind viel unglaublicher
als alles, was ich mir ausdenken könnte.«
Seitdem reist Jens Mühling immer wieder
nach Russland, getrieben von der Idee,
diese wahren Geschichten zu finden.
Die Menschen, denen er unterwegs begegnet, sind das echte Russland. Eine Einsied-
lerin in der Taiga, die erst als Erwachsene
erfahren hat, dass es jenseits der Wälder
eine Welt gibt. Ein Mathematiker, der
tausend Jahre der russischen Geschichte
für erfunden hält. Ein Priester, der in der
atomar verseuchten Sperrzone von Tscher-
nobyl predigt. »Mein russisches Abenteuer«
ist eine Reiseerzählung, die durch das heutige Russland führt. Aus ganz persönlicher
Perspektive porträtiert Jens Mühling eine
Gesellschaft, deren Lebensgewohnheiten,
Widersprüche, Absurditäten und Reize
hierzulande nach wie vor wenigen vertraut
sind.

PAPERBACK, CA. 500 SEITEN
ISBN 978-3-7701-8259-6
PREIS 16,99 € [D]/17,50 € [A]
AUCH ALS E-BOOK ERHÄLTLICH

DUMONT

*»Ein poetisches Buch –
interessant, schockierend und
zutiefst fesselnd ...«*
Daily Telegraph

Im Schatten der Seidenstraße

*Entlang der historischen Handelsroute
von China nach Kurdistan*

von Colin Thubron

Übersetzt von Werner Löcher-Lawrence

In Bussen, Zügen, klapprigen Taxis und Geländewagen, auf Eselskarren und Kamelen
folgt Colin Thubron dem Verlauf der ältesten und berühmtesten aller historischen
Handelsrouten. Im Herzen Chinas beginnend, steigt sie auf in die zentralasiatischen
Gebirgsmassive, führt durch Uiguren-Land,
durch Usbekistan, Kirgisistan und Afghanistan und zieht sich schließlich durch die
weiten Ebenen des Iran und den kurdischen
Teil der Türkei bis ins alte Antiochia am
Mittelmeer. In sieben Monaten legt Colin
Thubron mehr als elftausend Kilometer zurück. Mit Zähigkeit, Ausdauer und bewundernswertem Durchhaltevermögen meistert
er die Strapazen und Gefahren seiner geradezu epischen Reise. Den Rucksack nur mit
dem Nötigsten gefüllt, das Geld in einer leeren Flasche Mückenschutzmittel versteckt,
Sandstürmen, Schnee und Hitze trotzend,
sucht er nach den Spuren einer jahrtausendealten Geschichte und ist immer und überall
ein sensibler Beobachter, neugieriger Gesprächspartner und glänzender Erzähler, der
sich auf die Menschen, denen er begegnet,
einlässt und ihre Identität erspürt. Das
geradezu poetisch geschriebene Werk zeigt
Thubrons tiefe Passion für die Belange und
die Geschichte einer Weltgegend, die uns
weithin unbekannt ist.

PAPERBACK, 312 SEITEN
ISBN 978-3-7701-8254-1
PREIS 14,99 € [D]/15,50 € [A]
AUCH ALS E-BOOK ERHÄLTLICH

DUMONTREISE.DE

*»Im wahrsten Sinne eine
Reise der Extreme«*
Axel Lischke, Tontechniker

Über die Anden
bis ans Ende der Welt

8000 Kilometer Motorrad extrem

von Thomas Aders

»Ich segne die Motorräder mit den amtlichen Kennzeichen NG 71981 und 71988.« Der wettergegerbte Priester Julio Mamani gießt hochprozentigen Schnaps über die staubigen Straßenmaschinen des Fernsehteams, in der anderen Hand schwenkt er den getrockneten Fötus eines Lamas. Schnellsegen auf 4300 Metern Höhe, in der Nähe eines Andenpasses in Bolivien. Gleich werden ARD-Südamerikakorrespondent Thomas Aders und sein Kollege den »Camino de la muerte« hinunterfahren, eine halsbrecherische Route, die über 3000 Höhenmeter hinunter ins tropische Tal der Yungas führt. Eine enge Schlaglochpiste, glitschig wie Schmierseife, extremes Gefälle, keine Leitplanken, kein Warnschild. Nebenan geht es senkrecht in die Tiefe. Hunderte Menschen sind hier zu Tode gekommen. Der »Weg des Todes« ist die gefährlichste Straße der Welt. Eine Episode aus der fast siebenwöchigen Tour, die das Team um den Journalisten Thomas Aders von Peru über Bolivien bis nach Feuerland bringt. Spannungsgeladen und dramatisch, witzig und hautnah schildert der Autor seine Erlebnisse in Südamerika. Sie sind extrem für Technik und Team, bis hin zu Höhenkrankheit, Lungenentzündung, vollkommener Erschöpfung und mehreren Beinahe-Katastrophen.